톱픽 기업 30개만
분석하면
주식투자
성공한다

국내 최고 기업분석 큐레이터 '토리잘'이 전하는 기적의 투자 워밍업

톱픽 기업 30개만
분석하면
주식투자
성공한다

━━━━━ 이건희(토리잘) 지음 ━━━━━

21세기북스

변동성에 흔들리지 않으려면 기업분석을 하자

2019년 10월부터 '토리잘'이라는 이름으로 유튜브에 기업분석 콘텐츠를 업로드하기 시작했습니다. 토리잘이 무슨 뜻인지 궁금해하는 사람이 많은데, 사실 뜻은 조금 싱겁습니다. '토탈 리뷰 잘하는 남자'의 약어로 기업과 산업에 대해 전반적인 분석과 현황 파악이 탁월하고, 그만큼 기업분석에 정성을 기울인다는 자부심과 진심을 담은 이름이라고 할 수 있죠.

사실 제가 처음 기업분석을 한 계기는 투자하기 위해서가 아니라 취업준비생들을 위해서였습니다. 통계청에 따르면 청년 실업률이 2015년 22.5%에서 2020년 25.6%로 늘었을 정도로 취업은 갈수록 어려워지고 있습니다. 2016년 사드 사태, 2017년 미중무역분쟁, 2020년 코로나19 유행 등 연이은 경제위기로 채용 시장도 얼어붙었고, 그에 따라 취업 문턱도 높아졌습니다. 입사지원서를 수십 장, 수

백 장 쓰는 게 당연하게 여겨질 정도죠. 게다가 입사지원서를 쓰려면 그 기업에 대해 알아야 하니 얼마나 힘들겠습니까. 이렇게 힘든 취업 준비생들이 기업에 대해 공부할 시간을 줄여주자는 것이 처음의 취지였습니다.

그런데 제 예상과 달리 기업분석 콘텐츠를 보고 도움을 받았다고 말하는 사람들은 거의 투자자들이었습니다. 기업과 현업에 대한 지식이 전무한 취업준비생들이 쉽게 이해하고 재미있게 공부할 수 있도록 만들었더니, 이것이 투자자들에게도 공감을 얻은 것이죠. 초보 투자자는 물론 능숙한 투자자들에게도 제 기업분석이 신선하고 유익하다는 반응이 많았습니다.

유튜브 채널을 운영하며 가장 즐거운 것은 시청자들과의 소통입니다. 댓글을 통해 시청자들과 의견을 나누며 저 또한 많은 것을 배우고 얻을 수 있습니다. 공감과 칭찬의 글에 보람을 느끼는가 하면, 부족한 부분에 대한 지적을 통해 더욱 발전할 수 있었습니다. 그래서 저는 매일 댓글을 읽고 답하는 것으로 하루를 시작합니다. 그런데 기업분석 콘텐츠를 만든 지 3년째인 지금도 가장 답하기 어려운 댓글이 있습니다. "기업분석은 대체 어떻게 하는 건가요?"라는 질문입니다.

'어떻게'라는 질문에는 기업 관련 정보를 어디서 얻는지, 기업가치를 평가하는 방법은 무엇인지, 산업을 분석하는 요소는 무엇인지, 산업과 종속기업 간의 영향을 얼마나 고려해야 하는지 등 여러 가지가 포함됩니다. 나열하기 시작하면 끝이 없는 게 '어떻게'라는 질문이죠. 경제학을 전공하고 기업분석 관련 일을 하고 있는 저에게는 방법을 고민할 필요조차 없을 정도로 당연한 일이지만 바쁜 일상을 쪼개 기업분석을 해야 하는 사람들에겐 쉽지 않은 일이라는 걸 깨달았습니다. 그래서 어떻게 하면 더 많은 사람에게 기업분석 방법을 쉽고 효과적으로 전할 수 있을지 고민해왔고, 그러다 찾은 해답이 바로 이 책을 쓰는 것이었습니다.

'기업분석은 어떻게 하는가?'에 대한 대답을 이 책에 모두 담았습니다. 댓글이나 영상으로 다 담기 힘든 포괄적인 방법론을 체계적으로 이 책 한 권에 정리했습니다. 단순히 방법론뿐 아니라 지난 수년간 분석해온 기업들의 사례들 중 30개를 추려서 수록했습니다. 기업을 분석하는 사고의 흐름을 더욱 쉽게 따라갈 수 있을 것입니다.

더군다나 기업분석이 더욱 중요해지는 시기를 우리는 맞고 있습니다. 근래 대국민 주식 투자의 시대라고 할 정도로 정말 많은 사람이 주식 투자를 시작했습니다. 그중에는 주변의 추천이나 소문만 듣고 '묻지 마 투자'를 하는 사람도 참 많습니다. 코로나19 발생과 함께 폭락했던 주가가 지금껏 오름세를 탔으니 지금까지는 그렇게 투자를 해도 수익을 얻을 수 있었을지 모르겠습니다. 하지만 이제는 경기부양책의 일환으로 시중에 푼 돈을 거두어들이는 시기에 접어들었습니다. 안일한 투자로는 수익은커녕 손해를 보기 쉽습니다. 반면 기업을 제대로 분석해서 투자한 사람은 그 기업에 대한 신뢰와 미래 전망에 대한 확신을 갖고 있기에 어떤 변동성에도 버틸 수 있고, 그 결과 수익을 낼 수 있습니다.

이 책을 통해 많은 분이 기업분석 방법을 익히고 자신만의 기업분석 방법을 찾을 수 있었으면 좋겠습니다. 그리하여 투자 및 포트폴리오 구성에 있어 올바른 안목을 기르고 성투할 수 있기를 진심으로 바랍니다.

Contents

3부

기업분석을 투자에 적용해보자

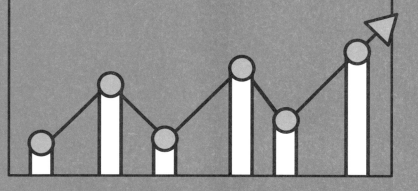

1부

잔치는 끝났다,
기업분석이 필요한 시대

주식투자는 어떻게 투기가 되었나

우리나라에서 투자 시장은 언제부터 형성되었을까요? 우리나라의 산업 기반이 대부분 그러하듯, 우리가 흔히 기업이라고 부르는 회사들은 1950년 한국전쟁이 끝난 뒤에 발전하기 시작했습니다. 증권 시장도 마찬가지입니다. 우리나라 최초의 증권거래소는 1956년 3월 3일에 대한증권거래소라는 이름으로 출범했습니다. 전후 복구와 경제 부흥을 위한 투자재원 조달을 위해 국가 주도로 투자 시장이 형성된 거죠.

당시 증권 시장에 상장된 기업은 조흥은행, 저축은행, 상업은행, 흥업은행이라는 4개 은행과 대한해운공사, 대한조선공사, 경성전기,

남선전기, 조선운수, 경성방직이라는 6개 일반 기업 그리고 대한증권 거래소, 한국연합증권금융까지 총 12개 정도였습니다. 경제성장 초기단계였기 때문에 시가총액은 150억 원 정도 수준으로 시장 규모가 작았고, 상장된 주식 역시 대부분 정부가 보유하고 있었습니다. 오늘날 우리가 생각하는 주식 거래와는 다소 거리가 멀었죠.

1962년부터 제1차 경제개발 5개년 계획이 실시되면서 우리나라 증권 시장은 나름의 성장기를 맞이합니다. 경제개발에 필요한 투자재원을 조달하는 방법을 강구하던 중에 증권 시장을 통한 내자동원이 그 해결책으로 떠오른 것이죠. 이에 1962년 1월 처음으로 증권거래법을 제정했고, 그 해 4월에 대한증권거래소가 정식으로 개소했습니다.

투자가 투기였던 시대

이처럼 증권 시장을 제도적으로 도입하면서 일반 국민도 증권 시장에 관심을 갖게 되었습니다. 정부와 기관뿐만 아니라 민간인 역시 투자에 유동적으로 참여하며 투자가 활발해졌죠. 하지만 급하게 이뤄진 성장 때문이었을까요? 정부 주도로 탄력을 받으며 증권 시장은 빠르게 성장했지만 안타깝게도 투자자들의 가치관은 이를 따라가지 못했습니다. 얼마 지나지 않아 우리나라 증권 시장은 투기장으로 변모하고 맙니다.

그 이유는 당시 기업 설립 과정에서 발생하는 근본적인 문제 때문인데요. 우리나라의 기업은 대부분 국영이었던 사업이 민영화되면서 탄생했습니다. 이 때문에 나라 윗선에 줄을 대고 있는 사람들의 '카더라' 정보를 통해 증권 투자를 하는 것이 일반적이었죠. 그렇다 보니 증권 시장은 투기 세력이 활개 치기 딱 좋은 환경이 되어버립니다. 결국 증권 시장은 과열되거나 폭등과 급락이 이어지는 혼돈의 장이 되었죠. 더욱 안타까운 것은 이 문제가 개인 투자자들의 피해로 이어지는 일이 많았다는 겁니다.

이 같은 피해를 기관들은 피해 갔을까요? 아닙니다. 기관들 역시 마찬가지였습니다. 증권 시장의 태동기였던 데다가 법제화도 잘되어 있지 않았으니까요. 오죽하면 당시 증권 산업을 책임져야 할 증권거래소와 증권금융 회사까지 빚더미에 앉기 일쑤였죠. 결국 1967년의 주식 거래량은 100억 원에도 미치지 못하고 침체가 이어졌습니다.

이렇다 보니 주식은 그저 도박, 투기, 세력들의 돈놀이라는 인식이 퍼지게 됩니다. 게다가 근로소득을 예금에만 넣어도 훌륭한 재테크가 되던 시대였기에 1970~1990년대에는 예금 외에 주식 투자를 할 필요가 없었습니다.

증권투자 대신 예금이라는 가장 직관적이고 안전한 투자 방식이 있었기 때문입니다. 은행에만 맡겨도 연 10% 이상의 수익을 올렸으며, 오히려 예·적금 금리 10%를 저금리라고 여기는 시대였으니까요. 한강의 기적을 이룬 근면성실한 한국인들에게는 저축만이 옳바르고 성실한 삶의 척도이자 재테크였습니다. 이런 이유로 인해 증권 시장의 성장은 더딜 수밖에 없었죠.

시장만큼 성숙하지 못한 투자문화

고금리 시대에 경제 전성기를 보낸 지금의 6070 세대, 코스피 2000대를 횡보하던 시대를 거친 7080 세대에게 주식은 그저 변동성에서 수익을 내는 것이었습니다. 기업과 미래 그리고 가치에 투자하는 것이 아니라 기업의 지배구조 이슈, 작전 세력에 의한 변동성에서 돈을 버는 수단에 불과했습니다. 투자에 대한 제대로 된 지식을 가지지 못한 거죠.

이런 투자문화는 많은 부작용을 낳았습니다. 소위 '찌라시'나 '테마주'에 의존해 투자를 하는 거죠. 지인한테서 들은 '무슨 주가 좋다더라', '무엇을 사서 큰 돈을 벌었다' 등의 소문만으로 기업을 평가하고 매수하는 주식 투자가 오늘날까지도 만연합니다. 물론 운이 좋으면 이렇게 투자해도 수익을 거둘 수 있겠지만, 과연 이게 현명한 방법일까요? 그랬다면 이렇게 투자한 사람들이 모두 부자가 되었겠죠. 실제로는 그렇지 못합니다. 사실조차 검증하지 않고 단기간에 한몫 잡으려고 몰려드는 주식투자에서 누군가가 고점에 판다는 것은 또 다른 누군가는 고점에 산다는 뜻이죠. 결국 돌고 도는 소문에 의해 그들만의 리그에서 폭탄 돌리기를 하는 것과 다름 없습니다. 여기서 잃은 이들은 어차피 주식은 도박이라며 자기합리화를 한 채 또다시 잘못된 투자에 몸을 던지는 악순환에 빠지게 됩니다.

물론 이런 투자문화가 생긴 게 오직 투자자의 잘못이라고는 생각하지 않습니다. 과거에는 기업을 파악할 수 있는 최소한의 재무제표를 보기도 어려웠을뿐더러 투자에 필요한 기초적인 지식 역시 일반인들에게는 전무했으니까요. 정보의 비대칭으로 인해 정보를 얻는 데 한계가 있었고, 내가 투자하고 싶은 기업을 선정할 기준이 명확하지 않았습니다. 기업의 실적이나 미래 가치를 파악하기도 어려웠죠. 특정 기업에 대해 분석하고, 미래 전망을 보고 투자한다는 것은 사실상 불가능했습니다. 기업 분석이 무의미한 시대였습니다.

다행히 최근에는 기업에 대해 더 쉽게 파악할 수 있습니다. 인터넷과 스마트폰의 발전으로 손 안에 컴퓨터를 들고 다니며 실시간으로 정보를 찾을 수 있는 시대입니다. 길을 걸어가면서도, 버스를 타는 중에서도 쏟아지는 기업에 대한 정보를 파악할 수 있게 된 것이죠. 적어도 기업에 대해 알 수 있는 여건이 되지 않아 나의 무지함이 손실로 이어지는 기술적, 환경적 요인은 대단히 감소했습니다.

더 이상 손실을 합리화하며 스스로를 위안하지 않아도 되는 시대가 왔습니다. 내가 분석한 기업에 투자 판단을 내릴 수 있으니까요. 인터넷에서 몇 자만 검색해봐도 수많은 정보가 쏟아지며, 기업을 제대로 분석할 수만 있다면 내가 투자한 기업의 미래 가치를 꿰뚫어볼 수 있고, 따라서 손해를 최소화할 수 있죠. 오늘날 발달한 디지털을 투자에 잘 활용하는 MZ세대를 '스마트 개미'라고 부르기도 합니다.

안타까운 것은, 이토록 쉽게 내가 투자하려는 기업에 대한 정보를 얻을 수 있는 시대가 되었는데도 과거와 같은 실수를 하는 사람이 많다는 사실입니다. 여전히 지인이 추천하는 주식에 무작정 투자해서 큰 손실을 보는 경우, 근거 없는 테마주가 급등락하는 사례를 흔히 볼 수 있습니다. 기술적으로나 환경적으로나 투자 환경은 진보했으나, 이를 받아들이는 사람들이 변하지 않은 거죠. 아직도 과거와 같은 방식의 투자를 하는 사람이 많다는 건 생각해볼 문제입니다.

대국민 주식투자의 시대

　바야흐로 대국민 주식투자의 시대가 열렸습니다. 2020년 코로나 19로 인해 코스피 지수가 유례없이 낮은 1500원대에 진입한 후 너도 나도 증권계좌를 개설해 주식을 주워 담기 시작했습니다. 코로나는 우리나라는 물론 세계경제를 위기에 몰아넣은 악재이기도 하지만 투자의 대중화를 이루는 역할도 했습니다. 코스피 1500을 저점으로 다시 3000원으로 끌어올릴 때까지, 무엇을 사건 값이 오르고 수익을 낼 수 있었기 때문에 큰 고민 없이 주식을 사며 행복회로를 돌렸습니다. 이를 일종의 바겐세일이라고 여긴 이들이 많았죠. 특히 MZ세대, 기존에 투자에 관심없던 20~30대들이 본격적으로 주식 시장에 뛰어든 것이 큰 영향을 끼쳤습니다. SNS에서 수익률을 자랑하고 자신의 투자 비법과 종목들을 자신있게 공개하는 문화가 생기기도 했습니다.

2021년 신년 첫 주부터는 코스피가 3000선도 뚫고 9.7%나 급등해 전 세계 증시 상승률 1위를 했습니다. 6개월이 지난 2021년 6월 25일에는 코스피가 역사상 처음으로 대망의 3300을 넘으며 대한민국 증시의 새로운 지평을 여는 듯했습니다. 전 세계적으로 백신 개발이 활발해지고 접종률이 늘어나며 경기침체 해소에 대한 기대감이 차올랐고, 코로나 종식과 더불어 살아날 기업들의 실적 개선을 기대한 것이죠. 10년간 코스피 2000대 수준의 박스권에 있던 우리나라 증권 시장에서 코스피의 끝없는 상승은 기다려온 일이기도 하지만 얼떨떨하기도 합니다.

코스피는 과연 고평가된 것일까?

축제 분위기에 젖어 있던 2021년 5월, 외국계 증권사들이 국내 대형주들에 대한 목표주가를 반토막으로 줄인다는 보고서가 연이어 나왔습니다. 즉 국내 기업 주식을 매도(Sell, Underperform, Underweight)하겠다는 것이죠. 그러면서 국내 증시의 거품론이 일어났습니다. 먼저 글로벌 투자은행인 크레디트스위스는 LG화학의 배터리 사업부가 분사해서 상장함에 따라 LG화학에 대한 목표주가를

130만 원에서 68만 원으로 하향 조정했죠. 그러자 LG화학의 주가는 그날 당일에 무려 10% 하락했습니다. 결국 이 매도 리포트로 하루만에 시가총액이 4조 원이 증발한 거죠. 뿐만 아니라 모건스탠리는 삼성SDI에 대해 목표주가를 낮췄고, JP모건은 금호석유화학의 목표주가를 34만 원에서 18만 원으로 낮추는 보고서를 내놓았습니다. 당연히 이들 기업의 주가는 요동을 쳤죠.

불과 두 달이 채 되지 않는 기간 동안 국내 대형주를 매도하겠다는 보고서가 연일 발간된 것에는 기업의 실적과 업황의 전망에 비해 주가가 고평가되어 있다는 외국계 증권사들의 판단이 깔려 있었습니다. 반도체, 배터리, 바이오, 비대면으로 재편된 국내 증권 시장에 신뢰를 갖지 못하고 '셀 코리아(Sell Korea, 외국인이 보유 중인 한국 주식을 파는 짓)' 현상이 나타나고 있는 것이죠.

매도 보고서를 낸 외국 증권사가 공매도 세력과 연관이 있는 것이 아니냐는 주장도 나왔지만, 그건 현실적으로 불가능한 이야기입니다. 오히려 여기서 더욱 중요하게 짚어봐야 할 점은 이런 현상이 비단 외국계 증권사들의 매도 리포트를 통해서만 볼 수 있는 건 아니라는 점입니다. 한국은행에 따르면 외국인은 국내 주식 시장에서 2021년 4월 누적 72억 4000만 달러, 우리나라 돈으로 약 8조 2000억 원을 순매도한 반면, 채권 시장에서는 213억 9000만 달러, 약 24조를 순매수했다고 합니다. 5월에도 역시 3일 동안 6조 원의 순매도 폭탄을 던졌다고 합니다. 외인들이 국내 주식을 던지고 채권으로 옮겨가며, 위험자산인 주식 시장에서 안전자산인 채권 시장으로 이동하는 추세가 뚜렷한 것이죠.

이런 현상을 보면 증권사의 보고서로 인한 단기적인 하락이 아니라 한국 증시에 투자하고 있는 투자자들 역시 거품을 우려하고 있다는 것을 알 수 있습니다.

코스피 자체가 과잉평가되었다고 보는 입장이 분명 존재합니다. 이를 뒷받침하는 대표적인 지수가 바로 버핏 지수인데요. 버핏 지수는 투자의 귀재 워런 버핏이 가장 선호하는 시장지표로, GDP 대비 시가총액 비율(시가총액/GDP)을 의미합니다. 통상 이 지표가 70~80%이면 저평가, 100% 이상이면 거품이 낀 증시로 봅니다. 버핏 지수가 100%라면 시가총액과 GDP가 동일하다는 의미, 즉 한 나라의 경제와 주식 시장의 크기가 같다는 의미입니다.

우리나라의 버핏 지수는 2020년 12월 기준 125%, 2021년 3월 기준 123%에 달하고 있습니다. 코스피가 처음으로 2000선을 넘었던 2007년에 96.5%였고, 미중무역분쟁이 발생하기 직전인 2017년에 102.9%로 처음 100%를 넘었었죠. 그 후 다시 하락했던 지수가 2020년에 들어서며 급상승해 120%를 달성한 것입니다. 우리나라만 그런 것이 아닙니다. 전 세계 시가총액을 전 세계 GDP로 나눈 글로벌 버핏 지수 역시 133%로 사상 최고를 경신했습니다. 미국의 경우에는 2021년 초에 200%를 넘기며 사상 최고치를 기록했고요.

왜 이렇게 버핏 지수가 급증했을까요? 우선 코로나로 인한 미국 연준(연방준비제도)의 경기부양책 때문입니다. 미 연준이 사실상 돈을 무제한 풀어서 시장에는 엄청난 돈이 풀렸고, 사실상 제로 금리에 머물며 전 세계의 돈이 증시에 몰렸기 때문입니다. 그래서 미 달러 인덱스가 하락하고, 국채 가격이 급등락하는 등의 부작용을 낳기도 했죠. 코로나로 인한 경제침체의 급한 불은 껐지만, 오히려 경제의 안정성에 대해선 의구심을 품을 수밖에 없는 상황에 맞닥뜨린 겁니다.

또한 버핏 지수가 100%를 넘긴 것을 유심히 지켜봐야 할 이유가 있습니다. 버핏 지수가 급등한 후 주가가 급락했던 과거의 사례가 있기 때문이죠. 미국의 금융전문지 《마켓 워치》에 따르면 전 세계 증시의 버핏 지수가 100%를 넘긴 것은 2000년, 2008년 그리고 2018년이었습니다.

세 연도를 보고 떠오르는 사건들이 있죠? 2000년의 IT 버블 붕괴, 2008년의 글로벌 금융위기가 떠오를 거예요. 그리고 2018년에는 경제부흥의 기대감을 깨버린 미중무역분쟁이 있었죠. 세 차례 모두 버블을 깨뜨린 악재가 존재했고, 증시가 급등한 후 급락했던 사례입니다. 그리고 2021년 또 한번 글로벌 버핏 지수가 사상 최고치를 찍었으니, 이전의 예처럼 다시 급락하는 것 아니냐는 의구심이 생기는 거죠.

최근에는 우리나라 역시 버핏 지수가 120%를 상회하면서 기존에 80~90% 선을 유지하던 코스피가 급등했으니, 이후에는 급락이 찾아오는 거 아니냐는 우려가 나오는 것입니다. 이처럼 증권 시장이 과열되었다고 주장하는 이들은 버핏 지수처럼 자산가치와 경제의 펀더멘탈(Fundamental, 경제기초)이 괴리되어 있다는 걸 근거로 내세웁니다.

코스피가 저평가되었다는 시각

반면, 코스피가 저평가되었다는 의견도 있습니다. 현재 우리나라 산업구조가 조선·철강 등에서 반도체·배터리·바이오·비대면 등 성장주로 재편되며 가치가 재산정되었지만 여전히 저렴하다는 것입니다. 실제로 코스피는 다른 세계 주요 선진국들에 비해 PER(Price Earning Ratio, 주가수익비율), PBR(Price Book Value Ratio, 주가순자산비율)을 비교하면 여전히 낮은 수준입니다. PER, PBR은 유가증권 시장의 실적 대비 주가 수준을 보여주는데요. 현재 코스피 3000을 기준으로 PER은 2배, 시가총액을 순자산으로 나눈 PBR은 1.3배입니다. PER과 PBR은 배율이 높을수록 고평가된 상태를 나타냅니다.

이 같은 수치를 비교했을 때 코스피의 PER과 PBR는 선진국과 비교하면 여전히 낮은 수준입니다. 코스피 2000 기준 PER와 PBR는 각각 24.1배, 1.3배로 모건스탠리캐피털 인터내셔널 대표지수 기준 23개 선진국 평균인 30.4배, 3.1배를 밑돌고 있습니다. 코스피가 3000을 넘기면서 끝없는 상승과 과열 양상을 보이고 있는 것 같지만, 이런 수치도 세계 주요 선진국에 비교하면 아직 저평가되어 있다는 것이죠. 따라서 현재의 코스피가 코리아 디스카운트(기업 가치에 비해 한국 기업들의 주식가격이 저평가되어 있는 현상)를 해소해준다는 주장도 있습니다.

또한 2021년 코스피가 기존 조선, 철강 등의 업종에서 반도체, 배터리, 바이오, IT 등의 사업으로 재편되었기 때문에 코리아 디스카운트가 해소되고 하반기에 더욱 높은 가치를 기대해볼 수 있게 되었습니다. 한때는 코스피가 3700까지 갈 수 있다는 낙관적인 전망이 나올 정도였으니까요.

코스피가 거품인지 아닌지에 대해 세계적으로 권위 있는 공신력 있는 지표들마저 어느 한쪽이라고 해답을 내놓지는 못하고 있습니다. 코스피에 대한 해석이 다를 수밖에 없기 때문이죠. 실제로 연일 상승세를 기록하면서 많은 피로도가 누적되었기 때문에 상승보단 하방압력이 더 거셌던 것이 사실이고, 실제로 장밋빛 기대와는 다르게 2022년 코스피는 3000선을 횡보하고 있습니다. 또한 외국계 증권사들은 국내 증권사들에 비해 한국 기업에 간섭을 덜 받기 때문에, 외국계 증권사들이 코스피를 바라보는 관점은 더 냉정한 편입니다. 기업에 대한 의존도가 높은 국내 증권사들과 비교해 외국계 증권사들은 영업 기반이 대부분 해외에 포진해 있으니까요.

양적긴축과 주가 하락

코로나로 인한 바겐세일이 끝나고, 코스피가 3000선에서 횡보하기 시작했고 코로나로 수혜를 입었던 IT주나 한때 1200달러까지 치솟았던 테슬라 같은 기술주 종목들이 양적긴축으로 조정을 받기 시작하면서 수익을 맛본 이들은 '멘붕'에 빠졌습니다.

게다가 앞으로 코스피의 하락을 걱정할 수밖에 없는 요인이 있습니다. 그 요인은 곧 다가올 미 연준의 양적긴축(Quantative tightening)이죠. 양적긴축은 중앙은행이 은행권에서 반강제적으로 돈을 빼는 일로, 금리 인상을 통한 긴축효과가 크지 않을 때 사용합니다. 보통 매월 보유한 국채와 주택저당권(MBS)를 일정분 시장에 매각해 달러를 흡수하는 방법을 취하고 있습니다.

미국은 경기부양을 위해 막대한 자금을 시장에 풀었죠. 하지만 양적완화의 부작용으로 인플레이션, 스태그플레이션 등의 경제위기가 수면 위로 떠오르며, 단순한 금리 인상만으로는 해결할 수 없는 상황에 직면하게 됩니다. 그래서 테이퍼링을 넘어 양적긴축이라는 칼을 꺼내들게 되는데요. 현재 미국은 양적완화로 겪는 부작용이 심각한 수준에 다다랐습니다. 미국의 소비자 물가지수 상승률은 2021년 4월 4.2%, 7월 5.4%, 11월 6.8%, 12월 7.0%입니다. 1982년 이래 약 40여 년 만에 소비자물가지수가 7%까지 상승한 것입니다. 통상 인플레이션이 4%가 넘어서는 경우에는 시장 흐름은 물론 미 연준도 정책 방향을 바꾸게 됩니다. 미국은 그간 경기부양책을 진행해왔지만, 테이퍼링 등 그에 뒤따른 후속조치가 없는 상황입니다.

만약 지금과 같은 상황이 지속될 경우 인플레이션이 향후 20%대까지 치솟을 수 있다는 우려가 있습니다. 연준이 시장에 공급한 막대한 돈은 실물 경제 물가 상승으로 이어질 거라는 의미죠.

이를 막기 위해서라도 미 연준은 필연적으로 양적긴축을 할 것입니다. 이 선택은 미 증시의 거품이 꺼지는 위기가 될 수도 있죠. 물론 제롬 파월 미 연준의장은 양적긴축을 2022년 후반에 시작할 수 있다고 밝히며, 상반기로 예상했던 시장을 안심시켰고 불확실성을 줄여주었습니다. 하지만 진정 중요한 것은 시기가 아닌 양적긴축의 규모와 기간입니다. 왜냐하면 그에 따라 시장이 받는 충격이 달라질수 있기 때문입니다. 기존에 미 연준이 진행했던 양적긴축은 2017년 10월부터 2019년 9월, 약 2년 동안 총 자산을 4조 5000억 달러에서 3조 9000억 달러로 6000억 원 축소하는 것이었습니다.

그런데 다가올 양적축소는 이전보다 규모가 더 크고 빨라질 수도 있습니다. 연준은 대차대조표 축소 규모를 밝히진 않았지만, 2021년 12월 월러 이사는 대차대조표 규모를 GDP의 35%에서 20%로 축소하는 쪽을 선호한다는 취지의 발언을 했습니다.

2021년 12월 30일 기준 미 연준의 자산은 8조 7190억 달러입니다. 현재의 자산 규모는 GDP 대비 38% 수준으로 20% 수준 4조 6000억 달러까지 줄이려면 약 4조 달러를 처분해야 합니다. 이는 직전 축소 규모의 7배에 달하며, 종전 2년여간 6000억 달러를 축소했던 것보다 빠른 속도가 요구될 수 있습니다.

물론 이는 단순한 예상치이지만 시장의 불안을 키우는 요소는 존재하는 상황인 것이죠. 따라서 어느 정도 코스피가 체력을 기를 시간은 확보되었지만, 언젠가는 맞이할 양적긴축의 경제충격에 맞서기 위해서라도 투자자들도 대비책을 마련해야 합니다.

기업을 알아야
위기를 버틸 수 있다

주식투자는 누구나 할 수 있는 가장 쉬운 투자 전략입니다. 기업과 산업에 관심만 있다면 누구나 원하는 기업에 투자를 할 수 있죠. 기업의 가치를 정확하게 파악하고, 목표가격을 정해둔다면 그 시기가 왔을 때 수익을 실현할 수 있을 것입니다. 하지만 주식 시장에는 우리가 잊고 있는 특징이 있습니다. 목표에 도달할 때까지 주식 가격은 끊임없이 우리를 뒤흔든다는 사실이죠. 우리가 주식을 통해서 수익을 얻을 수 있는 이유는 무엇일까요? 때로는 위로, 때로는 아래로 가격의 변동성이 있다는 특징 때문입니다.

주식을 매수하는 마음은 다 똑같습니다. 오늘보다 더 나은 내일을 기대하며 미래에 더 높은 가격이 되어 있을 것을 기대합니다. 하지만 세상 일이 다 그렇듯 내 뜻대로 쉽게 되는 것은 없습니다. 주식을 당장 산 다음 날 운좋게 바로 가격이 오를 수도 있지만, 다음 날 바로 가격이 떨어질 수도 있죠.

여기서 투자자의 성향은 크게 두 가지로 나뉩니다. 기업 가치에 영향을 주는 요인들을 미리 면밀히 분석하여 파악한 투자자는 단기적인 하락에 관계없이 버틸 수 있을 것입니다. 뿌리깊은 소나무의 정신으로 매도 시기와 목표가를 기다리죠. 반면 기업 가치에 대해 제대로 파악하지 않은 투자자는 단기적인 하락에도 쉽게 불안을 느낄 것입니다. 단순히 '카더라'나 지인 추천에 의해 해당 종목을 매수하고 기업에 대한 가치를 정보와 분석이 아닌 인맥에 의존했기 때문입니다. 같은 종목을 샀어도 어떤 이는 인내하며 버틸 수 있지만, 어떤 이는 오히려 불안에 떠는 상황이 벌어집니다.

주식투자는 누구나 할 수 있지만, 이익을 실현하기 위해서는 두 가지 마음가짐이 필요합니다. 바로 목표로 했던 가격까지 버틸 수 있는 담대함과 믿음입니다. 투자를 하며 담대함과 믿음이 필요한 시기는 생각보다 잦습니다. 어쩌면 투자자로서 항상 지니고 있어야 하는 요소인지도 모릅니다. 주식은 매수자와 매도자의 끊임없는 밀고 당기기에 의해 가격이 결정되죠. 1년 365일 중 주말과 공휴일을 제외한 모든 날, 오전 9시부터 오후 3시 30분까지 가격이 변합니다. 초 단위로 변하는 주가는 붉은색과 푸른색으로 매일 투자자들의 마음을 들었다 놨다 합니다.

짐이 무거울수록 작은 흔들림에 쓰러지기 쉽다

주식이 변동성을 지니고 있는 것은 당연합니다. 누군가는 당연한 소리라며, 자기만의 원칙과 지식을 통해 현명한 투자를 한다고 자부합니다. 하지만 투자금액의 크기 대비 기업에 대한 정보가 없다면 주가 변동성을 대하는 마음은 상당히 고단할 것입니다.

예를 들어 주식투자에서 100만 원을 운용할 때와 1억 원을 운용할 때 과연 포트폴리오가 똑같을까요? 100만 원을 투자했을 때 5%가 하락하면 5만 원 정도 손해지만, 1억 원을 투자했다면 500만 원을 잃게 됩니다. 하루 아침에 직장인 월급의 몇 달치가 움직이는 셈이죠. 500만 원을 얻을 수도 있지만, 잃을 수도 있는 변동성 속에서 과연 얼마나 많은 사람이 불확실성을 즐기고 행복한 결말을 맞이할까요.

100만 원을 투자하든, 1억 원을 투자하든 미래를 알고 투자할 수만 있다면 연이은 하락에도 굳건하게 버티며 이익을 실현할 수 있을 것입니다. 하지만 그렇지 않기 때문에 믿음과 담대함이 쪼그라들죠. 그래서 운용하는 금액이 작을수록 공격적으로 투자를 하고, 운용금액이 클수록 보수적인 투자 전략을 취할 수밖에 없습니다. 우리는 전지전능한 신이 아니기에 미래를 내다볼 수 없고, 생각보다 담대하지 않기 때문입니다. 오늘 매수한 주식이 당장 내일 오를지 떨어질지 걱정하며, 때로는 근시안적인 사고에 빠지게 되죠. 하락하는 차트를 보며 놀란 가슴에, 떨어질 때 내다 팔고 오를 때 주식을 사는 악습을 반복하는 것입니다.

투자를 하면 할수록 짐은 무거워질 것입니다. 자산 비중에서 주식의 비중 역시 늘어나겠죠. 100만 원으로 시작한 것이 1억 원으로 늘어나고, 4~5%의 변동성에도 가슴 졸일 것입니다. 어떻게 하면 그런 상황에서도 의연해질 수 있을까요? 사실 다들 정답을 알고 있습니다. 바로 기업을 잘 선택하는 것이죠. 기업을 잘 선택하기 위해선 기업을 분석하는 방법을 알아야 합니다.

그동안은 상승기였기 때문에 무엇을 사든 수익을 얻을 수 있었을지 몰라도 '무엇이든 골라보세요. 알아서 올라요' 식의 투자는 이제 통하지 않습니다. 무엇을 사도 오르던 시기를 벗어나, 이제 어떤 기업에 투자할지, 어떤 기업에는 투자를 삼가할지 스스로 판단할 시기가 온 것입니다.

내가 투자할 기업이 어떤 회사인지 정확히 알아야 합니다. 각종 매체를 통해 기업 관련 정보를 얻고 파악해 기업과 산업을 분석하는 습관을 길러야 할 때입니다. 주식투자에는 그 무엇보다 기업분석이 중요합니다. 내가 투자할 대상을 세심히 살피면 손해를 크게 줄일 수 있으며, 산업에 대한 혜안도 키울 수 있습니다.

경제 혼란기에 발현되는 기업분석의 진정한 힘

과열과 디스카운트, 인플레이션과 양적긴축의 리스크를 떠나서 경제 혼란기일수록 본질로 돌아가 훌륭한 기업을 알아내는 것이 중요합니다. 과열 양상이라면 그 속에서도 더 오를 기업을 선택하는 것, 폭락한다면 단기간 내에 가격을 회복할 수 있는 기업을 찾는 것이 투자의 본질이죠.

경제 혼란기에는 어떤 기업에 투자해야 할까요? 경제의 향방이 불투명한 상황에서 안전하게 투자하는 방법이 바로 가치투자입니다. 실제 가치보다 주가가 낮게 형성되어 있는 기업에 투자하고, 주가가 가치에 접근할 때까지 기다리며 수익을 노리는 것이죠. 그런 종목을 선정하기 위해서는 가장 기본적으로 해야 할 것이 기업의 가치를 분석하는 일입니다.

기업을 분석하는 방법에는 여러 가지가 있지만 과열, 저평가 등의 급등락에 크게 영향을 받지 않으면서 투자하려면 기업의 본질을 파악하는 게 중요합니다. 기업의 미래를 알기 위해서는 먼저 기업의 과거와 역사를 알아야 합니다. 또한 주가는 현재가 아니라 미래의 가치를 반영하므로 경제, 산업, 국가의 정책 등 기업에 영향을 주는 요인들을 분석하여 기업의 미래와 청사진을 예측해야 합니다. 우선 기업이 현재 놓인 상황을 파악하기 위해 기업 경영에 영향을 미치는 경기 상황, 기준금리, 물가지수, 해외 변수 등 거시적인 관점에서 분석합니다. 기업이 놓여 있는 강물의 흐름을 분석해 과연 어느 '바다'로 나아갈지 판단해야 합니다. 지금 이 강이 과연 청정 태평양으로 가는지 아니면 중간에 끊겨 메말라 버릴 물줄기를 타고 있는지, 기업의 동향을 정확히 분석하여 미래 종착지가 어디로 귀결될지 알아낼 수 있는 안목을 길러야 합니다.

기업과 산업을 분석하는 법을 깨우칠 수 있다면, 주식투자에 있어 빠른 결정력과 추진력을 갖추게 됩니다. 앞으로 전도유망한 산업은 무엇인지, 그 속에서 훌륭한 기업은 어떤 기업인지 파악할 수 있습니다. 미래의 자산가치를 보고 돈을 맡기는 일인 만큼, 앞으로 얼마나 투자수익을 낼 수 있는 기업인지 분석해야 합니다. 정확히 분석했다면 단순히 소문을 듣거나 추천을 받아 하는 투자보다 훨씬 더 성공적인 투자를 할 수 있습니다.

물론 기업을 분석하는 것은 쉬운 일이 아닙니다. 하나의 기업과 산업을 알기 위해서는 몇 날 며칠이 걸릴 수도 있습니다. 단순히 재무제표로만 기업을 파악하는 것은 매우 어렵습니다. 매출은 성장세를 보이고 있지만, 영업이익과 당기순익에서 매년 적자폭이 커지고 있는 회사가 있는가 하면, 매출과 영업이익에서 매년 증가세와 흑자를 보이고 있지만, 자회사로 인해 연결실적이 매년 적자인 회사도 있습니다. 또한 매출과 영업이익, 당기순익 모두 안정적인 실적을 내고 있지만 점점 하락세를 걷고 있는 사양산업도 있죠. 이처럼 여러 요소를 복합적으로 파악해야 합니다.

기업분석의 3가지 축

기업분석은 크게 거시적 분석, 미시적 분석 그리고 해당 기업분석이라는 3가지 축으로 나눌 수 있습니다.

가장 먼저 해야 할 것은 거시적 분석입니다. 기업이 속해 있는 경제 상황을 거시경제적 관점으로 접근합니다. 아무리 산업군이 전도유망하고 기업 역시 글로벌적으로 뜨고 있다 한들, 그 산업군과 기업을 뒷받침해줄 국가의 경제 상황이 뒷받침되지 않는다면 기업은 성공할 수 없습니다.

스페이스 X와 테슬라를 만든 일론 머스크가 현재 가장 큰 화두인 항공우주 산업, 전기차 산업을 성공적으로 이끌 수 있는 것은 미국이라는 활성화된 경제 시장을 가진 국가가 있고, 그만큼 큰 시장이 있기 때문입니다. 만약 일론 머스크가 미국이 아닌 다른 나라에서 지금의 사업을 하려고 했었다고 한다면, 과연 지금처럼 성공했을까요? 우리나라처럼 인구 5천만의 작은 내수시장과 경제 환경에서도 가능했을까요? 이런 의문이 드는 것이 당연합니다. 어떤 산업이 성공할지 알려면 그 산업을 담아내는 국가의 구조적인 상황을 파악하고, 곧 다가올 미래를 예측하는 것이 최우선입니다.

이렇게 거시적인 경제 분석이 끝났다면 기업이 속한 산업을 미시적으로 분석할 차례입니다. 주어진 시장 상황에서 해당 산업이 당면한 문제와 시장의 트렌드를 파악하는 거죠.

시장 환경과 산업을 분석하고 이해했다면 기업을 평가하는 일이 절반 이상은 끝났다고 볼 수 있습니다. 기업도 시장과 산업 속에서 돌아가는 하나의 유기체이기 때문이죠. 거시적, 미시적 분석을 통해 시장 상황을 파악하는 것은 어디까지나 기업분석을 극대화하기 위함입니다. 기업이 속해 있는 배경 상식을 완벽하게 이해해야 기업이 생태계 속에서 경영활동을 잘하고 있는지 파악할 수 있기 때문입니다. 아무리 현재 가격이 상승하고 객관적인 지표가 좋아도 그 기업이 몸담고 있는 산업이 사양산업이라면 아무런 의미가 없습니다. 지금의 실적과는 상관없이 그 회사는 결국 역사의 뒤안길로 사라질 테니까요.

대표적인 사례가 있습니다. 2000년대 LG전자는 피처폰의 최강자였습니다. 샤인폰, 아이스크림폰, 초콜릿폰, 프라다폰 등 연이은 히트를 쳤죠. 하지만 2000년대 후반 삼성, 애플 등의 후발주자들이 스마트폰 개발 경쟁을 하며 새로운 패러다임에 다가설 때 LG전자는 오히려 스마트폰을 멀리하며 자신이 강점을 지닌 피처폰에 주력합니다. 물론 2009년까지는 역대 최대 실적을 내며, 매출 55조 5,241억 원, 영업이익은 무려 2조 8,855억 원을 달성합니다. 하지만 2009년은 피처폰에서 스마트폰으로 교체되기 시작하던 시기였습니다. 이후 스마트폰이 본격 보급되자 LG전자는 힘을 제대로 쓰지 못하고 가라앉고 말죠. 부진한 모바일 실적에 대표이사도 교체되고 이듬해부터 주가가 하락하고 맙니다.

지금이야 LG전자의 스마트폰을 외면하고 피처폰을 주력으로 한 것이 악수라고 생각하지만, 역대급 실적을 기록한 당시만 해도 LG전자의 판단을 의심하는 이들은 많지 않았을 것입니다. 이는 단순한 실적이나 PER, PBR, ROE 등과 같은 지표와 상관없이 기업의 경영판단이 향후 주가에 영향을 미칠 수 있다는 것을 보여준 대표적인 사례입니다.

그 시대로 돌아간다면 투자자는 무엇을 파악해야 했을까요? 단순히 재무제표를 바라보고, 기업의 주가가치가 어느정도 수준으로 평가되어 있는지를 판단하면 충분했을까요? 아닙니다. LG전자의 모바일 부문에 대한 경영의 옳고 그름을 판단하기 위해 모바일 시장의 흘러가는 판도를 알아봐야 했습니다. 현재 세계적으로 피처폰의 판매량이 어떻게 되고 있는지, 스마트폰 시장은 얼마나 커지고 있는지, 피처폰 시장이 가라앉을 것인지 알아봐야죠. 피처폰 시장이 가라앉을 것으로 판단된다면 LG전자의 경영 판단을 보고 빨리 매도를 했어야 합니다. 이것이 경제, 산업환경을 총체적으로 분석하는 미시·거시적 기업분석입니다. 기업의 전후상황을 알고, 기업이 속해 있는 산업의 전망을 파악해야 투자 리스크를 최소화할 수 있습니다.

언제나 기업 소식에 귀를 기울여야 하고, 기업이 속해 있는 산업의 흐름을 이해해야 합니다. 큰 물줄기를 알아야 기업이 어느 바다로 가는지 알 수 있습니다. 그런 다음에 세 번째 축인 해당 기업분석을 하면 됩니다. 이때는 주로 재무제표를 통해 기업을 파악합니다. 이 모든 과정은 뒤에서 구체적인 예를 통해 보여드리겠습니다.

본격적으로 기업분석을 하기 전에

기업분석을 통해 투자를 하는 것은 사장이 직원을 뽑는 행위와 같습니다. 직원을 뽑을 때는 많은 것을 알고 싶겠죠? 그 사람이 학교에서 무엇을 배웠는지, 삶을 대하는 태도와 미래의 목표의식 등 수많은 것을 알아야 합니다. 내가 뽑은 직원이 훌륭한 성과를 내서 회사에 보답해줄지, 혹시 업무태만으로 인해 회사에 손실을 끼치지는 않을지 파악하기 위해서죠.

기업도 사람과 다르지 않습니다. 기업이 지금에 이르기까지 겪어온 과정, 현재 그 기업이 놓인 시장과 산업의 상황, 앞으로의 경영 전략 등 수많은 것을 봐야 합니다. 이를 통해 이 기업에 투자하면 미래에 내 자산이 늘어날지, 아니면 가치가 하락해서 손실을 끼칠지 예측하는 거죠.

물론 우리는 한 기업에만 투자하는 것이 아닙니다. 그런데 기업 하나하나에 대해 이렇게 많은 점을 고려해야 한다니 비효율적이라는 생각이 들 수도 있습니다. 그것을 감내하고 기업분석을 시도하더라도 대체 어디서부터 손을 대어야 할지 막막할 수도 있습니다. 하지만 너무 걱정하지 마세요. 기업의 미래 가치를 예상해보는 일은 생각보다 어렵지 않습니다. 복잡한 그래프를 쳐다봐야 할 필요도 없습니다. 증권사 애널리스트만큼 전문적이지 않아도 됩니다.

이제부터 본격적으로 기업분석하는 법을 기업의 실제 예를 통해 보여드리겠습니다. 기업의 경영판단과 최근 실적 등을 통해 기업이 속해 있는 기업과 산업에 대한 스토리를 풀어냈습니다. 기업분석을 해보지 않은 분이라면 구체적인 방법을 알 수 있고, 나름 기업분석을 해본 분이라도 부족한 점을 발견할 수 있을 것입니다. 또 기업과 산업에 대한 통찰력과 영감을 얻는 계기가 될 것입니다.

2부

○

투자 머리 키워주는
기업분석 톱픽 30

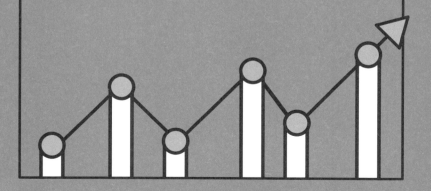

1

ESG

신재생에너지 / 배터리 / 전기차 / 반도체 외

현대차

자동차 산업의 붕괴, UAM의 태동

미래의 자동차는 어떤 모습일까요? 1985년 개봉한 〈백 투 더 퓨처〉, 1997년에 개봉한 〈제5원소〉, 2018년에 나온 넷플릭스 드라마 〈얼터드 카본〉에 이르기까지 잠시나마 자동차가 등장하는 세 작품에는 공통점이 있습니다. 바로 자동차가 하늘을 날고 있다는 점입니다. 1985년, 1997년 그리고 가장 최근인 2018년에 이르기까지 사람들이 미래를 생각할 때 가장 먼저 떠올리는 것은 바로 자동차가 하늘을 나는 장면이죠. 영화를 만드는 감독이나 영화를 보는 관객들 모두 언젠가는 자동차가 하늘을 날 것이라는 막연한 기대감을 갖고 있을 거예요.

하늘을 나는 '플라잉 카'를 실현시켜줄 또 하나의 기술혁신이 일어나고 있습니다. 바로 UAM 도심항공모빌리티 시장입니다. UAM은 Urban Air Mobility의 약자로, 이름 그대로 하늘을 이동 통로로 활용하는 미래의 도시 교통 체계를 말합니다. 현재 우리가 체감하고 있는 가장 큰 교통수단의 변화는 내연기관 자동차에서 전기차로 변화하는 것이지만, UAM 역시 글로벌 모빌리티 기업들이 적극적으로 뛰어들고 있는 교통수단이죠. 현대자동차, 아우디, 에스턴마틴, 롤스로이스, 포르쉐, 보잉 등 세계적으로 유명한 자동차 명가부터 항공 기업에 이르기까지, UAM 시제품을 공개하며 UAM 시장 진출을 공격적으로 노리고 있습니다.

글로벌투자은행 모건스탠리에 따르면, UAM 시장은 2020년 70억 달러, 우리 돈 약 7조 8400억 원에서 2040년 1조 4740억 달러, 우리 돈 1651조 원으로 200배 이상 성장할 것이라고 합니다. 20년간 연평균 성장률은 30.7%에 이르는 초고속 성장을 이룰 것이라고 전망했습니다. 모빌리티 기업들이 진출을 안 할래야 안 할 수가 없는 시장인 것이죠.

여기서 의문을 제기하는 분도 있을 것입니다. 교통체증이 있기는 하지만 지금 지상의 자동차로도 충분한데, 과연 UAM 시장이 커질 것인가? 하지만 20년이 지난 미래에는 UAM이 상용화될 거라고 예측하는 이유가 있죠. 바로 거대 도시, '메가시티(Megacity)'의 증가 때문입니다.

메가시티 시대의 필수, UAM

UN 경제사회국에 따르면 2010년을 기점으로 전 세계 도시인구는 지방인구를 추월하기 시작했고, 2018년 세계의 도시화율은 55.3%를 기록했습니다. 2020년 이후부터는 본격적으로 지방인구는 감소하지만 도시인구는 계속 증가하는, 도시 인구집중과잉 현상이 발생할 것으로 전망합니다. 2050년이면 전 세계 도시화율은 68.4%에 이를 것이라고 합니다.

이해하기 쉽게 극단적으로 표현하자면, 지금 우리나라 5천만 인구가 전국의 행정시도별로 인구가 분산되어 있지만, 20년 뒤에는 서울

도시별 인구 수 순위(2018년, UN 기준)

(천 명)

순위	도시	국가	인구 수
1	도쿄	일본	37,468
2	델리	인도	28,514
3	상하이	중국	25,582
4	상파울로	브라질	21,650
5	멕시코시티	멕시코	21,581
6	카이로	이집트	20,076
7	뭄바이	인도	19,980
8	베이징	중국	19,618
9	다카	방글라데시	19,578
10	오사카	일본	19,218
34	서울	대한민국	9,963

출처: UN Department of Economic and Social Affairs(2019), World Urbanization Prospects, 삼정KCMG 경제연구원 재구성
※ 도시권의 인구 비교를 위한 UN의 기준은 국가별 행정구역상 도시 인구와 일부 차이가 있을 수 있음

이나 비슷한 수준의 몇몇 도시에 5천만 인구가 주거하는 형태로 변화한다는 것이죠. 우리 나라 역시 도시화율은 이미 81.5% 수준이며, 2050년 86.2%에 달할 것으로 예측되고 있죠.

세계에서 인구가 가장 많은 도시는 일본 도쿄로 3747만 명에 달하고, 인도의 델리가 2851만 명, 중국의 상하이가 2558만 명입니다. 서울의 경우도 996만 명으로 1000만 명에 육박하고 있습니다. 1990년까지만 하더라도 전 세계에 1000만 명 이상이 거주하는 메가시티는 10곳에 불과했지만, 2018년에는 33개로 증가했고, 2030년에는 43개에 이를 것으로 전망된다고 합니다.

문제는 메가시티의 증가에 걸맞는 효율적인 교통체계가 아직까지 마련되지 않았다는 점입니다. 도시에 인구가 집중되면서 교통문제가 이어질 수밖에 없겠죠. 게다가 교통문제는 교통에서 끝나지 않고, 에너지 낭비, 환경 오염, 소음 발생 등 또 다른 도시문제를 발생시키며 각종 사회적 비용을 초래할 것입니다.

이를 줄이기 위해 지하철과 대중교통 등을 증대하면서 교통문제를 줄여나가려 하고 있지만, 이미 지상에는 각종 건물과 시설이 있고 지하에는 지하철, 상하수도관, 가스관, 통신망 등이 가득 차 있어요. 이런 상황에서 막대한 비용을 쏟아 부어 지상과 지하의 신규 교통망을 확충해나가는 것은 임시방편에 불과할 것입니다. 교통문제 해결은 도시 전체의 거주적합성을 위해서라도 반드시 해결해야 할 과제인 것이죠.

UAM에 공격적으로 나서고 있는 현대차그룹

이런 문제를 해결하기 위해 기존 교통체계의 패러다임을 바꿀 혁신적인 교통 시스템으로 등장한 것이 바로 UAM입니다. 인공지능, IoT, 빅데이터, 블록체인, 드론, 3D프린팅, 에너지 저장 등 혁신 기술들이 융합된 UAM은 기술의 한계를 극복하고 폭발적인 시너지를 보여주면서 새로운 대안으로 떠올랐습니다.

현재 우리나라에서 UAM에 가장 적극적인 진출을 하고 있는 기업은 정통 모빌리티 강호인 현대차그룹입니다. 현대차그룹은 회사의 모태인 '차' 모빌리티 기업이라는 정체성을 그대로 이어가며 그룹 자체적으로 '스마트 모빌리티 솔루션' 전략을 선언했는데요. 이를 위해 약 60조 원을 투자할 계획을 밝히며, '자동차'라는 틀에 벗어나 UAM 사업으로의 전환을 빠르게 이어가고 있습니다.

현대차그룹은 재계 순위 2위에 걸맞는 막강한 자금력을 바탕으로 UAM 사업 진출을 서두릅니다. 그중 흥미로운 점은 공격적인 인재영입인데요. 2019년 미국 항공우주국(NASA) 최고위직을 역임한 신재원 UAM 사업부장(사장)을 시작으로 항공우주산업 스타트업 회사 '오프너' 최고경영자(CEO) 출신 벤 다이어친을 UAM 최고기술책임자(CTO)로 영입하고, 이지윤 카이스트 항공우주공학과 부교수를 여성 사외이사로 선임했습니다.

인재영입을 바탕으로 현대자동차는 UAM 사업의 기반을 마련하기 위한 생태계 확장에도 나서고 있습니다. UAM 사업의 생태계 필수 요건인 비행체, 인프라 그리고 서비스 부문에서 여러 전문 기관과 MOU를 맺으며 기반을 마련하고 있습니다. KT(통신), 현대건설(인프라), 인천국제공항공사(인프라), 항공안전기술원(연구개발), 한국항공대(연구개발), 수출입은행(금융) 등과 손을 잡고 있죠.

이에 더해 LIG넥스원과 KAI(한국항공우주 산업)과의 협력을 통해 비행체 개발과 인프라스트럭처 부문을 강화하고 있습니다. 군대를 다녀온 남성이라면 LIG넥스원과 KAI를 방산업체로 알고 있는 분이 많겠지만, 두 기업의 공통점은 모두 현재 연구 중인 UAM 분야에 활용 가능한 기술 역량을 보유하고 있다는 것입니다.

LIG넥스원은 항공전자 체계 설계와 비행 제어 등의 기술, KAI는 비행체의 수직 이착륙 및 개발 기술을 보유하고 있습니다. 현대차의 입장에서 이제는 자동차를 굴리는 것이 아니라 날려야 하죠? 따라서 두 회사의 항공 기술은 현재 UAM 연구 개발 단계에서 현대차에게 훌륭한 지원군이 될 것으로 예상됩니다.

물론 신성장동력을 찾기 어려웠던 LIG넥스원과 KAI 입장에선 현대차그룹이라는 든든한 파트너가 생기는 셈이죠. 현대차가 CES 2020에서 선보였던 PAV S-A1을 2028년에 상용화한다는 계획을 하나둘 이뤄가고 있으니, 앞으로 7년 뒤면 현대에서 만든 도심형 항공기를 우리 눈앞에서 볼 수 있을지도 모르죠.

UAM의 핵심 열쇠인 '전고체 배터리'

하지만 UAM이 상용화가 되기 위해서는 수많은 난관을 거쳐야 하는데요. 기술 개발부터 안전문제까지 체크해야 할 부분이 많습니다. 그중 UAM을 새로운 교통체계로 받아들이는 사회적 수용이 가장 중요시되고 있습니다. 이 점에서 가장 고도의 발전이 필요한 것이 바로 배터리와 소음입니다.

2018년 국제 배터리 세미나에서 우버는 PAV(Personal Air Vehicle, 개인용 비행체) 상용화를 위한 배터리의 스펙을 발표했습니다. 우버에 따르면 PAV가 100km를 비행하기 위해서는 150kWh의 배터리 용량에 300Wh/kg의 에너지 밀도를 갖춰야 하고, 사업 경제성 확보를 위해 5분 이내에 20% 이상 충전이 가능해야 합니다. 이 정도의 기술력에 도달해야 PAV 사업이 현실적으로 가능하다는 거죠.

이해를 돕기 위해 자동차 배터리에 비유해보겠습니다. 우버가 지향하는 PAV 배터리 스펙을 갖추기 위해서는 현재 전기차의 대명사인 테슬라의 모델 S 100D의 배터리 용량과 에너지 밀도 등에서 50% 이상의 성능 개선이 이뤄져야 한다는 것이죠. 얼핏 보면 금방 되겠다는 생각이 들지만 안타깝게도 현실적으로 어렵다고 합니다. PAV는 항공기인 만큼 가벼운 무게가 요구됩니다. 하지만 현재 사용 중인 리튬이온 배터리는 더 많은 에너지를 담기 위해 무게가 더욱 커지는 구조이기 때문에 비행체에 적용하기에는 적합하지 않습니다. 완전한 항공 모빌리티에는 리튬이온 배터리 외에 새로운 형태의 배터리가 필요할 것이란 의미죠.

정말 다행인 것은 꿈의 배터리라고 불리는 '전고체 배터리'가 PAV 배터리로 사용될 수 있다는 것입니다. 전고체 배터리는 이름 그대로, 액체 상태인 전해질을 고체로 변환하여 외부 충격에도 강한 안전한 배터리를 말합니다. 전해질이 고체인 만큼 구조적으로 단단해 안정적이며, 전해질이 손상되더라도 형태는 유지할 수 있어요. 액체 전해질은 누액될 시 폭발할 위험이 있는데, 이에 비해 상당히 안전한 거죠. 게다가 전고체 배터리의 경우 고체 전해질이 분리막의 역할까지 수행할 수 있기 때문에, 분리막과 안전을 위한 배터리 부품이 줄어드는 대신, 용량을 늘릴 수 있는 활물질을 채워 배터리의 에너지 밀도를 더욱 높일 수 있죠. 따라서 전고체 배터리의 개발은 PAV의 상용화를 앞당길 수 있는 핵심 기술이 될 것입니다. 전고체 배터리의 쓰임새가 단순히 전기차에 국한되는 게 아니라 PAV 시장에도 사용될 것입니다.

소음과 환경에 대한 우려도 시민들의 수용성 증대를 위해 극복해야 할 과제입니다. 기존 헬리콥터는 가격 측면도 있지만, 500피트(약 152m) 상공에서 약 87dB의 소음을 유발하고, 디젤 차량 대비 약 3~5배 이상의 오염물질을 배출하기 때문에 도시의 대중적인 교통수단으로 적합하지 않았죠. 그래서 PAV는 도시 운용에 적합한 소음과 환경 기준을 충족해야 할 것입니다. 이러한 과제를 해결하기 위해 PAV는 500피트 고도에서 약 62dB의 소음 수준을 목표로 하고 있으며, 이는 일상적인 대화보다 조금 더 큰 수준입니다.

UAM이 가져올 패러다임 전환

UAM이 발달하면 UAM과 연계된 수많은 산업에도 신성장동력이 될 것입니다. UAM은 항공, 자동차, 에너지, 소프트웨어, 건설, 금융 등 산업이 연계된 초융합 산업으로, 각 산업에 신시장을 창출할 수 있는 파괴력을 갖고 있습니다.

배터리 산업의 경우 전기자동차, ESS 등이 잠재적인 성장요인이지만, UAM으로 인해 PAV 배터리라는 새로운 성장동력을 얻을 수 있습니다. 그리고 PAV는 에너지 효율을 높이기 위해 경량화가 필수지만, 악천후 등에 대비하기 위해서는 고강도 소재도 필요합니다. 따라서 저중량·고강도의 복합소재 산업도 새로운 전기가 마련될 수 있죠. 또한 자동차가 움직이는 스마트폰이 되어가고 있는 것처럼 미래 PAV도 디지털 기기의 모습을 띠게 될 가능성이 매우 큽니다. 자율비행 소프트웨어, IoT 센서를 비롯한 각종 통신장비와 전자 제어유닛의 수요 증가는 IT·소프트웨어 기업들에게도 사업 확장의 기회가 될 수 있죠.

혁신적인 기술들이 하나로 융합되어가면서 UAM은 빠르게 현실로 다가오고 있습니다. 이미 다양한 산업에서 세계 최고의 기술력을 갖춘 기업들이 UAM 생태계로 모여들고 있죠. 참여자들도 앞다퉈 UAM 투자를 가속화하고 있습니다. 제도 및 법률이 정비될 것으로 기대되는 2030년 이후에는 더욱 폭발적으로 성장할 UAM 시장의 미래가 기대됩니다.

구글

제2의 안드로이드 패권을 꿈꾸다

2021년 4월 현대자동차와 구글이 합작사를 설립한다는 뉴스가 나왔습니다. 자율주행차에 탑재될 차량 서비스를 공동으로 개발한다는 소식은 대한민국 자동차업계를 뜨겁게 달궜죠. 구글과 현대차가 합작사를 설립해 그동안 축적한 자율주행 데이터를 기반으로 차량서비스를 연구 개발한다는 것이 기사의 골자였습니다.

하지만 현대차는 이에 대해서 즉각 사실무근이라는 입장을 내놓았고, 오랜 시간이 지난 지금까지도 현대차와 구글의 베일에 쌓인 관계는 수면으로 드러나지 않았죠. 사실 기사가 난 당시에도 현대차는 이미 2조 4천억 원을 투자해 2019년 미국 전장부품사 앱티브와 함께 합작사를 설립했고 자율주행을 개발 중이었습니다. 네비건트 리서치에 따르면 2020년 기준 현재 자율주행 기술 순위는 1위 구글의 웨이모, 2위 포드, 3위 GM크루즈, 4위 바이두, 5위 인텔입니다. 현대차는 6위로 글로벌 빅테크 기업들과 어깨를 나란히 할 정도입니다. 그러니 굳이 추가로 구글과 합작사를 설립할 필요가 없어 보이죠.

구글의 연이은 모빌리티 투자

구글과 현대차가 합작사를 설립한다는 소문의 진의를 파악하기 위해서는, 조금 다른 관점에서 바라봐야 합니다. 우선 기존 완성차와 빅테크 기업 간에 진행하던 자율주행 합작 형태가 아닌, 차량용 소프트웨어 합작사 설립에 더욱 무게를 두고 봐야 합니다. 이 소문이 해프닝으로 끝난다 치더라도, 최근 구글이 카카오 모빌리티에 투자하고, 삼성전자에게 웨이모의 자율주행 반도체를 발주하는 등 자동차 시장에 대한 접근이 구체적으로 변하고 있기 때문이죠.

구글이 연이어 모빌리티 기업과 협업하는 이유는 따로 있습니다. 바로 구글이 스마트폰 시장에서 그랬던 것처럼 자동차 시장을 집어삼키려는 거죠. 앞서 말했듯 최근 구글은 카카오 모빌리티에 565억 원을 유상증자 형태로 투자하며 1.69%의 지분을 확보했습니다. 구글은 지분을 확대한 이유에 대해, 카카오 모빌리티와 함께 클라우드 기반 AI·IoT 플랫폼 시너지, 운영체제 소프트웨어 관련 협력 등을 논의하기 위함이라고 밝혔죠. 하지만 사실 이 말은 믿기 어렵습니다. 구글이 카카오 모빌리티를 통해 큰 이득을 얻기가 어려워 보이기 때문이에요. 카카오의 AI·IoT 기술이 뛰어난 것은 맞지만 구글이 지분을 투자할 정도로 구글보다 발달되어 있다고 판단하기는 어렵습니다. 구글이 AI나 OS(운영체제) 기술을 이전했으면 했지, 카카오로부터 얻을 건 없어 보이거든요. 하지만 그럼에도 불구하고 구글이 카카오 모빌리티에 투자한 이유는 바로 구글이 가지지 못한 것을 카카오 모빌리티가 가지고 있기 때문인데요. 그건 바로 카카오 모빌리티가 보유한 차량이동에 대한 데이터입니다.

카카오T 앱의 가입자 수가 2020년 기준 약 2500만 명, 월 이용자 수가 1000만 명을 넘기 때문에 카카오 모빌리티는 방대한 고객을 보유하고 있습니다. 게다가 전국 택시 27만 대 중 25만 대가 카카오 택시 호출을 이용할 정도로 현재 대한민국 모빌리티는 카카오라는 공식이 성립하고 있죠.

한편 구글은 웨이모라는 자율주행 시스템을 보유하고 있습니다. 그렇다면 여기서부터는 보다 합리적인 유추가 가능해집니다. 이미 구글 웨이모를 통해 개발한 세계 최상위 수준의 자율주행 기술과 카카오 모빌리티의 방대한 차량이동 데이터를 합친 그 무엇! 구글이 개발하려는 것은 '스마트카 OS/소프트웨어'가 아닐까 하는 유추를 할 수 있습니다. 여러 모빌리티 기업과 차량 내에 이용 가능한 소프트웨어 개발에 박차를 가하고 있다고 하지만, 좀 더 구체적으로 접근하면 바로 차량에 들어가는 OS를 개발하기 위함이라고 볼 수 있죠.

이런 관점에서 봤을 때 구글의 야심은 상당히 뚜렷합니다. 지금 각 자동차 회사 별로 차량 제어, 인포테인먼트를 관장하는 소프트웨어/OS가 있지만, 구글이 지금보다 더 진일보한 차량 소프트웨어를 구현해서 차세대 차량용 스마트카의 OS 시장 패권을 잡겠다는 것입니다. 그래서 일찍이 구글은 안드로이드 오토라는 스마트카 OS 개발에 착수했죠. 움직이는 스마트폰이 될 것으로 예상되고 있는 자동차 시장에서 구글은 또 한번의 OS 패권에 도전하고 있는 것입니다.

구글뿐만 아니라 이미 세계적인 글로벌 기업들의 스마트카 OS 경쟁은 시작되었습니다. 구글의 안드로이드 오토 외에도 애플의 카플레이, 마이크로소프트 윈도인더카, 블랙베리의 큐닉스, 심지어 삼성전자와 인텔이 공동개발하는 타이젠까지. 글로벌 빅테크 기업들이 스마트카 OS를 꿰차기 위해 공격적으로 개발에 나서고 있습니다.

빅테크 기업들이 자동차 산업에 뛰어드는 이유

자동차를 만들지도 않는 빅테크 기업들이 차량용 소프트웨어/OS 시장에 뛰어드는 것이 이상하게 느껴질 수도 있는데요. 어떻게 보면 당연합니다. 왜냐하면 차량이 자율주행으로 변화면서 전장부품이 많아지고, 이를 제어하기 위한 차량용 소프트웨어 시장이 폭발적으로 성장하고 있기 때문입니다. 2010년대에 자동차 원가에서 소프트웨어 비중은 30%에 불과했지만 2030년이면 50%가 될 것이라고 합니다. 자동차가 전장부품화되며, 이를 컨트롤하는 차량용 소프트웨어 시장이 앞으로 지속 성장할 전망이죠. 한 대에 수천만 원씩 하는 자동차 원가의 50%가 소프트웨어라면 빅테크 기업들에게 참 매력적인 시장이죠.

빅테크 기업들이 OS를 개발하려는 이유가 이런 차량용 소프트웨어 시장 성장이라는 이유도 있겠지만, 또 다른 이유가 있습니다. 과거에 IT 기업들이 지금과 상당히 비슷한 패러다임의 전환에서 실수한 경험이 있기 때문이죠.

과거에 휴대폰 OS인 안드로이드가 시장에 매물로 나온 적이 있었습니다. 지금이라면 다들 인수하려 했겠지만 그 당시에는 그저 전화만 되면 장땡인 휴대폰에 무슨 OS냐고 마이크로소프트를 포함한 수많은 IT 기업이 등한시했고, OS 개발 역시 멀리했죠. 구글만이 안드로이드의 가능성을 알아보고 인수해서 오늘날과 같은 세계적인 기업이 되었습니다.

구글의 안드로이드 인수는 현재까지도 M&A 역사상 가장 훌륭한 사례이자 신의 한수로 평가됩니다. OS의 시장지배력이 얼마나 대단한지 이제는 모두가 알고 있죠. 구글의 안드로이드는 애플의 iOS와 함께 전체 스마트폰 OS 시장 점유율의 99%를 차지했고, 스마트폰의 헤게모니를 구축해 고객들과 기업들의 자본을 안드로이드로 끌어모으는 데 성공했습니다. 이처럼 스마트폰에서 엄청난 교훈을 얻은 빅테크 기업들, 완성차 기업들은 같은 실수를 반복하지 않기 위해 지금 너나 할 것 없이 자동차용 OS 시장으로 뛰어들고 있는 것입니다.

움직이는 게임/영화관 OS를 통해 플랫폼 기업을 꿈꾸다

앞으로의 자동차는 자율주행이 되고, 스마트폰 못지 않은 콘텐츠를 적극적으로 즐기는 공간으로 바뀔 것입니다. 구글이 스마트카 OS에서도 주도권을 쥘 수만 있다면, 자동차 내에서 즐길 수 있는 콘텐츠 시장 역시 덩달아 성장하며, 지금의 안드로이드나 앱스토어 같은 플랫폼 구축을 통해 막강한 수익을 내는 것이 가능해질 것입니다.

그래서 구글은 콘텐츠 면에서 접근 전략을 180도 바꿔버립니다. 2021년 2월 구글은 클라우드 게이밍 서비스인 스태디아에서 자체 개발을 중단하고 플랫폼 형태로 제공한다고 밝혔는데요. 지금과 같은 클라우드 게임 생태계를 구글의 스마트카 OS에 연계해놓으면 자체적인 콘텐츠를 개발할 필요 없이 스마트카 콘텐츠 유통사들이 몰리면서 현재의 안드로이드와 같은 지위를 누릴 수 있게 되는 것이죠.

그렇다면 움직이는 차량에서 과연 어떤 콘텐츠를 주로 소비할까요? 바로 메타버스입니다. 단순히 기존 차량에서 스마트폰이나 태블릿으로 영화를 보고, 쇼핑하고, 음악을 듣는 것을 넘어, 자율주행차량에 탑재된 VR 기기로 시각과 청각을 게임에 집중하겠죠. 그리고 메타버스라는 고성능 게임을 스트리밍 해줄 수 있는 클라우드 역할을 구글이 하려는 것입니다.

요컨대, 구글은 스마트카 OS 시장을 선점해 제2의 안드로이드를 만들어, 차량용 플랫폼 시장에서 헤게모니를 구축하려고 합니다. 게다가 클라우드 플랫폼을 자처하며 차량 안에서 콘텐츠를 즐길 수 있는 환경 역시 갖추어나가는 거죠. 현대차와 합작사를 설립한다는 소문의 실마리 역시 구글의 스마트카 OS 패권 장악의 일환으로 해석해볼 수 있습니다.

현재 자율주행 기술이 어느 정도 완성 단계에 이르면서, 자동차·테크 업계의 합종연횡이 광범위해지고 있습니다. 물론 차량은 스마트폰과는 달리 직접 물리적으로 기계를 통제해야 하기 때문에 단 하나의 OS가 아니라 인포테인먼트, 전장부품, 외부연계 통신의 3가지 소프트웨어로 나뉘어 있습니다. 때문에 구글이 이를 단번에 손에 쥐는 건 쉬워 보이지 않습니다. 하지만 이미 안드로이드로 운영체제를 정복해본 경험이 있는 구글이 모빌리티 기업과 협업한다면 충분히 제2의 안드로이드를 기대해볼 수도 있을 것 같습니다.

현재 우리는 완성차 시장에서 자율주행, 배터리에만 주목하고 있습니다. 하지만 성장하고 있는 새로운 시장인 차량용 OS 시장에도 주목해야 합니다.

한화솔루션

발전소도 가상인 시대!
가상발전소 패권 경쟁

　최근 세계를 뒤흔들고 있는 키워드는 '가상'이 아닌가 싶습니다. 콘서트, 선거운동, 부동산에 이르기까지 신경제 시대를 창출해낸 가상세계 메타버스부터 디지털 시대의 가상 자산으로 불리는 '가상화폐'까지, 가상이라는 키워드가 새로운 경제를 창출해나가고 있습니다. 그저 놀이공간으로만 여겼던 가상세계가 또 하나의 세상이 되고 그 속에서 자본주의 못지 않은 경제체제를 일궈냈죠.

　가상을 이용한 시장이 또 있습니다. 바로 가상발전소(Virtual power plant, 이하 VPP)인데요. 현실세계의 동력인 에너지 시장에까지 '가상'이 출현한 것입니다. 에너지 패러다임에서 필수적인 존재이자 주도권을 쥐고 있는 VPP에 대해 알아보겠습니다.

우선 VPP가 정확히 무엇인지 설명하겠습니다. VPP는 계량기 뒤에 숨어 있는 시장으로 불립니다. 소규모 분산전원으로 발전되는 전기들을 소프트웨어로 모아 지역 제한 없이 마치 하나의 발전소처럼 운전하고 제어하는 발전소의 형태죠. 이 VPP가 신에너지 시대에 메타버스나 암호화폐 못지 않게 정말 중요한 역할을 하게 될 것입니다.

현재 세계 각국은 탄소중립을 목표로 온실가스 배출이 없는 태양광·풍력 등 재생에너지 비중을 확대하고 있습니다. 국제 에너지기구 IEA에 따르면 2030년이면 전 세계 발전량 가운데 신재생에너지가 차지하는 비중은 37.3%로, 석탄 24.4%, 석유 1.6%를 제치고 최대 전력원으로 부상할 것이라고 합니다.

에너지의 패러다임이 원자력이나 화력 등 대단위 발전소에 전력을 대량으로 생산하는 중앙공급식 에너지 전달체제에서, 앞으로는 풍력, 수력 등 각 지역에서 소규모로 생산되는 재생에너지로 변화할 겁니다. 즉 전력망이 '중앙집중형'에서 신재생에너지의 소규모 '분산형'으로 전환될 것이기 때문에 이를 모아줄 하나의 통제 시스템, 가상의 커맨드센터가 필요하게 되죠.

이 커맨드센터 역할을 하는 것이 바로 가상발전소입니다. 소규모 신재생에너지 발전설비와 ESS 등 클라우드 기반으로 한 소프트웨어 기술을 통해 생산·소비 후 남은 전력을 가상발전소의 ESS에 송전하죠. 마치 대용량의 화력발전처럼 전력을 모아 필요한 수요처에 안정적으로 공급하는 것입니다. 지금까지는 전기의 특성인 일회성과

ESS, 소프트웨어 등의 기술 한계로 신재생에너지만으로는 안정적인 전력공급이 어려웠지만, 기술 고도화를 덕분에 가상발전소를 통한 친환경에너지의 활용이 가능해졌습니다.

스마트 그리드와 마이크로 그리드

VPP의 전력망으로는 스마트 그리드(Smart Grid)가 활용될 것으로 예상됩니다. 스마트 그리드는 마이크로 그리드(Micro Grid)가 한 단계 진화한 형태로 이해하면 됩니다. 마이크로 그리드는 VPP와 마찬가지로, 독립된 분산 전원을 중심으로 한 영역 내의 전력 공급 시스템입니다. 하지만 그 규모가 작아 주로 섬과 같은 특정 지역이나 건물과 같은 소규모 지역에 한정해 자체적으로 전기를 생산하는 자급자족 체계죠. 마이크로 그리드에서는 에너지 저장 시스템인 ESS를 이용한 에너지 관리 시스템(Energy Management System, EMS)으로 에너지를 운용했습니다. 그런데 전력망이 개인과 지역 중심으로 분산되다 보니, 한눈에 전체 전력 수요를 파악하기 어렵다는 단점이 존재했습니다.

스마트 그리드는 이런 단점을 보완한 전력망입니다. '발전 → 송전·배전 → 판매 혹은 소비' 단계로 이루어져 있던 단방향 전력망에 정보기술(IT)을 접목해 전력공급자와 소비자가 양방향으로 실시간 정보를 교환 가능하게 해줍니다. 특정 지역에 한정되어 있던 마이크로 그리드와 달리, 지역별로 흩어져 있는 재생에너지 발전 설비와 ESS를 클라우드 기반 소프트웨어로 통합한 후 하나의 발전소처럼 관리하는 것이죠. 다시 말해, 전력공급자와 소비자가 실시간 정보를 교환함으로써 에너지의 효율을 최적화하는 지능형 전력망입니다.

VPP는 인공지능(AI) 기술 등을 활용해 분산된 전력 소비 정보를 수집하고 분석한 뒤 그때 그때 필요한 전력만 생산하는 맞춤형 발전 사업을 할 수 있습니다. 특히 태양광·풍력 발전은 계절이나 날씨, 시간에 따라 발전량이 들쭉날쭉한 간헐성이 특징이라 정교한 수급 예측을 AI의 데이터분석 기술을 통해 보완할 수 있죠.

초고속 성장의 가상발전소를 노리는 글로벌 기업들

VPP 시장이 주목되는 이유는 고속 성장하고 있는 시장 규모 때문입니다. 다음 그래프에서 수력, 풍력, 태양광, 바이오, 지열, 태양열 응집, 조력이 VPP에 포함됩니다. 2019년까지만 하더라도 13억 달러, 우리 돈 1.3조 원에 불과했던 VPP 시장 규모가 2027년이면 59억 달러, 우리 돈 약 6.5조 원에 달할 것입니다. 연평균 21%의 고속 성장을 하고 있죠. 2030년이면 전 세계 발전량 가운데 신재생에너지가 차지하는 비중은 37.3%로 최대 전력원이 될 전망입니다.

2030년이면 증설된 발전기기의 70%를 신재생에너지가 차지하게 될 것이므로, 신재생에너지 시장 역시 증폭한다는 뜻입니다. 에너지

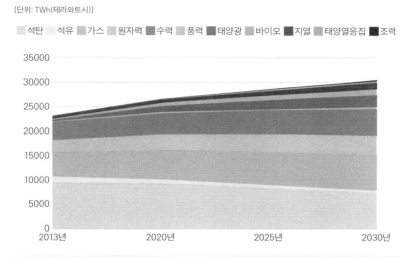

[단위: TWh(테라와트시)]

▨석탄 ▨석유 ▨가스 ▨원자력 ▨수력 ▨풍력 ▨태양광 ▨바이오 ▨지열 ▨태양열응집 ■조력

자료: 국제에너지기구(IEA)

기업들의 입장에서는 젖과 꿀이 흐르는 황금의 땅 엘도라도 시장이
따로 없겠죠.

흥미로운 점은 전기차 회사로 유명한 테슬라가 이미 VPP 시장에
뛰어들었다는 점입니다. 테슬라는 2022년까지 호주에 세계 최대 규
모의 VPP를 구축하는 프로젝트를 진행 중입니다. 총 8억 달러를 투
자해 남호주 5만여 개 주택에 250MW급 태양광 발전기를 설치하고,
전력 생산과 판매에 나서는 것입니다.

글로벌 석유 기업인 로얄더치쉘 역시 2021년 2월 유럽 VPP 운영
사 넥스트크라프트베르케를 인수하며 VPP 사업에 뛰어들었습니다.
넥스트크라프트베르케는 유럽 8개국에 분산되어 있는 1만여 개의

태양광, 수력, 바이오에너지 발전 설비에서 발생하는 전력 수요를 통합·관리하는 기술을 보유한 기업인데요. 2030년까지 560TWh(테라와트시)의 전력을 판매할 계획이라고 합니다. 재생에너지의 확대와 이를 뒷받침할 VPP 시장이 에너지업계의 차세대 먹거리 사업이라는 것을 짐작케 하는 부분입니다.

테슬라, 로얄더치쉘 등의 글로벌 에너지 기업들이 VPP 사업에 눈독을 들이는 이유는 높은 수익성입니다. 태양광 패널을 파는 것보다 태양광으로 생산한 전력을 구독 서비스로 판매하거나 이를 활용한 사업을 추진하면 더 큰 부가가치를 창출할 수 있겠죠.

K-가상발전소의 힘, 한화솔루션

자, 그럼 우리나라는 VPP 시장에 진출을 안 하는가? 우리나라에서도 당연히 이 시장에 뛰어든 회사가 있습니다. 바로 태양광 하면 생각나는 기업인 한화솔루션입니다.

한화솔루션은 1조 5000억 원을 차세대 태양광·수소 기술은 물론 VPP 사업에 투자하고 있습니다. 그 일환으로 미국 에너지 소프트웨어인 기업인 젤리(GELI)를 인수했습니다. 젤리 역시 데이터 분석 기술을 통해 태양광 설비와 ESS를 제어하는 에너지 관리 시스템을 개발해 판매하는 기업이죠.

한화솔루션은 젤리 인수를 계기로 태양광 모듈만 파는 사업에서 태양광으로 생산한 전력을 패키지로 고객에게 임대하는 사업까지, 영토를 넓히는 전략 역시 펼칠 수 있을 것으로 보입니다. 현재 미국이나 유럽에서는 가정집에 설치된 태양광으로 생산하고 남은 전력을 판매할 수 있는데, 이를 활용한 VPP 사업을 준비 중이죠. 그래서 역시 VPP 시장에 진출한 테슬라와 본격적인 대결을 예고하고 있습니다.

이렇게 VPP의 확충으로 분산되어 있는 신재생에너지를 체계적으로 공급하고 판매할 수 있게 된다면 주요 고객층은 누구일까요? 이러한 사업 확장에 힘이 되어줄 강력한 수요 고객층이 있습니다. 바로 글로벌 빅테크 기업들인데요. 다음 그래프는 2018년 3월 기준 글로벌 빅테크 기업들이 미국, 유럽, 멕시코에서 구매한 재생에너지 누적 용량입니다.

1위는 구글로 3000MWh를 구매했고, 그 뒤를 아마존, 마이크로소프트, 애플 그리고 미 국방부가 따르고 있습니다. 글로벌 테크 기업들은 재생에너지 구매를 통해 친환경 기업으로서의 이미지를 구축해나가고, 재생에너지 투자에도 아끼지 않고 있죠. 구글의 에너지 구매 총량은 직접 소비하는 전력량보다 많을 정도로 재생에너지에 대한 구매와 투자를 아끼지 않고 있습니다. 2018년에 이미 전 세계 신재생에너지에 쏟아부은 투자금만 30억 달러에 달하기도 했고요. 또 미국의 2조 달러(약 2천조 원)에 달하는 친환경 정책과 2035년까지 탄소제로를 위한 투자는 VPP 시장의 발전과 더불어, 신재생에너지의 수요를 더욱 확대시킬 것으로 보입니다.

이같이 글로벌 빅테크 기업들이 강력하게 받쳐주고 있으므로 VPP

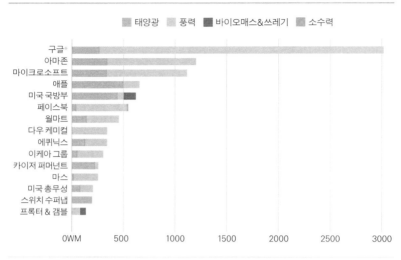

미국, 유럽, 멕시코에서 구매한 기업의 재생에너지 누적 용량(2018년 3월 기준)

태양광 　 풍력 　 바이오매스&쓰레기 　 소수력

※ 구글 총량은 칠레 80MW 사업을 포함하고 있음
출처: 블룸버그 뉴 에너지 파이낸스

사업은 탄탄한 지지기반을 형성할 수 있게 되었습니다. 또한 미국의 친환경 정책 기조는 VPP 사업의 외연성장에도 일조할 것입니다. 게다가 전 세계적으로 재생에너지 비중이 확대되고, 화석연료 발전량이 줄어드는 것은 그만큼 전력망이 불안정해진다는 것이며, 이 문제를 해결하기 위해 VPP 도입이 확대될 것입니다. VPP는 화석연료 발전에서 친환경에너지로 전환되는 패러다임에서 선택이 아닌 필수가 된 것이죠.

SK이노베이션

전기차 배터리 사업에서 진격을 시작하다

하늘 아래 두 개의 태양이 없다는 말이 있듯이, 우리나라 배터리 산업의 주도권을 쥐고 싸웠던 두 기업이 있습니다. 바로 SK이노베이션과 LG에너지솔루션인데요. 소송 비용만 수천억 원에 달한 것으로 알려졌던 이 두 기업의 법정 싸움은 2021년 미국의 중재로 합의가 됐죠.

두 기업의 싸움은 2019년으로 거슬러 올라갑니다. 2019년 LG에너지솔루션이 미 ITC(미국 국제무역위원회)에 SK이노베이션을 영업비밀 침해로 제소합니다. 2021년 2월 ITC는 최종판결을 통해 LG에너지솔루션의 손을 들어주었고, 10년간 SK이노베이션 배터리 수입 금지를 명령하면서, SK이노베이션은 배터리 사업을 두고 중차대한 기로에 놓이게 되죠. LG에너지솔루션이 가능하다면 SK이노베이션이 건설 중인 조지아 공장을 인수하겠다는 의사를 밝히는 초강수마저 두면서, SK이노베이션이 LG에너지솔루션에게 손을 안 내밀래야 안 내밀 수 없는 상황까지 오게 됩니다. SK이노베이션이 건설 중이던 조지아 공장을 다시 해체하고 원상복귀시키는 비용만 약 1조 원으로 알려졌거든요. 결국 바이든 미국 대통령의 중재로 합의에 도달했죠.

합의금은 2조 원으로, SK이노베이션이 LG에너지솔루션에게 합의금으로 현금 1조 원을 지급하고, 나머지 1조 원은 기술 사용료를 명목으로 지급하기로 했습니다. 업계에서는 LG, SK 양측 모두 서로 원윈(win-win)이라고 평가하며, 두 회사의 합의에 대해 긍정적으로 평가했습니다.

이번 합의를 통해 줄곧 LG의 꼬리표를 달던 SK이노베이션이 LG로 인해 봉인되어 있던 배터리 사업에 당당하고 적극적으로 나설 것으로 보이는데요. SK이노베이션은 2021년 7월 1일 SK이노베이션 스토리 데이 발표에서 배터리 사업과 석유 개발 분야의 분할을 예고하며, 본격적으로 배터리 사업을 강화할 것을 예고했습니다. 이는 SK이노베이션이 이제는 눈치보지 않고 공격적으로 배터리 사업을 확장하겠다는 것을 시사합니다.

그런데 여기서 한 가지 궁금증이 생깁니다. SK이노베이션의 배터리 사업은 현재 어디까지 왔을까요, 그리고 앞으로 얼마나 성장할 수 있을까요?

SK이노베이션의 배터리 기술력 수준

먼저 배터리에 대한 배경 지식부터 쌓고 갈게요. 과거의 대표 2차 전지였던 납전지를 리튬이온 전지가 대체하기 시작하면서, 리튬이온 전지는 현존하는 가장 효율적인 2차 전지 소재로 평가되고 있습니다. 납에 비해 무게도 훨씬 가볍고, 에너지 효율 역시 리튬이 납보다 훨씬 뛰어나기 때문이죠.

리튬이온 전지가 전기차 시장 내에서 기술경쟁이 될 수 있는 요건은 3가지입니다. 첫째, 가격이 싸야 하고, 둘째, 안전해야 하며 셋째, 힘이 세야 합니다. 이는 전기차의 특징인 원가의 40%가 배터리가 차지하고, 교통수단으로 쓰이는 점 등을 고려해볼 때 당연히 최우선되는 3가지 요인이라고 볼 수 있죠. 그래서 배터리 기업들은 싸고 안전하며 특히 '에너지 밀도'가 높은 리튬이온 전지를 만드는 데 총력을 기울이고 있습니다. 에너지 밀도는 중량당, 부피당 가진 에너지 양을 의미하는데요. 에너지 밀도가 높다는 의미는 단위 부피당 더 많은 에너지 양을 가지고 있는 것입니다. 그래서 더욱 '소형화'하여 만들 수 있다는 장점도 있죠. 현재 전기차의 지속성, 무게 측면에서도 꼭 필요한 요건인 것이죠.

이런 점에서 볼 때 SK이노베이션의 경우 에너지 밀도 측면에서는 LG에너지솔루션을 거의 다 따라잡았다는 평가가 나오고 있습니다. 2019년 SNE리서치와 국내 주요 시장조사업체 보고서에 따르면, SK이노베이션이 LG에너지솔루션보다 높은 에너지 밀도를 가진 배터리를 개발한 것으로 알려졌습니다. 파우치형 NCM622 양극재를 기준으로, 에너지 밀도가 LG에너지솔루션은 530Wh/L, SK이노베이션은 540Wh/L의 성능을 보였다는 것인데요. 물론 단순히 이 수치만으로 배터리 성능의 우위를 가리기 어렵지만, 주행거리를 위해 배터리를 소형화하고 가볍게 만드는 데 중요한 척도이기에 주요 완성차 기업들에게 어필할 수 있죠. 이런 이유로 SK이노베이션은 2018년 11월 세계적인 자동차 기업 폭스바겐으로부터 전략적 배터리 공급사로 선정되기까지 했으니까요.

앞으로 배터리를 얼마나 생산해낼 수 있을지에 대한 CAPA(capacity, 생산능력)도 중요해지고 있습니다. 시장조사기관 IHS 마킷(Markit)은 2021년의 글로벌 전기차 판매량이 2020년 대비 70% 늘어날 것이고, 2025년에는 전 세계 전기차 판매량이 1220만 대를 기록하며 연평균 52%의 성장률을 보일 것으로 예측했습니다. 현재 전기차의 보급이 가파르게 증가하는 가운데, 과연 전기차 배터리의 공급이 그 속도를 따라갈 수 있을지 우려가 있습니다.

오른쪽 상단 그래프에서 보듯, 독일의 통계 사이트 스타티스타(Statista)에 따르면 2020년에서 2025년까지 전 세계 전기차 시장에서 필요한 배터리 용량은 약 6배 증가할 것으로 예상되고, 2050년까지는 60배 더 많은 배터리 용량이 필요한 상황이죠.

오른쪽 하단 그래프는 2015년부터 2035년까지 전 세계 리튬 수요와 공급을 예측한 것입니다. 2025년부터는 본격적으로 리튬 배터리의 글로벌 수요가 공급을 초과할 것으로 예상되며, 배터리 대란이 예

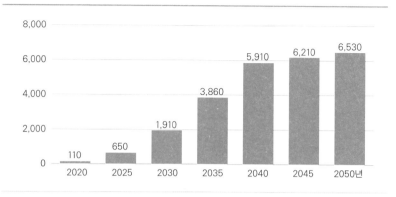

Source: The Faraday Institution © Statista 2021

고되고 있습니다. 테슬라의 CEO 일론 머스크도 2021년 1월 투자자들에게 실적 발표를 하며 배터리 공급 부족에 대한 우려를 트위터를 통해 공식 언급했습니다. 머스크는 "테슬라의 전기 세미 트럭에 들어가는 배터리 공급 부족 문제로 생산에 차질을 빚고 있다"고 밝히며,

2015~2035년 전 세계 리튬 수요와 공급

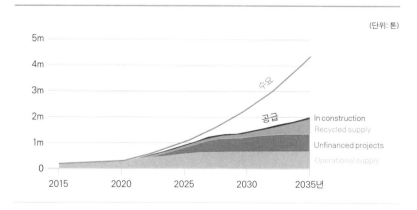

배터리 난에 대한 아쉬움을 표했죠. 머스크는 앞선 2020년 9월, 파나소닉, LG, CATL 등의 주요 전기차 배터리 공급업체가 최고 속도로 공급해도 2022년이 되면 배터리가 심각하게 부족해질 것이라는 트위터를 남긴 적도 있습니다. 이러한 배터리 수급 불균형으로 인해 완성차 업체들은 배터리를 자체 수급해야 할 상황입니다. 배터리 기업들에게 전적으로 의존해서는 배터리 공급부족을 해결할 수 없는 상황이거든요.

이런 상황에서 SK이노베이션도 현재 공격적으로 배터리 생산 설비를 늘리고 있습니다. 2021년 SK이노베이션은 국내 서산공장 4.7GWh, 헝가리 공장 한 군데에서 7.5GWh를 생산하면서 다소 적은 규모로 배터리 공장을 가동 중이었지만, 추가로 중국 옌청과 혜주에서 20KWh 규모의 공장 가동을 시작했죠. 2022년 1분기에는 헝가리 2공장과 미국 조지아주 1공장에서 각각 9.8GWh, 2023년에는 미국 2공장에서 11.7GWH를 생산할 예정이에요. 총 배터리 생산 공장을 6개로 늘려가며 유럽과 미국, 중국의 생산 시설을 확충해 2025년까지 생산 능력을 연간 125GWh로 확대하겠다는 로드맵을 짜고 있죠.

물론 생산면에서는 아직 LG에너지솔루션에 비해 다소 뒤쳐집니다. LG는 배터리 사업에 일찍이 진출한 만큼 배터리 생산량 면에서는 2018년 35GWH, 2020년 120GWH로 SK이노베이션을 뛰어넘은지 오래죠. R&D 비용의 3배를 투자할 만큼 생산능력 증대에 관해서 현재도 매우 적극적입니다.

배터리 산업의 밸류체인, 소재 산업의 확장

SK이노베이션 입장에서 다행인 것은, 경쟁사의 공격적인 배터리 설비 증대에도 불구하고, 배터리 공급부족 현상이 예견되기 때문에 제한된 수요 내에서 벌어지는 치킨게임은 아닐 것으로 예상된다는 겁니다. 즉, 배터리 공급부족 현상이 지속될 2035년까지는 LG를 따라잡을 성장 여력이 남아 있다는 거죠.

LG에너지솔루션이나 삼성SDI와 비교해 SK이노베이션의 차별점은 바로 배터리 소재 확장입니다. 현재 SK이노베이션은 자회사 SK아이이테크놀로지(SKIET)를 통해 생산 중인 배터리 분리막을 생산하고 있습니다. 현재 일본 아사히카세이, 도레이 등과 함께 세계 최고 수준의 품질을 자랑하죠. 가격이 높아도 없어서 못 팔 정도예요. 2020년 매출 4317억 원, 영업이익 1259억 원을 거두었고 영업이익률은 무려 29.1%에 달할 정도로 지금 제2의 반도체로 불리는 배터리 시장의 수혜를 그대로 입고 있죠.

이런 SK IET의 분리막 사업은 사실 SK이노베이션의 효자 노릇을 할 전망인데요. 현재 배터리 공급부족 사태가 커지면서 자동차 회사들이 배터리를 자체 공급하고 있기 때문에, 배터리 시장 내에서 완성차 기업 간의 경쟁 역시 염두에 두어야 합니다. 그렇다면 정작 배터리를 만들기 위한 배터리 소재의 수요는 어떻게 될까요? 배터리 소재 산업은 더 큰 성장을 맞이할 것입니다. 가령 완성차 기업들이 배터리를 자체적으로 수급해 SK이노베이션의 배터리는 안 살지 몰라도, SK

IET 입장에서는 오히려 고객이 증가하고 배터리 소재를 수급하기 위한 경쟁 역시 커지겠죠. 그러면 SK IET는 향후 SK의 리스크를 최대한 줄여줄 효자 계열사로 거듭날 수 있습니다. 다시 말해, SK이노베이션의 입장에서는 배터리뿐만 아니라 급성장할 배터리 산업의 '소재'에 관해서도 밸류체인을 형성하며, 배터리 산업에서의 안정적인 성장과 수익을 기대할 수 있을 것입니다.

삼성SDI

ESS 분야를 통해
새로운 성장을 기대하다

전기차 시장이 떠오르면서 자연스럽게 전기차 배터리를 제조하고 있는 기업에 대한 기대감이 커지고 있습니다. 배터리 기업들의 가치는 빠르게 상승하고 있고, 중국의 CATL은 시가 총액 1조 위안을 훌쩍 넘기며 중국의 코스닥이라 불리는 창업판에서 시총 1위를 기록하기도 했습니다. 배터리 기업에 대한 잠재력과 성장성이 전기차로 현실화되고 있고, 이로 인해 배터리 기업들의 주가는 훨훨 날아가고 있는 것이죠.

당연히 K-배터리를 이끌고 있는 삼성, LG, SK의 2차 전지에 대한 사업 전략 역시 기대가 되는데요. 그런데 이거 아시나요? 삼성, LG,

SK가 취하고 있는 배터리 산업의 전략을 보면 유사하지만 묘하게 다릅니다. 우선 LG와 SK는 유럽 등에 공장을 지으며 확장적 투자 기조를 공격적으로 유지하고 있습니다. 국내는 물론 미국, 유럽, 중국 등에 생산기지를 구축해 영업망을 확보하고 있죠.

이에 비해 삼성SDI는 수익성 중심의 보수적인 재무 정책을 보이고 있습니다. 투자 규모도 축소하고 2차 전지 사업의 주요 타깃 지역을 중국과 유럽으로 설정해 선택과 집중 전략을 펼치고 있죠. 삼성 SDI의 2차 전지 사업 예상 자본적 지출은 2019년 1조 7천억 원, 2021년 상반기 기준 2조 원 정도입니다. 똑같이 기반 설비 투자를 하고 있는 LG가 2025년까지 미국에 5조 원, SK는 2025년까지 30조 원을 투자한다는 공격적인 계획을 하고 있는 것에 비해서는 다소 소박해 보이죠. 다른 배터리 기업들은 생산설비를 늘려 배터리 단가를 낮추는 규모의 경제를 실현하는 마당에 보수적인 정책이라니 다소 낯설기는 합니다. 이러다가 머지않아 LG, SK에 밀리는 것 아닌가 하는 걱정도 한편으로는 듭니다.

삼성SDI가 점유하고 있는 ESS란 무엇일까?

하지만 삼성SDI의 실적을 살펴보면 2017년부터 2020년까지 안정적으로 잘 성장하고 있습니다. 2017년 매출 약 6조 원 수준에서 2021년 매출 약 14조 원으로 2.5배 가까이 늘었고, 영업이익도

2017년 1000억 원 수준인 것에 비해 2021년에는 1조 원을 훌쩍 넘어서며 10배 이상 성장했죠. LG와 SK의 전기차 배터리 시장 독주 속에서도 나름대로 훌륭한 실적을 보인 건데요. 삼성 SDI가 작은 규모와 보수적인 정책에도 호재를 맞을 수 있었던 이유가 있습니다. 막강한 점유율 1위의 배터리 시장이 있기 때문이죠. 그 시장이 바로 ESS, 에너지 저장장치 시스템 시장입니다. ESS는 태양광, 풍력 등의 신재생에너지를 미리 저장했다가 필요한 시간대에 사용하는 시스템입니다. 친환경에너지, 그린뉴딜 등 최근 여기저기서 들리는 스마트 그리드와 같은 차세대 전력망을 구현하기 위한 핵심 요소죠. 우리는 배터리 하면 일단 전기차를 떠올리지만, ESS란 시장도 그만큼 커지고 있습니다.

글로벌 ESS 시장 성장률은 57%로 지금 전기차만큼 폭발적으로 크고 있습니다. 특히 북미 시장의 경우 높은 ESS 시장 성장률을 보이고 있습니다. 2020년 북미 ESS 연간 시장 규모가 16.74억 달러 수준이었지만, 2021년에는 54.77억 달러로 3.3배나 성장했는데요. 그 이유는 다들 알겠지만, 미국 바이든 정부가 들어서며 친환경에 투자한다고 밝혔기 때문입니다. 그 금액이 무려 2조 달러, 우리 돈으로 2000조 원이 넘어요. 천문학적인 금액을 태양광과 배터리를 비롯한 친환경·신재생에너지에 투자하는 프로젝트를 미 정부가 단행할 예정입니다. 2035년까지 전력 탄소 배출을 제로로 목표로 태양광 패널 5억 개, 태양광 지붕 8백만 개를 공급할 예정이고요. 5년 내 스쿨버스를 탄소배출 제로 차량으로 대체하고, 내연기관 차량 탄소배출 기준을 강화하며, 전기차 충전소를 설치하는 등 이전 트럼프 대통령과 정반대의 기조를 취하고 있는 거죠. 이런 바이든의 친환경 정책의 효과로 친환경 발전으로 생긴 에너지를 저장할 수 있는 ESS 시장 역시 당연히 커질 것이고요.

자, 그렇다면 태양광 시장이 얼마나 클 것인지도 궁금하지 않나요?

신재생에너지와 동반 성장할 수밖에 없는 ESS

배경 지식을 쌓기 위해 잠깐 태양광 이야기를 해드릴게요. 태양광 산업의 순환고리는 총 4단계로 구성되어 있습니다. 폴리실리콘-잉곳/웨이퍼-셀-모듈이죠. 현재에는 기술 고도화로 인해 효율이 그리드 패러티(grid parity, 신재생에너지 발전원가가 화석연료 발전원가와 같아지는 시점)에 수렴해가며, 태양광에 대한 수요가 점차 확대되고 있어요.

미국은 2019 기준 공급한 신규 추가 전력 공급원 중에서 풍력은 46%, 태양광 18%로 재생에너지를 위주로 에너지 공급원을 확대하고 있습니다. 특히 2013년부터 5년간 연평균 49.9%로 태양에너지를 적극적으로 확대하고 있죠. 글로벌 조사기관 IBIS World의 미국 태양광발전 시장 보고서에 따르면 2018년 미국의 태양광 발전 시장 규모는 74억 7860만 달러로 전년 대비 31.2% 성장했고, 현재 연평균 49.9%, 2023년까지는 연 평균 13.8% 성장할 것으로 예측돼요. 바이든 당선 이전에도 태양광 수요가 증가하고 있었는데, 바이든의 친환경 정책이 기대를 모으면서 태양광 시장 성장에 기폭제가 될 것으로 예상됩니다. 신재생에너지가 성장하면 당연히 이를 저장하기 위한 ESS 역시 성장하겠죠.

미래에셋대우 리서치센터에 따르면 2019년 글로벌 ESS 시장에서 삼성SDI는 3.8GWh를 설치해 점유율 35%로 1위를 차지했어요. 2020년에 6.2GWh, 2021년에도 9.3GWh를 생산하면서 글로벌 시장 점유율 32%대를 기록할 것으로 전망돼죠. 게다가 2025년에는 12조 3360억 원 규모의 ESS 시장에서 점유율이 무려 40%예요. ESS 하나만큼은 삼성SDI가 꽉 쥐고 있는 것이죠.

현재 자동차 배터리의 경우 LG를 포함한 국내 3사가 이끌고 있지만, 삼성SDI는 중대형전지, 특히 ESS 분야에서 높은 시장우위를 보여주고 있습니다. 바이든 대통령이 2035년까지 전력 탄소제로를 실현하겠다는 정책을 내놓으며 미국 시장의 태양광 수요가 커졌으니, 정책적인 요소와 사회산업적인 흐름 모두가 ESS로 향하고 있습니다. 삼성SDI를 비롯한 배터리 기업들이 바이든이 불러온 배터리의 슈퍼 사이클에서 더 멋지게 성장하길 기대해봅니다.

삼성전자

차량용 반도체의 미래와
빅테크 기업들의 침공

본격적으로 반도체에 대해 이야기하기에 앞서, 반도체에 대해 간단히 알아봅시다. 반도체는 크게 메모리 반도체와 비메모리 반도체로 나뉩니다. 메모리 반도체는 DRAM, 낸드플래시 등의 속도를 관장하는 메모리 관련 반도체를 말하고, 시스템 반도체는 CPU와 같이 데이터를 해석, 계산, 처리하는 비메모리 반도체를 말해요. 최근에는 메모리 시장 성장률이 좀 하락해서 시장 파이에 변동은 있지만, 대게 비메모리가 약 70%, 비메모리가 약 30% 정도로 7 대 3의 비율을 차지하고 있습니다.

반도체를 생산해내는 기업은 크게 IDM, 팹리스(Fabless), 파운드리

(Foundry)의 3가지로 나뉩니다. IDM은 반도체의 설계부터 생산까지 전 과정이 가능한 기업들로, 우리의 SK하이닉스나 삼성전자, 글로벌 기업 인텔 정도라고 보면 돼요. 팹리스에서 FAB는 실리콘 웨이퍼 제조설비를 말하는데, 'Fab가 없다(less)'는 이름 그대로 FAB 제조설비가 없는 회사를 의미합니다. 설계능력도 있고 기술도 있지만 생산은 위탁을 주는 회사인 거죠. 퀄컴, AMD 등의 유명한 회사들이 바로 여기에 속합니다. 그리고 이런 팹리스 회사들이 위탁을 맡기는 회사를 파운드리 회사라고 부릅니다. 팹리스 업체로부터 수주를 받아서 전문적으로 웨이퍼를 생산하는 회사들로 대표적인 곳으로는 대만의 'TSMC'가 있죠.

이름만 들어도 아는 수많은 글로벌 회사가 반도체 산업에 포진되어 있는 만큼, 반도체 시장은 나날이 쭉쭉 성장하고 있습니다. PC 수요가 급증하며 급성장했던 1997년 1300억 달러 수준을 시작으로 반도체 시장은 연간 7%씩 꾸준히 성장했고 2018년에는 클라우드 업체들의 수요가 늘면서 슈퍼사이클에 진입해 약 4800억 달러, 우리 돈 약 530조 원 수준의 시장 규모를 달성했습니다.

하지만 2019년부터는 미중무역분쟁으로 인한 글로벌 경기침체가 있었고 클라우드로 시작된 반도체 슈퍼사이클이 포화상태에 접어들었죠. 반도체 시장 감소와 더불어 D램 수요 감소 및 재고 증가로 인해 가격까지 떨어지는 상황으로 변하게 됩니다. 결국 메모리 반도체를 생산하는 우리 삼성전자, SK하이닉스 같은 기업들은 쓴맛을 보게 돼요. 게다가 2020년 코로나로 인해 글로벌 클라우드 기업들의 투자

위축이 지속되고, D램 가격마저 반등하지 못해 실적은 하락하고 맙니다. 한때 세계 1위의 영업이익을 찍던 삼성전자의 반도체도 2020년에는 인텔, TSMC에 밀려 영업이익을 3위로 떨어지고 말죠.

새로운 반도체 슈퍼사이클의 등장, 차량용 반도체

지금까지 얕게나마 반도체가 어떻게 구성되어 있고 시장의 흐름이 어떤지 파악해봤으니, 이제는 삼성전자에게 반도체가 갖는 의미를 알아볼게요. 많은 사람이 삼성전자 하면 가장 접하기 쉬운 스마트폰을 생각하지만, 사실 삼성전자에게서 실질적으로 절반 이상의 영업이익을 벌어다주는 부문은 바로 반도체입니다. 현재 삼성전자의 전체 매출 비중에서 반도체가 차지하는 비중은 23% 정도로 큰 수준은 아니지만 영업이익 비중은 50%로, 전체 삼성전자에서 벌어들이는 돈의 절반은 반도체가 책임지고 있어요.

2017년 일본이 반도체 핵심 소재 3가지에 대한 수출을 금지했을 때 삼성전자의 이재용 부회장이 직접 일본에 가서 해결책을 준비할 정도로 삼성전자에서 반도체는 상당히 중요한 사업분야입니다. 현재 AI, 5G, IoT, 자율주행 자동차 등 연관산업의 성장으로 메모리 반도체는 유례없는 호황을 맞이했습니다. 삼성전자는 2021년 3분기 매출약 74조 원으로 사상 첫 분기 매출 70조 돌파와 함께 최대 매출 기록을 갈아치웠고, 4분기 매출 역시 76조 원 수준으로 또 한번의 실적

서프라이즈를 보여주었습니다.

게다가 최근의 바이든의 '바이 아메리칸(Buy American, 미국의 자국 상품구입 촉진정책)' 기조 속에서 삼성전자가 미국에 반도체 시설을 설립하기 위해 30조 원을 투자한다는 계획까지 밝히며 반도체가 슈퍼사이클에 진입할 것으로 전망되고 있습니다. 바이든의 정책이 지역경제, 고용 창출에 초점이 맞추어져 있는 만큼, 삼성의 미국 투자는 인텔과의 계약과 더불어 미국의 정책까지 맞아떨어졌죠. 그래서 삼성 반도체의 핑크빛 전망을 기대할 수 있어요.

삼성의 반도체가 기대가 되는 이유는 또 있습니다. 바로 성장하고 있는 자동차 반도체 시장인데요. 시장조사기관인 IHS 마킷에 따르면 차량용 반도체 시장은 2018년 418억 원 시장 규모에서 전기자동차와 자율주행 자동차를 중심으로 2026년에는 676억 달러의 시장 규모로 성장할 것으로 전망됩니다.

세계 차량용 반도체 시장 전망

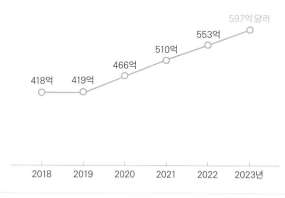

자료: IHS 마킷

현재 차량용 반도체 시장은 전체 반도체 시장에서 차지하는 비중이 10%밖에 되지 않습니다. 하지만 일반 휘발유 자동차에 탑재되는 반도체 수가 200~300개 수준이라면 자율주행차, 전기차와 같은 미래형 자동차에는 대당 2000개 이상의 반도체가 필요합니다.

최근 전기차가 상용화되면서, 길거리에 주행 중인 전기차를 많이 볼 수 있죠? 그만큼 현재 전기차 및 자율주행차는 늘어나고 있습니다. 블룸버그에 따르면 2040년이면 전기차의 비중이 무려 58%에 달할 것이라고 하니까요. 그만큼 차량에 들어가는 반도체의 수는 기하급수적으로 늘어나며, 차량용 반도체 시장 역시 성장할 것으로 예상되고 있습니다.

지금도 자동차용 반도체 붐으로 인해 글로벌 자동차업계가 차량용 반도체가 없어서 못 팔고 있다는 기사를 심심치 않게 볼 수 있고, 차량용 반도체 수급을 위해 각국이 외교를 통해 대만 TSMC에 도움을 요청하는 해프닝까지 벌어질 정도죠.

차량용 반도체 시장의 새로운 경쟁자들

자, 그렇다면 삼성전자는 증가하는 차량용 반도체 수요에 어떻게 대응해야 할까요? 이를 알기 위해서는 현재 차량용 반도체 산업을 알아야겠죠?

현재 차량용 반도체 시장에서 독일의 인피니온과 네덜란드의

NXP, 일본의 르네사스, 미국의 텍사스 인스트루먼트, 스위스의 ST 마이크로일렉트로닉스가 선두권에 있습니다. 이 기업들은 모두 생산을 TSMC와 같은 파운드리 기업에 맡기고 있죠.

삼성전자는 IDM 기업인 만큼 파운드리 공정 경쟁력을 앞세워 자동차용 반도체 생산을 자체적으로 조달하는 능력을 지니고 있습니다. 현재에도 차량용 AP인 엑시노스 오토를 출시해 아우디 A4모델에 탑재하는가 하면, 하만과 공동으로 개발한 5G TCU를 BMW 사의 전기자동차에 탑재하고 있습니다. 또한 차량용 이미지 센서인 아이소셀 오토를 출시해 자율주행 자동차의 시장 개화에 대비하고 있죠. 이처럼 삼성전자 역시 자체적인 차량용 반도체 설계 및 생산에 대한 대비를 진작부터 하고 있습니다.

물론 삼성전자가 차량용 반도체 산업에 뛰어드는 것이 순탄치만은 않을 것으로 전망됩니다. 그 이유는 지금 삼성전자 같은 글로벌 반도체 기업뿐만 아니라 마이크로소프트와 GM, 아마존과 같은 빅테크 기업들도 자동차 시장으로 진입을 하고 있기 때문이에요. 이 빅테크 기업들이 이제는 스스로 반도체를 설계할 수 있는 능력을 가지고 있기 때문에 삼성전자에게 새로운 경쟁자가 될 수 있죠.

애플은 인텔을 배제하고 M1이라 불리우는 자체 고성능 모바일 칩셋을 개발해 자사 제품에 탑재하기 시작했습니다. 클라우드 서비스 세계 1위인 아마존은 자체 서버칩 그라비톤을 내놓았죠. IT 기업들이 직접 새 칩을 설계해 사용하기 시작한 것입니다. MS 역시 곧 인텔과 결별하고 자체 칩을 사용할 것이란 이야기도 나오고 있습니다. 즉 글로벌 빅테크 기업들이 자신들의 필요에 맞게 칩을 직접 설계해서 사용할 수 있는 시대가 된 것이죠. 기존의 전자 제품 패러다임은 반도체 기업으로부터 반도체를 받아서 제품을 조립 후 생산했지만, 이제는 자신들의 필요에 맞추어 반도체를 직접 설계하는 것으로 변화한 것입니다. 이는 차량용 반도체 시장에서 빅테크 기업들의 추격이 더욱 거세질 수 있다는 것을 시사합니다.

이런 점에서 미루어보았을 때 삼성전자가 빅테크 기업들의 침공을 대비할 수 있는 방법은 크게 두 가지로 볼 수 있습니다. 한 가지는 차량용 반도체 기업과 M&A를 하는 것이고, 다른 한 가지는 빅테크 기업들을 경쟁자에서 파운드리 고객사로 전환시키는 거죠. 무슨 뜻이냐고요?

2022년 1월 CES 2022에서 삼성전자가 M&A에 대해 긍정적인 언급을 하며, 높은 몸값으로 지지부진했던 NXP 인수설이 다시금 높은 가능성으로 재기되고 있습니다. 또 133조 원 규모의 설비 투자를 통해 파운드리 사업을 강화할 것을 예고했습니다. 반도체의 생산에서 파운드리의 중요성이 커지고 있는 만큼 현재 세계 파운드리 업계의 절반 이상을 쥐고 있는 TSMC를 뒤쫓겠다는 전략이죠. 이처럼 파운드리 사업을 강화함으로써 빅테크 기업들을 경쟁자가 아니라 고객으로 만드는 것입니다. 빅테크 기업들의 맞춤형 반도체 생산이 증가하면 당연히 파운드리 공정의 수요도 증가할 테니 삼성도 수혜를 받으리라 기대할 수 있죠. 이처럼 빅테크 기업들이 쫓아오기 전에 차량용 반도체의 주도권을 쥐고 사업 기반을 마련해야 할 것입니다.

삼성은 과연 TSMC를 뛰어넘을 수 있을까?

물론 이런 계획이 쉬운 것은 아닙니다. 현재로서는 빅테크 기업들이 필요로 하는 파운드리를 생산할 회사는 삼성이 아니라 TSMC가 될 가능성이 매우 높기 때문이죠. 삼성은 반도체의 설계 공정, 제조까지 다 하는 IDM 기업인 반면, TSMC는 '우리는 고객과는 경쟁하지 않는다'는 모토를 가질 정도로 고객과의 높은 신뢰를 바탕으로 하는 파운드리 회사입니다.

빅테크 기업들이 필요로 하는 맞춤형 칩을 생산할 경우, 보안상으로도 IDM 기업 대신 TSMC 같은 파운드리 기업에 공정을 맡기는 것이 유리하죠. 게다가 TSMC는 현재 초미세 공정으로 천문학적인 수량의 칩을 만들 수 있는 세계에서 유일한 회사고, 애플은 이미 아이폰 14용 3나노 공정 A16 칩 발주를 넣어뒀을 정도예요. 따라서 빅테크 기업들의 자동차 시장 진출과 맞춤형 반도체 산업의 사이클에서 삼성이 차지할 수 있는 파이는 굉장히 작을 가능성이 크죠.

현재 메모리 반도체의 슈퍼사이클, 인텔로부터의 수주 등으로 삼성전자의 반도체 사업은 호재를 이어가고 있습니다. 앞으로 빅테크 기업들이 생산하고 수주할 칩은 차량용에 국한되지 않을 것입니다. 세상 모든 것에 반도체가 들어가기 시작하며 그 종과 특성이 더욱 다양화될 것으로 예상됩니다. 이에 맞춤형 반도체에 대한 수요는 더욱 커질 것으로 전망됩니다. 삼성이 133조 원을 투자해 파운드리에 대한 역량을 강화하는 것 역시 이런 시장 흐름에 대처하는 것입니다.

하지만 제2의 슈퍼사이클로 예상되는 자동차 반도체 시장에서 삼성이 가진 포지션이 빅테크 기업들에게는 다소 매력적이지 않다는 리스크가 존재합니다. TSMC와 다른 IDM 기업이기에 보안에 대한 문제는 언제나 따라다닐 꼬리표가 되겠지요. 삼성이 이에 대해 지혜로운 대책을 강구하기를 기대해봅니다.

SK하이닉스

차량용 반도체 슈퍼사이클을 이을 SK하이닉스의 필살기는?

 반도체는 참 알다가도 모를 산업입니다. 2021년 상반기에는 D램 가격이 불꽃같이 오르더니 하반기에는 DXI 지수가 하락세를 면치 못하고 있고, 2022년에 D램 가격까지 폭락한다는 전망이 쏟아지면서 반도체 업황은 우리 가슴을 들었다 놨다 합니다.

 현재 한국의 주력 수출 비중에서 반도체가 약 18%를 차지할 정도로 반도체는 우리나라 경제의 대들보 역할을 하고 있고, 코스피 시총순위 1,2위 역시 삼성전자, SK하이닉스가 차지할 정도로 반도체는 곧 대한민국이라는 위상을 차지하고 있습니다. 그런데 2022년에 반도체가 어려워질 것이라는 예견이 쏟아지니까 긴장의 끈을 놓을 수

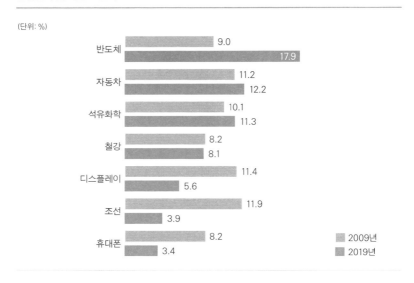

(단위: %)

반도체 9.0 / 17.9
자동차 11.2 / 12.2
석유화학 10.1 / 11.3
철강 8.2 / 8.1
디스플레이 11.4 / 5.6
조선 11.9 / 3.9
휴대폰 8.2 / 3.4

2009년
2019년

없는 상황이에요. 당사자인 SK하이닉스와 삼성전자도 긴장하고 있고요.

　그런데 반도체라는 산업이 원래 싸이클을 타는 산업이에요. 전방산업인 IT 시장의 출하추이와 컴퓨터 및 스마트폰의 교체주기, 그리고 빅테크 기업들의 클라우드 투자 등 고객사들의 투자와 판매에 따라 실적이 상당히 왔다 갔다 합니다. 사람들이 몇 년에 한 번씩 스마트폰이나 노트북을 바꿔주고, 구글 같은 회사들이 돈을 좀 써줘야 반도체를 많이 팔아먹는 구조인 거예요. 기업들도 투자를 다 했고 고객들도 스마트폰을 한번씩 다 바꿨으니 안팔릴 때가 있는 거고요. 그러므로 반도체 가격의 하락세가 단순히 우리나라의 반도체 산업이 부진이라기보다는 불티나게 반도체를 찍어내서 세계 시장에 밀어넣

다가 잠시 숨 고르기를 하고 있다고 이해하면 됩니다. 따라서 냉정하게 지금 눈에 보이는 '숫자'를 보면서 반도체를 이해하면 좋을 것 같아요.

지금까지 삼성전자 이야기만 주구장창 했으니까, 이번에는 SK하이닉스라는 기업에 대해 판단해봅시다.

아픈 손가락에서 효자로 돌아온 낸드플래시 사업부

최근 SK하이닉스가 2021년 3분기 실적을 발표했어요. 3분기 매출 11조 8053억 원에 4조 1718억 원의 영업이익을 냈죠. 전년 동기 대비 매출은 45%, 영업이익은 무려 220% 증가한 수치인데요. 슈퍼사이클 시절에 맞먹던 영업이익률 35% 수준으로 돈을 싹쓸어버립니다. 이 실적은 직전 분기에 비해서도 14%와 55% 늘어난 수치고요. 최고 기록이었던 2018년 3분기 매출인 11조 4,168억 원을 보기 좋게 갈아치웠습니다.

SK하이닉스 측에서는 이같이 고실적을 거둘 수 있었던 이유를 서버 및 스마트폰용 메모리 수요 증가와 제품 가격 상승, 특히 낸드플래시의 흑자 전환을 꼽았습니다. 기존에 SK하이닉스의 낸드 사업은 아픈 손가락이었어요. 2018년 4분기부터 올해 2분기까지 11분기 연속 적자였죠. LG전자로 치면 모바일 부문이었다랄까요?

낸드플래시는 세계 메모리반도체를 군림하는 SK하이닉스에게 있

2020년 4분기 기준
(단위: %)

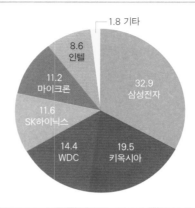

1.8 기타
8.6 인텔
11.2 마이크론
11.6 SK하이닉스
14.4 WDC
19.5 키옥시아
32.9 삼성전자

자료: 트렌드포스

어서 옥의 티 같은 것이었죠. D램은 28% 안팎의 점유율로 업계 수위를 달리는 반면 낸드플래시는 11~12%대로 4위 정도에 그쳤으니까요.

하지만 지금의 SK하이닉스에서 낸드가 갖는 의미는 다릅니다. SK하이닉스는 2021년 하반기 128단 및 176단 낸드 등 고성능의 중점을 둔 라인업을 출시하며 분위기를 쇄신하는데요. 그 결과 만년 적자였던 낸드플래시가 3분기부터 흑자로 전환되고 4분기에는 영업이익만 4천억 원이 기대되는 효자로 거듭나고 있습니다. 게다가 2021년 하반기 인텔의 낸드 사업부 인수까지 검토하고 있어요. 2020년 낸드플래시 시장 점유율은 삼성이 약 30%, 키옥시아가 20%, WDC 15%, 하이닉스가 11%, 그 뒤를 잇는 인텔이 9% 수준인데 2021년 SK하이닉스가 인텔 낸드 사업부를 인수했죠. 여기에는 단숨에 점유율 20%로 올라서겠다는 야심이 담겨 있습니다. 인텔 낸드 사업부를 인수하면서 현재 하락하고 있는 D램의 시장 추이에 보수적으로 대응하고, 부족한 매출분을 낸드를 통해 메꿔보겠다는 것이죠.

그런데 안타깝게도 D램과 함께 메모리 반도체를 지탱하고 있는 낸드플래시의 전망도 사실 그렇게 좋진 않습니다. 낸드플래시 가격 역시 평균판매가격이 지속적으로 하락할 것으로 예상되고 있어요. 2022년 D램 가격 하락 등 전체적으로 메모리 반도체 시장에 조정이 오면서 낸드플래시 역시 이를 빗겨갈 수 없는 것이죠. SK하이닉스가 흑자로 전환되고 있는 낸드플래시에 인텔을 얹어서 경쟁력을 강화하는 전략을 취하고 있지만 결코 안심할 상황은 아니라는 거죠.

하지만 하이닉스가 어떤 회사인가요? 코스피 시총 랭킹 2위, 우리나라 반도체의 대들보이자 국내 석학들이 모여 세계 메모리 반도체를 휘어잡고 있는 훌륭한 회사입니다. 당연히 하이닉스도 이런 상황에 대책이 없는 게 아니에요.

8인치 파운드리를 강화하는 하이닉스

SK하이닉스는 지금 이 시국을 해결하기 위한 필살 전략을 도모하고 있는데요. 바로 파운드리 강화입니다. SK하이닉스는 최근 17년 만에 집 떠난 키파운드리를 다시 인수하면서 파운드리 역량을 강화하기 시작했습니다.

테슬라, 아마존, 애플, 구글, 바이두 등 빅테크 기업들이 자체 반

TESLA	테슬라	자율주행 슈퍼컴퓨터 '도조'에 자체 개발 반도체 'D1' 탑재
amazon	아마존	그래비톤, 인퍼런시아 등 서버, AI용 자체 반도체 개발
(Apple)	애플	2020년 11월 공개한 CPU 'M1' 맥북, 아이패드에 탑재
Google	구글	스마트폰 AP '텐서' 자사 픽셀폰에 탑재, 2023년 크롬 노트북, 태블릿에 자체 CPU 탑재
Baidu 百度	바이두	2021년 독자 AI 반도체 '쿤룬' 2세대 양산 돌입

출처: 중앙일보

도체를 설계하는 시대가 오며, 파운드리 시장이 폭발적으로 크고 있죠? 파운드리는 2002년 108억 달러에 불과했던 시장 규모가 2018년 629억 달러, 2023년이면 812억 달러로 매년 20% 이상의 초고속으로 성장하고 있어요. 성장하고 있는 파운더리로의 사업다각화를 도모하고 있는 것이죠.

사실 SK하이닉스가 인수한 키파운드리는 1979년 설립된 LG반도체가 모체입니다. 1999년 SK하이닉스의 전신인 LG반도체가 현대전자와 합병한 후 2004년 구조조정 때 이 파운드리 부문, 지금의 키파운드리만 매그나칩반도체에 인수되었죠. 그러다 2020년 9월 다시 독립한 키파운드리를 이번에 하이닉스가 인수하는 것이에요. SK하이닉스가 17년 만에 키파운드리를 다시 품으며 파운드리를 향한 야망을 드러내는 것입니다.

현재 키파운드리는 8인치 웨이퍼 기반의 반도체 생산시설을 보유하고 있는데요. 전력관리반도체인 PMIC, 디스플레이구동칩인 DDI, 마이크로컨트롤러유닛 MCU, 저화소 이미지센서 CIS 등의 비메모리 반도체를 위탁 생산하고 있어요. 이 반도체들은 스마트폰, TV, 생활 가전, 노트북, 카메라, 차량 등 다양한 산업에 쓰이고 있어요. 이제 SK하이닉스의 8인치 파운드리 계열사 SK하이닉스시스템아이씨와 키파운드리가 시너지 효과를 낼 수 있게 되면서, 8인치 파운드리 시장을 야금야금 지배하는 전략을 펼칠 것으로 예상됩니다.

잠시 이해를 위해서 반도체에 관해 설명하자면, 반도체 칩은 웨이퍼라는 얇은 판을 깎아서 만듭니다. 그리고 웨이퍼에는 8인치(200mm)와 12인치(300mm)가 있습니다. 8인치 웨이퍼는 보통 다품종 소량생산에 주로 쓰이는데요. 1990년대 초부터 2010년까지만 해도 8인치 웨이퍼가 반도체 시장을 주도했습니다. 하지만 2010년 이후에는 소품종 대량생산에 적합한 12인치(300mm) 웨이퍼가 상용화된 데다 생산성과 효율성이 높아지면서 8인치 웨이퍼가 점점 밀리기 시작했습니다. 8인치 웨이퍼보다 크기가 큰 12인치 웨이퍼에서 더 많은 반도체를 생산하는 것이 비용 측면에서 유리해진 것이죠. 스마트폰과 IT기기 대중화와 함께 대만 TSMC와 삼성전자 등 글로벌 파운드리 1·2위 업체들이 미세 공정 개발 경쟁에 돌입하면서 12인치 웨이퍼가 대세로 자리잡게 되었고, 전체 파운드리 시장에서 8인치 웨이퍼 비중은 최근 20% 후반대까지 밀리고 말죠.

2010년까지만 해도 반도체가 필요한 것들이 컴퓨터, 전자기기 같이 정해져 있던 터라, 8인치 치 웨이퍼의 시대는 끝난 줄 알았습니다.

그런데 2010년 이후에 상황이 완전히 역전되죠. 스마트폰과 IOT, 자율주행 등 세상 모든 것에 반도체가 들어가기 시작하면서 8인치 웨이퍼 시장이 갑자기 살아납니다. 왜냐하면 4차 산업혁명 시대를 맞아 쏟아지는 다양한 반도체 설계·제조 수요가 다품종 소량생산에 적합한 8인치 생산라인으로 몰렸기 때문이죠. 12인치는 웨이퍼 가격이 비싸고 대량주문을 해야 하는데 8인치는 소량생산도 가능하고 고객 맞춤형이 가능하니까요. 8인치 반도체에 대한 투자는 2021년 약 40억 달러 2020년 30억 달러 대비 30% 이상 규모가 확대되고 있습니다.

최근 현대차 같은 완성차 업체들이 차량용 반도체가 부족해서 생산을 못하고 있다고 하잖아요? 그런 게 다 8인치 파운드리에서 나오는 '아날로그 반도체'예요. 최근 PC 등에 들어가는 메모리 반도체 공급 과잉으로 가격이 떨어지고 이에 따라 전망이 좋지 않지만, SK하이닉스가 추진 중인 8인치 파운드리는 시스템 반도체로 메모리 반도체의 하락 속에서도 버틸 수 있는 체력과 열심히 달릴 수 있는 동력, 즉 숨을 불어넣을 수 있는 역할을 하고 있는 것이죠.

우리는 왜 SK하이닉스가 구닥다리 취급을 받고 있는 8인치 웨이퍼에 투자하고 있는지, 그리고 왜 인텔의 낸드플래시 사업을 인수하려는지 이해해야 해요. 낸드플래시 인수를 통해 점유율 20%를 꿰차면서 현재 집중하고 있는 메모리반도체에 더욱 덩치를 불려 나가려는 것이고, 키파운드리 인수는 이런 메모리 반도체의 아찔한 상황을, 현재 없어서 못 팔고 있는 8인치 파운드리로 안정적인 실적을 내서 지탱하려는 것이죠.

　물론 아직 SK하이닉스가 넘어야 할 산은 많아요. 우리나라 반도체 업계는 메모리 반도체에 치중되어 있고, 메모리 반도체는 시스템 반도체에 비해 성장률이 더딘 상황이에요. SK하이닉스와 삼성전자도 이런 문제점에 동의하고 있고, 따라서 파운드리를 통해 시스템 반도체에 발 걸치면서 성장하려는 것이고요. 그러니 당장 있을 반도체 D램 가격 하락으로 우리나라 반도체 회사들이 큰일났다고 단정하기보다는 침착하게 잘 준비하고 있는 우리 기업들의 모습을 지켜보면 좋을 것 같습니다.

2

성장

IT / 이커머스 / 가상세계 외

카카오

카카오는 왜
SM엔터테인먼트를 인수했을까?

    2021년 초 카카오의 액면분할은 수많은 투자자를 고민에 빠지게 했습니다. 액면분할 이후 카카오의 주가가 떨어진다는 소문이 공공연하게 떠돌았기 때문이죠. 기존에 액면분할 이후 주가가 떨어졌던 기업들의 전례가 있으니 카카오 역시 떨어질 수 있다는 것이 소문의 근거였습니다. 액면분할은, 예를 들어 지금까지 한 판 단위로 팔던 피자를 다섯 조각으로 나누어 한 조각씩 파는 것으로, 기업의 펀더멘탈과는 관련이 없기 때문에 액면분할이 주가 하락으로 이어진다고 결론 짓기는 상당히 어렵습니다. 실제로 걱정과는 달리 카카오의 주가는 액면분할 이후 고공행진을 이어갔습니다. 2021년 7월 기준으로 코스피 시총 순위 3위에 안착하며 액면분할과 주가는 독립사건이라는 것을 방증해주었습니다.

 액면분할 직후 가격을 회복하는 모습에 많은 주주들은 과거 네이버의 액면분할 이후 제값을 찾은 사례를 떠올리며 내심 기대를 했습니다. 왜냐하면 액면분할 당시까지만 하더라도 비대면 시대에 가장 주목받고 세계적인 자금이 몰리는 시장은 만화, 소설, 영화, 드라마 등의 엔터테인먼트 산업이었으니까요. K-POP, 드라마, 영화가 글로벌 시장에서 선전하며 자연스레 가수와 배우, 드라마, 영화 등의 콘텐츠 IP 값이 천정부지로 치솟았는데요. 여기서 흥미로운 점은 엔터테인먼트 산업을 선도하는 기업이 다름 아닌 ICT 기업인 카카오였다는 것입니다. 게다가 신흥 엔터테인먼트 기업이라는 명성에 걸맞게 국내 4대 연예기획사인 SM엔터테인먼트를 인수한다고 밝혔죠.

 여기서 SM은 HOT, 동방신기, 소녀시대, 레드벨벳을 배출한 대한민국을 휘어잡았던 그 연예기획사 SM엔터테인먼트가 맞아요. 카카오가 SM엔터테인먼트 인수하면서 엔터테인먼트 부문을 강화하려는 전략을 펼치고 있습니다. 그냥 단순한 연예기획사인데, 카카오가 SM을 인수한다 해서 어떤 효과가 있을까? 이런 생각이 들지도 모르겠습니다. 그래서 잠깐 설명해드릴게요.

 요즘 BTS 모르는 분은 없을 것입니다. 나이 예순을 바라보는 우리 어머니 세대도 BTS를 아세요. 왜냐고요? 단순히 우리나라에서만 유명한 가수가 아니기 때문이에요. 우리나라 가수가 빌보드 차트 순위권에 들고, 심지어 유엔에서 연설을 하는 국제적이고 독보적인 행보까지 보여주고 있기 때문이에요. 싸이가 〈강남스타일〉로 전 세계를 뒤흔드는 것에 그쳤다면, BTS는 세계 음악계에 한 획을 그었습니다. BTS 덕분에 K-POP의 마케팅 효과는 엄청났고 K-POP이 세계적인 하나의 문화 장르로 거듭나기까지 했어요. 전 세계적으로 한류 팬만 1억 명이 넘는다고 하니까요. K-POP을 사랑하는 이들이 많아지면서 팬덤 시장의 경제 규모가 무려 8조 원 이상으로 커질 것으로 예상되고 있어요.

BTS가 쏘아올린 팬더스트리란 무엇일까?

여기서 '팬덤 시장? 대체 그게 뭔데?' 하는 생각이 드는 분들은 1980년대에 인기를 끌었던 책받침을 떠올리면 돼요. 1980년대에는 연예인들의 사진을 인쇄한 책받침이 유행이었어요. 사은품으로 주던 책받침을 구하기 위해 참고서를 사는 학생들도 있었고, 이후 HOT와 젝스키스 등 1세대 아이돌이 나오면서 굿즈가 다양해졌죠. 당시 문구점에는 아이돌 사진이나 브로마이드가 걸려 있는 것을 쉽게 볼 수 있었고요. 이는 내가 좋아하는 가수들을 지니고 싶은 팬의 마음에서 비롯된 거라고 보면 되는데요. 오늘날의 팬덤 시장은 과거의 책받침에서 조금 더 커진 것이라고 생각하면 이해하기 쉽습니다. 책받침에서 티셔츠, 스티커, 액세서리 등 우리 일상에서 쉽게 볼 수 있는 상품들로 변화한 거죠.

하지만 팬덤 시장의 규모는 그 시절보다 훨씬 큽니다. 3280억 원! 2020년 방탄소년단이 내놓은 MD 상품, 즉 굿즈의 매출액입니다. 우리가 흔히 볼 수 있는 티셔츠, 스티커, 액세서리 등의 상반기 굿즈만 무려 3000억 원이 넘게 팔렸습니다. 과거와 달리 한국의 GDP가 3만 달러를 넘으면서 취미에 돈을 쓰는 사람이 많아졌고, 전 세계 사람들이 고객이 되었기 때문에 팬덤 시장은 기존의 콘서트, 행사, 음원 수익을 넘어 훨씬 커진 겁니다.

이렇게 성장한 팬덤 시장은 '팬더스트리'라고 불리는 새로운 산업이 되었습니다. 그런데 여기서 주목할 점이 한 가지 더 있습니다. 바로 팬덤 시장의 확장에 눈독을 들이고 있는 기업들의 움직임인데요. 팬덤이란 좋아하는 가수의 팬들을 모아둔 것이니, 팬덤의 본질은 공통되는 관심사를 가진 사람들이 모인 것이죠. 그러니까 일종의 플랫폼이라고 볼 수 있어요. 그렇다 보니 플랫폼으로서의 역할을 지향하는 빅테크 기업들이 진출을 안 할래야 안 할 수 없습니다. 그들이 제일 잘하는 것이 사람들을 모으는 플랫폼의 역할인데, 이 시장에 안 뛰어들 이유가 없거든요.

가장 대표적이 사례가 바로 BTS의 소속사인 하이브와 네이버의 연합입니다. 연예인들이 팬들과 라이브 방송으로 소통하는 네이버의 플랫폼인 '브이라이브'를 하이브의 팬 소통 플랫폼인 '위버스'와 통합하면서 팬더스트리 사업을 확장한 겁니다. 위버스는 하이브에서 만든 것인데, 팬들이 가수와 소통할 뿐만 아니라 굿즈까지 구매할 수 있어. 옛날 팬카페가 한층 더 진화한 것이라고 보면 되겠습니다. 지금

위버스에는 BTS는 물론 뉴이스트, 선미, FT아일랜드 등 수많은 가수가 '입점'해 있죠. 여기서 놀라운 점은 이 가수들이 위버스 플랫폼에 들어오는 것을 '입점'이라고 표현한다는 거예요. 가수 자체를 하나의 브랜드로 보기 시작한 거죠. 네이버와 하이브는 이 가수라는 브랜드들을 입점시키기 위해 YG플러스, 유니버셜 뮤직, 이타카 홀딩스에 차례로 투자하고 있어요. 지금까지 투자, 인수한 기업들 모두 가수, 모델, 연예인과 관련된 기업들이죠. 우리나라 가수뿐만 아니라 마룬 5, 아리아나 그란데, 저스틴 비버 등 해외 유명 가수들까지 접촉하면서 이 팬덤 플랫폼에 입점시키려 하고 있죠. 이런 식으로 이 시장에서 몸집을 불리고 있는 거예요.

카카오와 네이버의 묘하게 다른 엔터테인먼트 진출

네이버가 투자하는 방식을 보면 모두 단순 지분 투자로, 협업의 성격이 강하다는 특징이 있습니다. 말 그대로 '중간다리'로서의 역할을 하고 가운데에서 커미션을 떼는 방식이에요. 플랫폼으로서의 수수료만 챙기는 식이죠.

한편 카카오는 아예 SM엔터테인먼트 이수만 대표의 지분 19.1%를 인수하면서 통 크게 달려가고 있어요. 단순히 플랫폼만 공유하는 네이버와는 다르게 연예기획사 하나를 통으로 인수하면서 팬더스트리 시장에 진입하려는 거죠.

참고로 SM엔터테인먼트에는 엑소, 에스파, 샤이니, 슈퍼주니어, 레드벨벳 등 글로벌 K-POP의 인기를 이끈 연예인들이 대거 포진되어 있어요. 가장 최근에 나온 에스파는 현실 멤버 4인, 가상 멤버 8인으로 메타버스와의 연계까지 염두에 뒀고요. 멤버 역시 한·중·일로 다국적으로 구성해 아예 글로벌 눈높이에 맞췄어요. 이제는 그룹을 데뷔시킬 때부터 눈높이가 글로벌 팬덤 시장을 향해 있는 거죠.

카카오는 기존에도 카카오 엔터테인먼트를 통해 로엔 엔터테인먼트를 인수하고 다수의 영화, 드라마 기획사를 인수했었습니다. 여기다가 아예 SM엔터테인먼트를 추가적으로 인수하는 것은 이제 영화, 드라마 기획사에서 활동할 소속 아티스트까지, 생태계를 구축해 팬더스트리 확장에 활용하려는 것이죠. 현재 SM은 팬덤 플랫폼인 '리슨'과 '버블'을 운영하면서 팬 플랫폼 생태계 확장에 한몫하고 있습니다. 카카오는 이를 인수하면서 과거 아이돌 덕질 문화라고 여겼던 시장에 뛰어들고 있는 것이죠. 시장 규모 8조의 팬더스트리 시장에 뛰어들면서 새로운 성장동력을 얻을 카카오의 미래가 기대됩니다.

네이버

포털 사이트를 넘어
금융, AI, 엔터테인먼트를 꿈꾸다

워밍업으로 간단한 퀴즈 하나 내겠습니다. '네이버'라는 단어를 들으면 가장 먼저 무엇이 떠오르나요? 여기서 세대가 갈린다고 합니다. '실시간 검색어, 지식인'이 가장 먼저 떠오른 분은 40~50대이고, '쇼핑, 네이버페이'가 떠오른 분은 20~30대, '웹툰'을 떠올린 분은 10~20대라고 합니다.

이렇게 네이버에 대해 떠오른 이미지가 세대마다 다른 이유는 뭘까요? 바로 시대별로 네이버의 역할이 변화했기 때문인데요. 네이버의 창립자 이해진 대표는 '인터넷이 어떻게 변할지는 아무도 모른다', '강자가 살아남는 게 아니라, 환경에 가장 잘 적응하는 자가 살아남는다'란 명언을 남겼습니다. 그 말에 걸맞게 현재 네이버는 검색엔진으로 시작했지만, 통장을 만들어주고 심지어 대출까지 해주는 금융회사로 진화해 시대에 잘 적응했죠. 가장 최근에는 하이브와 협업하며 엔터테인먼트 산업에까지 진출했고요. 그리고 이제는 검색엔진을 넘어 신금융 세계를 이끌고 있죠.

여러분은 궁금한 것을 검색할 때 주로 어느 사이트를 사용하나요? 보통 네이버에서 검색하겠거니 생각할지 모르겠만 통계를 보면 사람들은 더 이상 네이버로 검색을 하지 않습니다.

다음 표는 2017년부터 2021년 4월까지 네이버와 구글의 검색엔진 점유율 차이인데요. 2017년까지 점유율 87.3%를 호령하던 네이버의 검색 점유율이 2021년 기준으로 58.1%까지 급격하게 떨어졌습니다. 반면 구글의 검색점유율은 36%까지 올라오며, 과거 네이버가 하던 역할을 구글이 대체하기 시작합니다. 네이버의 검색 유입이 옛날같지

국내 인터넷 검색엔진 시장점유율

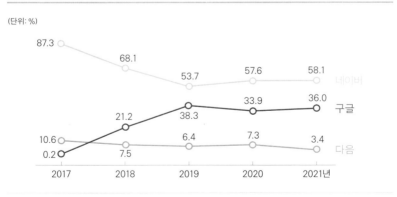

(단위: %)

자료: 인터넷트렌드. 2021년 4월 기준.

않은 것이죠.

하지만 구글의 높은 상승세에도 불구하고 구글에서 할 수 없지만 네이버에서는 할 수 있는 것도 있습니다. 바로 '쇼핑'인데요. 네이버는 쿠팡, 지마켓 같은 쇼핑 사이트로서의 역할이 더욱 짙어지고 있어요.

2010년까지만 하더라도 25조 원 수준이던 우리나라 이커머스 시장은 온라인 쇼핑의 진격으로 2020년 약 200조 원 수준까지 급격한 성장을 맞이합니다. 네이버 역시 이커머스 시장을 잡기 위해 '네이버 쇼핑'을 런칭합니다.

그리고 네이버는 이커머스 패권을 잡기 위해 당시로서는 특별한 시스템을 두 가지 구축했는데요. 첫째, 같은 상품이라도 유통사별로 가격비교를 할 수 있는 최저가 비교 플랫폼 시스템을 구축했고요. 둘

e커머스 시장 성장 추이 및 전망

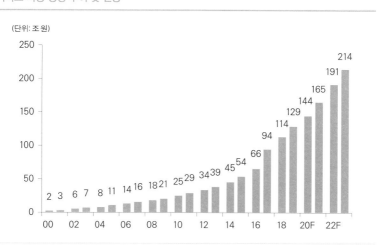

자료: 통계청, 현대차증권

째, 네이버 스마트스토어라는 누구나 쉽게 온라인 쇼핑몰을 운영할 수 있는 시스템을 만들었습니다. 이 서비스들로 훗날 네이버가 금융을 시작할 수 있는 초석을 마련하게 되죠.

두 가지 시스템에 대해 좀 더 자세히 알아보죠. 먼저 네이버가 내놓은 최저가 비교는 네이버에서 판매하지 않는 제품이더라도 지마켓, 옥션, 쿠팡 같은 여러 사이트의 가격을 비교해줍니다. 여러 사이트를 돌아다니며 알아볼 필요 없이 네이버에서만 검색을 해도 지금 어느 유통사에서 내가 원하는 물건을 제일 저렴하게 파는지 알 수 있습니다. 이렇다 보니 쇼핑 이용객들은 네이버로 쏠리게 되고 구매력이 강한 고객일수록 네이버에서 검색할 수밖에 없는 거죠.

네이버 스마트스토어는 누구나 쉽게 할 수 있는 온라인 쇼핑몰이라는 모토를 가지고 있습니다. 누구나 편하게 인터넷 쇼핑몰을 만들 수 있어 현재 입점한 업체만 무려 41만 개에 달하죠. 이는 직영판매는 아니지만 오픈마켓을 열어주며, SKU(Stock Keeping Unit, 상품단위)를 확대하는 전략입니다.

SKU가 늘어날수록 소비자는 더 많은 제품 중에서 선택할 수 있고, 네이버 스마트스토어 내에서 원하는 쇼핑을 충분히 할 수 있게 되죠. 그 결과 네이버 스마트스토어에는 월 매출 1억 원인 스마트스토어가 무려 4천 개가 넘을 정도로 활황이라고 합니다. 이처럼 쇼핑 이용객들을 끌어오고, 판매자들을 위한 오픈마켓까지 만들며 네이버는 쇼핑 플랫폼을 성공적으로 런칭했죠.

금융회사를 꿈꾸는 네이버의 야망

네이버는 온라인 간편결제 서비스를 담당하는 네이버페이를 내놓았습니다. 쇼핑을 통해 검색부터 구매까지 플랫폼을 이미 네이버 한 창구로 몰아넣었으니, 결제까지 네이버의 생태계에 넣을 수 있다면 시너지가 폭발할 것은 당연하기 때문이죠. 네이버페이는 2019년 연간 거래액이 20조 원을 넘을 정도로 급성장했고, 간편결제업계에서 1위를 달성하는 기염을 토했습니다.

하지만 여기에서 만족하지 않고 네이버는 이런 생각을 하게 됩니다. 네이버페이의 결제 데이터로 성별, 연령대, 주요 구매 시간 등 소비자와 관련된 양질의 데이터를 축적할 수 있게 되었는데, 이런 데이터를 금융에 활용한다면 고객들에게 맞춤형 금융상품을 제공할 수 있지 않을까? 사실상 네이버페이를 통해 모은 고객들의 데이터는 이미 금융업에 진출할 만큼 충분히 갖추어졌으니까요.

그래서 2019년 네이버는 네이버파이낸셜로 미래에셋과 손을 잡고 별도법인 분리를 통해 본격적인 금융업 진출의 서막을 알립니다. 2020년에는 미래에셋과 손을 잡고 연 3% 금리의 네이버 통장을 출시하기도 하죠. 물론 CMA형이기 때문에 원금이 보존되진 않지만, 네이버가 '통장'을 출시했다는 사실 자체만으로도 IT와 금융권에서는 연일 화제였습니다.

금융권에 대한 네이버의 욕심은 여기서 끝나지 않습니다. 화룡점정으로 대출 서비스도 시행하는데요. 네이버 스마트스토어에서 상품을 파는 중소상공업자 38만 명을 대상으로 대출을 시작합니다. 네이버파이낸셜은 아직 법적으로 여신을 할 수는 없기 때문에, 미래에셋과 함께 실제 대출은 미래에셋캐피탈이 실행하고 대출심사까지는 네이버파이낸셜이 도맡아서 진행하죠. 온라인 중소 상공업자들은 폐업률이 높고 오프라인 매장도 없기 때문에, 대출을 받으려면 15~24% 고금리를 내야 하는 것이 일반적입니다. 그런데 네이버가 진행한 대출은 이자가 최저 3.2%로 초저금리였죠. 보통 캐피털사의 조달금리가 연 2% 정도인 것을 감안하면 굉장히 적은 금리입니다.

대출을 받아봤거나 금융을 아는 분이라면 이게 실제로 잘되었을까 의문이 들 텐데요. 한 달 후 대출 추이를 보니 전체 스마트스토어 대상자 중 16%가 대출을 신청했고, 그중 40%가 승인을 받았다고 합니다. 평균 대출액은 2500만 원, 평균 금리는 5.5%로 대출이 실행되었고요. 특히 대출 이력이나 신용카드 발급 등의 금융 이력이 없는 신 파일러(thin filer) 사업자도 약 52%가 대출 승인을 받았다고 합니다.

일반적이라면 고금리를 내야 하거나 대출이 쉽지 않은 사람들도 네이버로부터 대출을 받을 수 있게 된 것인데요. 어떻게 이토록 유연한 대출심사가 가능했을까요? 단순히 자기네 스마트스토어 판매자라는 이유만으로는 당위성이 떨어질 텐데 말이죠. 네이버가 이렇게 유연한 대출을 실행할 수 있었던 이유는 네이버가 구축해놓은 스마트스토어의 비금융 정보를 활용해 신용을 평가하는 대안신용평가시스템(이하 ACSS) 덕분입니다.

네이버의 ACSS는 대출심사에 네이버의 인공지능, 머신러닝 빅데이터 기술을 더한 것입니다. 이는 기존담보·보증을 요구하거나 점포가 있어야만 가능했던 대출과 달리, 일반적인 신용평가회사의 금융 데이터에 매출 흐름, 단골 고객 비중, 고객 리뷰, 반품율 등과 같은 자체 자료를 더해 신용을 평가하는 시스템입니다. 직관적으로 이해하면 기존 은행권에서 이루어지는 대출 심사에 더해 대출 신청자의 잠재적 가능성을 평가했다고 생각하면 됩니다.

이처럼 데이터와 AI 기술을 연계한 분석으로 리스크를 헷지 해가며, 기존에 없던 방식으로 대출상품을 출시하고 고객들을 유입한 거죠. 이것은 네이버가 금융업에 진출하며 시도한 한 가지 분야로 볼 수도 있겠지만, 네이버의 맞춤형 금융상품이 우리가 앞으로 마주할 금융이라는 뜻이기도 합니다. 앞으로 네이버가 금융 패권을 잡을 수도 있다는 걸 엿볼 수 있는 대목입니다.

마이데이터 시대의 개막과 네이버의 경쟁력

관심 있는 분들은 알겠지만 현재 마이데이터 사업이 진행 중입니다. 마이데이터는 간단히 설명하면 내가 쓴 카드, 은행, 보험 등 각기 다른 금융회사들을 이용하며 퍼져 있던 개인 신용정보를 한곳에 모아서 관리하기 쉽게 보여주는 서비스예요.

마이데이터가 시작되기 이전까지는 각 금융사별로 데이터를 각기 따로 보유하며 은행은 은행대로, 카드는 카드대로 다소 보수적인 시각으로 데이터를 분석하고 상품을 내어놓았죠. 그러나 마이데이터가 시작되면 금융사 각기 따로 보유했던 정보의 장벽이 무너지고, 금융 데이터들의 데이터들이 한곳에 모이면서 금융생활 패턴, 자산 형성 목표, 연령대 같은 데이터를 분석해 적절한 금융상품을 추천해줄 수 있습니다. 마이데이터 사업은 국가가 선정한 기업들이 할 수 있는데 네이버 파이낸셜도 그중 하나죠.

네이버와 같은 IT 기업들이 마이데이터 사업에 선정된 것에는 큰 의의가 있습니다. 마이데이터의 시작은 기존 빅데이터, 머신러닝, AI 를 영위하던 핀테크 기업들에게는 금융업을 손에 쥘 수 있는 절호의 기회이기 때문이죠. 마이데이터 사업을 시작으로 네이버는 금융업계 로의 진출을 보다 본격화할 것입니다. 네이버는 기존 금융사가 가질 수 없는 특별한 경쟁력을 갖고 있죠.

마이데이터 시행으로 인해 금융의 패러다임은 변할 것입니다. 기존 에 금융사별로 모아놨던 정보의 장벽이 무너지고 상호 교환이 되면, 이렇게 모은 정보를 어떻게 활용하느냐가 경쟁력이 될 것입니다. 그런 데 실시간으로 모이는 데이터를 사람이 일일이 보고 해결할까요? 아 닙니다. 수많은 고객에게 맞춤형 서비스를 제공하기 위한 분석과 제 안 부분을 해결해줄 것은 바로 AI입니다. AI가 데이터를 분석하는 시대가 도래하면 방대한 데이터의 흐름을 온프레미스(소프트웨어를 서 버에 직접 설치해 운영하는 방식)만으로는 따라갈 수 없을 겁니다.

현재 네이버는 데이터와 AI를 통한 기술에 있어서는 명실상부 국 내 최상위급에 있다고 해도 과언이 아닙니다. 간편결제 1위인 네이버페이를 기반으로 결제 빅데이터를 축적했고, 이미 2018년 네이버의 연구개발 전문법인인 '네이버랩스'를 통해 AI, 로봇틱스, 자율주행 등 4차 산업혁명의 핵심 기술을 일찍이 개발했죠. 그 결과 2020년 9월에는 AI 데이터를 비금융사 최초로 금융데이터거래소에 등록했고, 2019년에는 이미 금융 정보 기술 코스콤과 합작해서 금융클라우드 사업에 진출했습니다.

앞서 네이버가 기존에 없던 초저금리로 유연한 대출을 할 수 있었던 이유가 고객 상황에 맞게 데이터를 분석해 맞춤형 대출심사를 했기 때문이라고 했죠. 이처럼 앞으로 금융권의 경쟁력은 쏟아지는 데이터 속에서 인공지능 데이터 분석 기술로 얼마나 많은 고객을 유입하느냐가 될 것입니다. 예를 들어 같은 A은행은 금리가 15%인데, B은행은 데이터와 AI를 통한 대출심사를 하며 금리가 5.5%라면 고객들의 입장에선 당연히 A은행보다는 B은행에 대출 신청을 하겠죠.

이렇다 보니 데이터와 AI, 클라우드의 3가지의 요소를 모두 잡고 있는 네이버는 금융에 본격 진출할 경우 그 어느 금융회사보다도 혁신적으로 산업을 선도할 가능성이 큽니다. 기존에는 은행에서 만들어놓은 예적금 상품 중에 골라서 가입했다면, 앞으로는 AI가 나의 성별, 생활패턴, 지출습관까지 분석해서 나에게 맞춤형 금융상품을 제안하는 거죠. 결국 이 금융 시장의 패권을 쥐려면 주먹구구식으로 카드를 만들어주고 통장 계설해주는 1차원적인 영업 경쟁을 넘어 데이터를 잘 분석해서 소비자를 더 만족시켜야 합니다. 데이터는 곧 인공지능이고, 인공지능은 금융 시장의 성패를 좌우할 것입니다.

아마존

폭발하는 클라우드 시장, 드디어 시작된 아마존의 클라우드 패권

한때 세계 최고의 부자로 아마존의 CEO 조프 베이조스가 꼽힌 적이 있었죠? 조프 베이조스는 인터넷 서점에 불과하던 아마존을 세계 이커머스의 대장으로 만든 장본인입니다. 세계 최고 부자로 등극할 정도면, 작은 인터넷 서점을 과연 얼마나 성장시킨 것일까요? 아마존은 얼마나 큰 회사일까요? 간략하게만 설명드리면 아마존의 회원제 서비스인 아마존 프라임 가입자가 1억 5000만 명입니다. 아마존이 아직 한국에 정식 진출을 안해서 1억 5000만 명이 어떤 느낌인지 감이 안 올지도 모르겠네요. 비교하자면, 넷플릭스가 2018년에 가입자가 1억 2000만 명을 넘었으니, 지금은 아마존 프라임 가입자 수와 얼추 비슷할 겁니다.

우리나라 사람들은 아직 체감하지 못할 수 있지만, 글로벌 시장에서 아마존의 영향력은 굉장합니다. 미국 내 온라인 시장 점유율 40%대로 독보적인 1위이며 일본, 영국, 독일 등 주요 진출국에서도 점유율 1위를 차지하고 있어요. 주가 역시 엄청난 상승곡선을 보여주고 있습니다. 그런데 희안하게도, 아마존은 주가 대비 벌어들이는 돈은 적은 편이에요. 매출 규모에 비해서는 돈을 잘 벌지 못하는 편입니다. 흑자 전환에 성공하긴 했지만 아직까지도 영업이익률이 4~5%로 작아요. 그런데 아마존이 이렇게 큰 기대를 받고 있는 이유는 무엇일까요?

우선 단편적으로 본다면, 앞으로 우리가 맞이할 유통시장의 패러다임 전환에 따른 기대감 때문이에요. 우선 아마존이 몸 담고 있는 미국 시장부터 톺아봅시다.

이커머스 시대, 작은 서점이 전 세계를 집어삼킨 비결

미국의 소매유통 시장 규모는 5조 달러, 우리나라 돈으로 5500조 원에서 6000조 원 정도 됩니다. 매년 3~5% 정도 성장하고 있어요. 우리나라 소매유통 시장이 380조 원에서 400조 원 정도 되니까, 우리나라보다 10배 정도 크죠. 참고로 2021년 우리나라 전체 예산이 558조 원 정도인데 사상 최대라고 합니다. 한 나라의 전체 예산보다 미국의 소매유통 시장이 10배 더 큰 거죠.

물론 2020년에는 코로나 때문에 시장 규모가 떨어졌습니다. 2020년 미국 소매유통 전체 매출은 2016년 이후 처음으로 전년 대비 감소한 4조 8940억 달러를 기록했죠. 코로나로 사회적 거리두기를 하고 미국도 도시를 봉쇄하면서 오프라인 상권은 하락을 면치 못했습니다. 대표적인 미국의 오프라인 유통이었던 JC페니나 시어스도 파산했죠.

오프라인의 부진과 달리 미국의 이커머스 시장은 쭉쭉 성장하고 있습니다. 2010년부터 10%대 고성장을 하고 있고, 특히 2020년 이커머스 매출은 전년 대비 18% 늘어난 약 7098억 달러, 미국 전체 매출의 14.5%로 전년보다 매출 비중이 3%가 늘었습니다. 하지만 유통 부문에서 차지하는 비중이 전체 소매 시장에서 7분의 1 정도 수준에 머무르고 있는 것을 고려한다면, 이커머스의 성장 여력은 충분히 남아 있습니다.

이런 점에서 아마존은 현재 미국 온라인 쇼핑몰 매출 1위, 미국 전체 온라인 소매 시장의 약 절반을 차지하고 있어요. 아마존의 미국 시장 점유율 38%로, 그 뒤를 잇는 월마트, 이베이, 애플, 홈 디팟, 웨이페어 5개 다 합쳐도 아마존한테 안 됩니다. 아마존이 이토록 시장을 잠식할 수 있었던 이유는 뭘까요? 그 이유가 최저가라고 알고 있는 분들도 있던데, 최저가는 적자만 감내한다면 누구나 시행할 수 있는 정책이죠. 아마존이 다른 기업들과의 경쟁에서 승리할 수 있었던 전략은 바로 '물류와 배송'입니다.

상품, 물류, 가격의 삼위일체

아마존의 '플라이휠 전략'이라는 게 있습니다. 제프 베이조스가 제시한 아마존의 성장 원리인데요. '무한한 고객경험과 고객감동을 통해 무한 선순환 구조를 만든다'는 것입니다. 아마존이 선택한 선순환 구조가 바로 물류와 배송입니다. 아마존의 성공전략 모델은 아는 분이 많을 테니 길게 설명하진 않겠습니다. 아마존은 상품 직매입, 미국 전역 물류 센터라는 기존에 온라인 커머스에서 하지 않던 경영혁신을 일으킵니다. 평균 7~8일 걸리던 미국 내 배송도 무조건 2일 배송이라는 파격적인 시스템을 구축하고, 아마존 프라임에 가입하면 무료배송까지 해주는 정책을 시행합니다. 게다가 여기서 멈추지 않고, 상품 직매입으로 저마진을 채택하고 자체 물류센터를 통해 고속 배송을 하죠. 또 더 다양한 상품군을 확보하기 위해 FBA(Fulfillment By Amazon, 아마존의 물류일괄대행서비스) 서비스를 내놓습니다. 셀러들의 물류, 배송까지 대신 배송해주는 첨단 물류 시스템이죠.

요컨대 아마존의 성공 공식은 3가지였습니다. 첫째는 직매입 셀러들의 상품군을 포함한 다양한 상품군, 둘째는 고객만족을 위한 최저가격, 셋째는 미국 전역 2일 배송이라는 혁신적인 물류 속도. 이 3가지가 삼위일체를 이루면서 고객경험을 극대화하고 있는 것이죠. 게다가 무료 배송 서비스인 아마존 프라임 서비스에 클라우드, 비디오 스트리밍까지 함께 제공해죠. 이커머스를 통해서 아마존의 클라우드와 스트리밍의 생태계에 고객들을 유입하는 데 성공합니다. 이 같은 전략은 미국 시장에서 정확히 들어맞았고, 결국 아마존이 미국 이커머스를 지배할 수 있었던 비결이 되었습니다.

하지만 아마존은 현재 시스템에도 만족하지 못하고 고객만족을 또 꾀하고 있습니다. 앞서 아마존이 자율주행에도 투자를 하고 있다고 말했었죠. 아마존은 2021년 6월에 자율주행 스타트업을 12억 달러, 우리 돈 약 1200억 원에 인수했어요. 이전에도 자율주행 스타트업인 오로라 이노베이션, 자율주행 배송 로봇 회사인 디스패치, 미국 전기차 회사인 리비안에 투자했습니다.

이커머스 회사가 왜 자율주행, 전기차 기업에 투자를 했을까요? 택배회사나 페덱스 같은 기업을 인수해도 될 것 같은데 말이죠. 바로 '라스트 마일'을 공략하기 위해서입니다. 라스트 마일은 주문한 물품이 배송지를 떠나 고객에게 배송되기 직전 마지막 거리 내지 순간을 말하는데요. 아마존이 목표로 하는 라스트 마일은 고객과의 접점 역시 자동화하는 것입니다. 지금까지는 사람이 일일이 직접 물건을 싣고 다니면서 일일이 고객에게 배달을 했지만, 만약에 이것을 사람이 아니라 기계가 하게 된다면 어떨까요? 24시간 업무 시간에 상관 없이 고객에게 물품을 배송할 수 있고, 배송 시간도 단축되겠죠. 그뿐인가요? 인건비와 물류 비용을 줄일 수 있고 고객의 만족도도 극대화되겠죠.

이는 더 이상 먼 이야기가 아닙니다. 아마존을 검색하면 드론으로 배송하는 영상을 볼 수 있을 거예요. 아마존은 미 연방항공청으로부터 배송용 드론에 대한 운항 허가를 받았다고 발표했습니다. 2019년

라스베이거스에서 열린 컨퍼런스에서 아마존이 최대 5파운드(약 2.7kg)까지 운반할 수 있는 전기 육각형 드론을 공개했었는데, 드론 배송이 이젠 현실로 다가오고 있는 것입니다.

아마존의 또 다른 캐시카우, 아마존 웹서비스

아마존의 매출 성장세는 상당히 무섭습니다. 2016년 매출 약 150조 원, 영업이익 4조 6000억 원, 당기순익 2조 6000억 원에서 시작해 매출신장률은 2017년 31%, 2018년 31%, 2019년 20%이고 2020년엔 무려 38%가 오릅니다. 2020년 매출은 425조 원, 영업이익은 25조 원을 달성하는데요. 5년 만에 매출은 약 3배, 영업이익은 약 5배, 당기순익은 약 10배가 올랐습니다.

특히 2020년에 매출이 가장 큰 이유는 코로나 19로 인해서 지금껏 말씀드렸던 이커머스, 온라인 부문 매출이 컸기 때문입니다. 하지만

2016~2020년 아마존 실적

(단위: 억 원)

연	분기	매출	영업이익	당기순익	영업이익률	매출신장률	비고
2016	y	1,497,217	46,088	26,105	3%		
2017	y	1,958,305	45,207	33,393	2%	31%	
2018	y	2,564,086	136,755	110,904	5%	31%	
2019	y	3,088,547	160,096	127,584	5%	20%	
2020	y	4,250,565	252,118	234,678	6%	38%	

과연 이커머스의 성장만이 아마존의 실적을 이끌었을까요? 아닙니다. 사실 이커머스 외에도 아마존의 화수분은 더 존재하는데요. 그것은 바로 아마존의 AWS와 디지털 광고 모델입니다.

기존까지 아마존의 실적 구조에서 매출을 내는 건 이커머스지만 영업이익은 AWS가 이끌고 있었습니다. 이커머스가 물류센터 확장 및 생태계 확장으로 인한 지출로 외형 성장에 몰입해 있다면, AWS는 클라우드 사업을 통한 이익을 담당하고 있었습니다. AWS는 2016년부터 2020년까지 매년 최소 30% 이상 고성장을 하고 있습니다. 2016년 매출 13조 수준에서 2020년에는 매출 약 50조 원으로 거의 4배 이상의 매출을 올리죠. 물론 매출 규모로만 본다면 현재 아마존의 매출의 15% 정도 수준이지만, 실제로는 아마존 전체 영업이익의 50% 이상을 담당하고 있습니다.

2016년 74%, 2017년 105%, 2018년 59%, 2019년 63%, 2020년 59% 등 AWS는 매년 전체 영업이익의 50% 이상을 담당하고 있습니다. 매출은 15% 수준임에도 불구하고 아마존에게 황금알을 낳는 거

2016~2020년 최근 5개년 AWS 실적

(단위: 억 원)

연	분기	매출	영업이익	영업이익률	매출신장률	영업이익이 아마존 전체에서 차지하는 비중
2016	Y	134,531	34,219	25%		74%
2017	Y	192,224	47,684	25%	43%	105%
2018	Y	282,462	80,329	28%	47%	59%
2019	Y	385,636	101,303	26%	37%	63%
2020	Y	499,524	148,976	30%	30%	59%

위의 역할을 하고 있죠. 물론 이런 실적이 가능한 이유는 아무래도 이제는 클라우드가 필수인 시대가 되었기 때문이죠. 음악, 영화 등을 즐길 때도 클라우드가 필요하고, 비대면 시대에 접어들면서는 재택근무 등의 업무까지 클라우드로 진행되고 있으니까요.

대표적인 예로 클라우드를 활용한 서비스는 넷플릭스입니다. 넷플릭스는 매년 500만 달러를 아마존에 지불하며 AWS 서비스를 이용하고 있습니다. 그 이유는 간단한데요. 모든 콘텐츠를 클라우드를 통해 송출하면 가입자가 증가할 때마다 데이터 센터를 늘일 필요가 없어지고, 반대로 가입자가 감소할 때마다 데이터 센터를 축소할 필요 없이 탄력적으로 데이터 운용이 가능하기 때문입니다.

자율주행 클라우드 컴퓨팅도 눈여겨봐야 합니다. 앞으로 자율주행이 시작되면, 차량 한 대당 하루에 약 4TB의 데이터가 생성된다고 합니다. 이 데이터가 모두 자동차 하드웨어에 저장할까요? 블랙박스나 컴퓨터 포맷하듯이 일정 기간 지나면 삭제하고 그럴까요? 아닙니다. 저장된 데이터는 클라우드에 저장되고, 그 데이터를 기반으로 더 나은 자율주행 기술을 개발하는 작업이 이루어질 것입니다. 마치 사람이 경험을 쌓으며 운전 실력이 좋아지는 것처럼, 자율주행을 통해 저장된 데이터가 클라우드로 이동되어 분석되고 더욱 진화할 것입니다.

이런 데이터 클라우드와 분석은 모두 AWS가 펼쳐놓은 인프라 속에서 진행할 수 있는 것이죠. 지금은 이커머스가 아마존의 견고한 캐시카우(Cash Cow, 수익창출원) 역할을 하고 있지만, 다가올 미래에는

AWS, 클라우드가 아마존의 이커머스를 이을 주력이 된다는 것이죠. 뿐만 아니라 아마존은 블루오리진이라는 민간우주항공기업도 운영하고 있습니다. 고객경험의 무한 선순환 구조를 이어갈 아마존의 멋진 미래가 기대됩니다.

진화하는 배달 시장,
곧 다가올 온디맨드 서비스

2019년 12월 배달의민족이 요기요를 운영하던 독일의 딜리버리 히어로에 매각된다는 소식이 전해졌습니다. 배달의민족과 딜리버리 히어로의 요기요는 사실상 대한민국 배달앱 시장을 양분하고 있었기 때문에 두 회사의 연합은 배달계의 거대 공룡 탄생을 예고했죠.

두 기업의 점유율을 합치면 국내 배달 시장 점유율의 99%에 달했어요. 2019년 기준으로 한국의 배달 시장 점유율은 배달의민족이 78%, 요기요의 점유율은 19.6% 정도였죠. 이렇다 보니 두 기업이 그대로 합병하게 됐다간 독점 논란이 일어날 수밖에 없었습니다. 그래서 공정거래위원회는 딜리버리 히어로에게 배달의 민족의 인수를 허용하는 대신 요기요를 6개월 내에 매각하라고 했죠.

결국 요기요는 2조 원의 가격으로 매물로 나오게 되었고, GS리테일과 어퍼니티, 퍼미라 등의 사모펀드 컨소시움에 매각하는 것으로 결정됩니다. 흥미로운 점은 요기요의 매각 가격인데요. 최초 2조 원에 달했던 요기요를 8000억 원, 즉 3분의 1 가격에 매각한 것입니다. 이렇게 낮은 가격에 매각된 이유는 공정위가 정한 시한도 있긴 하지만, 기존 한국 배달 시장의 양강체제를 무너뜨린 쿠팡이츠의 영향력도 있었는데요. 쿠팡이츠가 배달 시장에서 급속도로 점유율을 높이며 배달 시장을 뒤흔들었기 때문입니다.

후발주자인 쿠팡이츠의 등장은 화려했습니다. 배달 시장 점유율이 2020년 1월에 2%였다가 2021년 2월에 20%로, 약 1년 만에 초고속으로 성장하죠. 쿠팡이츠가 단기간 내에 서장할 수 있었던 비결은 '치타배달'이라는 단건배달 서비스를 내세웠기 때문인데요. 기존에는 배달기사가 50분이라는 시간 제한 내에 여러 건의 배달을 운용했다면, 쿠팡이츠의 치타배달은 배달기사가 한 번에 한 건만, 30분 안에 배달을 해주는 시스템입니다. 배달업계의 패러다임의 혁명을 일으킨 것이죠. 따라서 많은 고객이 쿠팡이츠로 옮겨 갔습니다.

쿠팡이츠의 점유율이 오른 만큼 요기요의 점유율은 2020년 1월 39%에서 2021년 2월 2월 27%까지 하락했고, 같은 기간 배달의민족은 59%에서 53%로 줄고 말죠. 쿠팡이츠의 등장으로 국내 배달 시장의 양강체제가 깨졌고, 쿠팡이츠라는 대체재가 생겨버렸기 때문에 요기요의 가치가 떨어지고 맙니다. 결국 2조 원에 달했던 요기요의 몸값이 1조 원에서 5000억 원 수준으로 추락하고 말았죠.

딜리버리 히어로는 왜 배달의민족을 인수했나?

요기요를 보유한 딜리버리 히어로는 전 세계에 지사를 두고 있는 글로벌 회사로 배달계의 초일류 기업이에요. 즉 배달의민족과 경쟁을 할 수 있는 든든한 뒷배경이 있습니다.

그래서 요기요는 딜리버리 히어로를 등에 업고, 한국 시장을 탈환하기 위해 기존 시장지배자인 배달의민족과 피 튀기는 마케팅 전쟁을 했어요. 요기요나 배달의민족에서 '처음 주문하면 1만 원 할인', '오늘은 치킨이 5천 원!', 이런 식의 광고를 많이 봤을 겁니다. 한국 배달 시장을 차지하기 위해 경쟁한 두 기업의 마케팅 비용이 장난이 아니었죠. 치열한 한국 배달 시장 점유를 통해, 시장독자생존 구조를 만들어 그동안의 출혈을 수익으로 메꾸겠다는 전략을 가지고 있었을 거예요. 하지만 시장을 잠식하기 위해 출혈 경쟁을 벌인 탓에, 2019년 배달의 민족은 매출 5000억 원을 돌파했음에도 2019년 364억 원의 영업적자를 봅니다.

결국 요기요와 배달의민족이 내린 결론은, 서로 싸우지 말고 사이좋게 한국에서 지내보자는 것이었습니다. 그래서 배달의민족 김봉진 대표도 배달의 민족을 매각하고 마는 게 아니라, 대금을 현금이 아닌 주식으로 받고 아시아 총괄 자리에 부임하는 것으로 알려졌어요.

물론 배달의민족을 인수해도 요기요를 매각해야 하기 때문에 요기요와 배달의민족의 경쟁은 주인만 바뀐 채 앞으로도 이어질 것으로 전망됩니다.

딜리버리 히어로가 요기요를 포기하면서까지 한국 배달 시장을 노리는 이유는 무엇일까요? 우선 배달의민족을 인수하면서 딜리버리 히어로는 국내 배달업계 1위를 꿰찼으니 요기요를 팔면서까지 배달의민족을 인수한 보람이 있었죠. 그런데 더 큰 이유는 한국 배달 시장의 높은 성장성 때문입니다. 한국 배달 시장은 2017년 약 3조 원에 불과했지만 2020년 약 15조 규모로 3년 사이에 무려 5배가 성장을 하고, 2021년 역시 1월부터 10월까지 결제액 규모가 20조에 달해 비대면 시대 고속 성장을 이어갔습니다. 그리고 한 가지 더 흥미로운 점은 한국의 배달 시장이 글로벌 배달 업계에서도 상당히 매력적인 시장이라는 겁니다.

흔히 한국은 내수가 너무 작아 해외로 가지 않으면 생존할 수 없다는 생각을 하지만, 배달 시장만큼은 그렇지 않습니다. 미국과 비교해 봐도 주요 25개 도시 기준 인구 수가 크게 다르지 않고, 대도시인 뉴욕과 서울을 비교해도 한국이 더 밀집도가 높아 인구 10만 명당 식당 숫자가 뉴욕의 4.8배에 달해요.

그리고 2021년 1분기 기준 전체 가구 수 2315만 가구 중 1인가구 수가 913만 가구로, 전체 가구 수의 40%에 육박할 정도라 배달의 꾸준한 수요층이 확보되어 있죠. 최근에는 코로나19로 인해 비대면이 확산되었고요. 2020년 1월부터 9월까지 국내 외식업 소비 규모를 조사한 결과 매장 카드 결제금액은 전년 동기 대비 10% 감소했는데, 배달 결제액은 무려 75.4% 증가했다고 합니다. 현재도 배달업계는 지속적으로 성장하고 있고, 인구 구조적인 상황 역시 배달 서비스가 저조할래야 저조할 수가 없는 방향으로 가고 있습니다.

배달업계의 미래, 온디맨드 서비스

우리는 여기서 의문이 들 수 있습니다. 딜리버리 히어로가 기존의 자회사였던 요기요를 8000억 원이라는 헐값에 매각하면서까지 배달의 민족을 인수했던 목표가 무엇일까요? 배달의민족만으로 무엇을 할 수 있을까요? 이에 대해서는 배달 선진국을 보면 우리의 미래를 가늠해볼 수 있겠죠. 배달계의 선진국은? 놀랍게도 중국입니다.

다음 표에서 보듯 글로벌 배달 시장 규모에서 중국이 압도적인 1등을 차지하고 있습니다. 세계 배달 시장 절반을 중국이 가져가고 있죠. 나머지 미국부터 캐나다 시장까지 모두 합쳐봐야 중국과 시장 규모가 비슷한 정도입니다. 특히 중국에서 성장하고 있는 배달 시장이 바로 신선식품배달 시장이에요. 2013년부터 연 성장률이 117%, 255% 등으로 정말 미친 성장을 보여주고 있습니다.

특히 중국판 배달의민족인 '허마셴성'에 주목해야 하는데요. 허마셴성은 알리바바가 런칭한 온라인 슈퍼마켓으로 모바일 앱을 통해 신선한 식재료를 구매하면 30분도 안 되어서 집에 도착하는 서비스

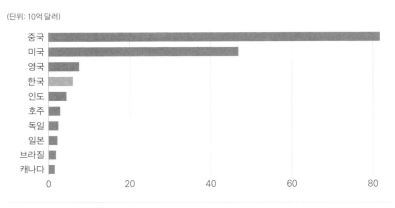

세계 10대 음식배달 시장 규모

(단위: 10억 달러)

출처: 로이터

를 운영하고 있습니다. 우리나라로 치면 배달의민족의 B마트 같은 것이죠. 게다가 더욱 눈에 띄는 건 바로 청소나 수리 같은 서비스까지 함께 제공한다는 거예요.

그러니까 중국의 배달은 상품을 배달하는 것을 넘어, 사람이 예약한 시간에 집에 와서 서비스까지 제공하는 온디맨드(on demand)로 발전했습니다. 우리나라에서는 빨래는 런드리, 청소는 미소 같은 각기 다른 회사에서 서비스하는 반면, 중국에서는 배달앱이 확보한 유저를 바탕으로 고객이 필요로 하는 모든 서비스를 유통하고 있습니다. 단순한 음식 배달이 아닌 신선식품, 온디맨드 서비스, 고객이 필요로 하는 모든 서비스를 제공해주는 데 배달업계의 비전이 있는 것입니다.

배달의민족 역시 월 이용자 수가 1000만 명을 돌파했고, B마트를 도입했죠. 또 '전국별미'라고 해서 전국 각지의 신선한 먹거리를 산지 직송으로 소비자와 연결해주는 플랫폼도 출시했습니다. 게다가 서비스 이용약관을 개정해 '판매중개(5조)'를 신사업으로 추가했어요. 오픈마켓이 업종 분류상 통신판매중개업이라는 점을 감안하면 배달의민족도 단순한 음식 배달을 넘어 신선식품 배달을 시작으로 이커머스로 진출할 가능성을 엿볼 수 있습니다.

배달의민족은 배달 상품의 한계와 고객 층의 한계를 깨고, 유통 채널을 하나로 묶고 있습니다. 어느 고객이든 필요로 하는 것이 있다면 종류를 막론하고 서비스와 재화를 제공하는 온디맨드 서비스 기업으로 거듭나겠죠.

쿠팡

나스닥 상장,
클라우드 시장 진출을 위한 초석일까?

2021년 3월 쿠팡이 나스닥에 상장할 당시 기업 가치는 무려 80조 원으로 책정되었습니다. 이는 이마트와 롯데쇼핑을 합친 것보다도 큰 데요. 2010년에 창업한 쿠팡이 단 11년 만에 이마트와 롯데쇼핑보다 더 큰 기업가치를 평가받을 수 있었던 결정적 이유는 단연 높은 성장성이었습니다. 쿠팡은 2013년 매출 480억 원에서 2년 만에 매출을 20배 올려 1조 원을 돌파합니다. 2018년 매출 4조, 2019년 7조, 2021년에는 20조를 거뜬히 넘으며 창립 8년 만에 약 500배에 달하는 매출 성장을 합니다.

말이 300배지, 7년 만에 매출 300배를 대체 어떻게 키웠을까요?

'로켓배송'이 큰 역할을 했다고 평가받고 있습니다. 주문한 날 밤 11시 전에만 시키면, 택배사에 부치는 것이 아니라 자체 물류센터와 배송 시스템을 이용해 다음 날 새벽, 혹은 다음 날 안에 배송해주죠. 당시로선 온라인 쇼핑몰이 직접 트럭으로 배송을 다닌다는 것 자체가 이상한 일이었지만, 이 이상한 일은 곧 쿠팡의 혁신이 되어 소비자들의 마음에 확실히 각인됩니다.

27개로 시작된 쿠팡의 물류센터는 2020년 8월 기준 170여 개에 달하고, 2021년 6월 1조 원가량을 추가 투자하며 충북, 전북, 경남, 부산에 물류센터를 건립하고 국내 물류 투자를 이어가고 있습니다. 물류센터의 연면적은 약 70만 평에 달하는데, 이는 축구장 400개 규모죠. 또 국민의 70%는 쿠팡 물류센터로부터 11km 이내에 거주하고 있습니다. 쿠팡의 물류가 얼마나 대단한지 물류를 전문으로 하는 CJ대한통운과 비교해보면 압니다. 1953년 설립된 CJ대한통운의 물류 터미널이 이제 290개 것을 감안한다면, 7년 만에 전국에 170개 물류 인프라를 구축한 건, 쿠팡이 이커머스에서 물류를 얼마나 중요시했는지 알 수 있는 대목이죠.

결국 쿠팡은 '이커머스 = 배송력'이라는 공식으로 이커머스 시장을 잠식해나갑니다. 거기다 머신러닝, AI기술 등을 도입해 효율적인 배송 시스템을 구축을 위한 스마트 물류 투자에 지원을 아끼지 않죠. 실제로 2014년 1000억 원이던 쿠팡맨 인건비 수준은 2019년 1조 4000억 원으로 5년 새 14배가 뛰었고, 인공지능, 빅데이터 기반의 스마트 물류 개발자들에게 같은 기간 지급된 인건비는 약 4조 원으로 늘었습니다. 지금도 쿠팡친구, AI, 물류 인재에 대한 채용은 꾸준히 이루어지고 있고요.

로켓와우 멤버십을 통한 쿠팡 유니버스로의 유입

이렇게 공격적인 물류 투자는 쿠팡의 이용자들로부터 열렬한 지지를 얻었고, 2021년 2503만 명으로 2020년 1480만 명 대비 약 70% 증가했습니다. 게다가 매달 월 이용료를 결제하면 로켓배송을 해주는 '로켓와우 멤버십' 가입자 역시 500만 명에 달하고 있습니다. 이것만 봐도 얼마나 쿠팡에 대한 충성 고객층이 많은지 알 수 있습니다.

'로켓와우'가 뭔지 모르는 분들을 위해 간단하게 설명하면, 쿠팡은 2021년 3월 2일부터 '로켓 배송 상품 무조건 무료 배송' 캠페인을 진행하고 있어요. 그런데 월 4990원 요금의 로켓와우 멤버십에 가입할 경우 배송뿐만 아니라 반품부터 교환/환불까지 일련의 서비스들을 무료로 이용할 수 있습니다. 평소에 인터넷에 물건 몇 개 주문하면 같은 쇼핑몰에 없는 경우에 개당 바로 배송비 2500원씩 붙는데, 이용자 입장에서는 가입을 안 할 이유가 없죠. 심지어 반품도 물건 받아보고 마음에 안 들면 무료로 반품해줘요. 그러니 일단 멤버십에 가입하고 나면, 웬만하면 쿠팡에서 사게 되죠.

로켓와우 멤버십을 홍보하려는 것이 아닙니다. 이 로켓와우 멤버십에는 사실 쿠팡이 이커머스를 차지하려는 시장지배 전략이 들어 있어요.

배송 서비스에서 충성고객을 만들어낸 쿠팡이지만, 여기에서 만족하지 않습니다. 쿠팡은 돌연 2020년 7월 쿠팡, 싱가포르 OTT 기업인 훅(Hooq)을 인수합니다. 훅은 원래 싱가포르 텔레콤과 소니픽쳐스, 워너브러더스가 2015년 1월 합작해 만든 OTT업체예요. 하지만 훅은 넷플릭스 같은 대형 OTT업체와의 경쟁에서 밀려 2020년 3월에 파산하고 맙니다.

이런 훅을 쿠팡이 인수한 이후 '쿠팡 플레이'라는 자체 OTT 서비스를 출시합니다. 로켓와우 회원이라면 넷플릭스, 아마존 프라임 비디오처럼 영화나 TV 시리즈 등 국내외 영상 콘텐츠를 무제한으로 즐길 수 있도록 한 거죠. 미국 TV 시리즈 〈존경하는 재판장님(Your Honor)〉, 교육형 뉴스 콘텐츠 〈CNN 10〉 등 기존 OTT 서비스에서는 볼 수 없는 콘텐츠를 리스트업하며, OTT 서비스로서 컨텐츠 경쟁력 역시 강화했습니다.

월 4990원에 쿠팡와우에 가입하면 무료배송에 더해 넷플릭스 같은 OTT 서비스도 함께 이용할 수 있는 것이죠. 그리고 놀라운 것은 OTT 서비스의 가격 경쟁력입니다. 현재 좀 이름 있는 OTT 서비스의 제일 저렴한 가격들과 비교해보면, 2022년을 기준으로 넷플릭스 베이직 9500원, 웨이브 베이직 7900원, 왓챠 7900원인 데 비해 쿠팡의 로켓와우는 4990원으로 월등히 쌉니다. 저렴한 가격이라 해서 볼 것이 없는 것은 아닙니다. 배우 김수현이 주연을 맡은 오리지날 드라마 시리즈 〈어느 날〉과 더불어 120억 원을 투자해 제작한 SNL 시리즈가 대박을 치며, 2021년 1월 59만 명에 불과했던 MAU(월간 사용자수)가 2022년 1월 359만 명으로 590% 성장했습니다.

결국 쿠팡이 콘텐츠 시장에 적극적인 투자를 단행하고 밸류체인을 이어가려는 행보에는 콘텐츠를 통해 이커머스 시장까지 장악하려는 야심이 숨어 있어요. 고객들의 OTT 진입장벽을 낮추는 동시에, 쿠팡 멤버십에 가입하면 쿠팡의 이커머스로 유입되도록 설계해둔 것이죠. 결국 쿠팡의 쿠팡플레이 서비스는 이커머스와 콘텐츠 시장을 연계해 한국 시장에서 시장 지배력을 높이려는 전략으로 평가될 수 있습니다.

클라우드 샵 상표 출원! 풀필먼트로의 전환을 꿈꾸는 쿠팡

이커머스 기업이 자체 물류배송에 OTT 서비스 그리고 이것을 묶은 멤버쉽 서비스를 제공한다…. '아마존'이 생각나지 않나요? 아마존의 배송, OTT, 클라우드 서비스까지 3종 세트를 소비자에게 제공하는 아마존 프라임 서비스를 지금 쿠팡이 따라 하고 있는 거예요. 그럼 마지막 '클라우드' 서비스도 쿠팡이 할지 궁금한데요. 여기에 대해서는 좀 더 고심해봐야 합니다.

쿠팡은 2020년 11월에 쿠팡 클라우드 샵, 쿠팡 클라우드 스토어 등의 상표 출원을 진행했어요. 각각의 상표에 '클라우드'가 들어가는 것으로 보아, 클라우드 사업으로의 방향성을 시사하는 것처럼 보일 수 있습니다. 하지만 현재 쿠팡은 자체 데이터 센터가 아닌, 아마존의 AWS를 이용한 클라우드 컴퓨팅을 이용하고 있어요. 즉 아마존처럼 클라우드 컴퓨팅을 고객들에게 할당하는 클라우드 서비스가 아닌 다른 형태의 서비스를 진행할 것으로 예상된다는 거죠. 또 '스토어 샵'이란 상표 출원에서 추측할 수 있는 건, 쿠팡이 오픈마켓 형태로 전환할 가능성도 있다는 거죠.

왜 뜬금없이 쿠팡이 오픈마켓의 상표를 출원했을까요? 그 이유는 바로 쿠팡의 비효율적인 영업이익 때문인데요. 쿠팡은 현재 자사 플랫폼을 통해 유통하고 있는 품목(SKU)의 80% 이상을 직매입하고 있어요. 그래서 물건이 고객에게 팔리기 전까지는 직매입한 상품 재고가 쿠팡의 자산으로 잡힙니다. 하지만 직매입으로 운영하다 보니, 상품이 판매 시점까지 창고에 보관하던 도중 유실되거나 상품가치를 잃어버린다면, 그 모든 비용이 손실로 처리됩니다.

직매입 방식은 쿠팡의 혁신적인 배송 속도와 시장 잠식을 이루는 원동력이 된 반면, 매년 이익을 갉아먹는 양날의 칼이었죠. 영업손실을 예년에 비해서는 줄여나가고 있으나 현재까지 누적 적자만 4조 원에 달할 정도로 손실을 무시할 수준은 아닙니다.

쿠팡이 로켓배송을 위해 실시했던 직매입의 대체재가 바로 풀필먼트(fulfilment) 서비스입니다. 풀필먼트를 간단하게 설명해볼게요. 개인이 온라인 쇼핑몰을 운영한다면 온라인으로 주문받고, 창고 가서 물건 챙기고, 포장하고, 택배사에 보내고, 남은 재고 관리하는 것이 일이겠죠? 하지만 풀필먼트 서비스는 이 복잡한 단계들을 대신해줍니다. 개인이 주문만 받고 고객 관리만 하면, 나머지 배송 포장, 재고 관리 등 물류 과정은 쿠팡이 대행해주는 거예요. 아는 사람은 다 아는 아마존의 FBA와 똑같습니다.

오픈마켓의 온라인 판매자들에게 풀필먼트를 제공하면 직매입을 할 필요가 없고, 재고가 남더라도 셀러의 재고이기 때문에 쿠팡의 영업손실로 처리할 필요가 없어지죠. 그럼 높은 적자도 개선될 수 있을 것이고요. 쿠팡이 클라우드 샵, 스토어 샵 같은 플랫폼을 개설하는 데는 이런 이유가 숨어 있습니다.

쿠팡의 라이벌은 네이버다?

뉴욕증시 상장을 통한 투자금 확보로 쿠팡은 풀필먼트로의 전환을 더욱 가속화할 것입니다. 현재 쿠팡이 롤모델로 하는 아마존의 영업이익률이 5%인 점을 감안할 때, 쿠팡이 현재 20조 원이 넘는 매출에서 영업이익률을 5%로만 끌어올려도 지금 매출 기준으로도 네이버 못지 않은 영업이익을 낼 수 있어요. 쿠팡의 나스닥 상장은 한국의 풀필먼트 시장을 잠식하기 위한 하나의 수단으로 여겨집니다.

하지만 쿠팡에게 마냥 장밋빛 전망만 있는 것은 아닙니다. 대한민국의 구글이라 불리우는 막강한 경쟁자가 있기 때문인데요. 현재 쿠팡이 꿈꾸는 직매입 없는 풀필먼트를 네이버는 이미 시행하고 있습니다. 네이버는 현재 38만 개 셀러들의 스마트스토어를 보유하고 있고, 국내 최대 물류운용사인 CJ대한통운 손을 잡으며 풀필먼트 사업에 뛰어들려고 합니다. 네이버 입장에서 보면 이미 오픈마켓 인프라를 장악하고 있으니, 이를 통해 직매입 없이 셀러들과 CJ대한통운 사이의 플랫폼 역할을 하려는 거죠.

물론 쿠팡도 가만히 있는 건 아닙니다. 전국의 물류 인프라를 기점으로 택배 사업까지 넘보면서 택배 사업 승인을 기다리고 있습니다. 이커머스로 시작해서 OTT, 풀필먼트, 택배까지 미래 성장이 기대되는 동력들을 자회사로 두고 있어요. 쿠팡에서의 거래액도 증가하고 있고, 결제 빅데이터를 통한 쿠페이와 핀테크 사업에도 진출하고 있어요. 네이버의 아성을 뛰어넘을 새로운 글로벌 IT 기업이 탄생할지도 모르겠습니다.

메타버스

수익률 50배는 깔고 간다?
메타버스가 창출한 새로운 경제

장자의 「호접지몽」에 유명한 이야기가 나오죠. 장자가 꿈속에서 나비가 되어 즐겁게 놀다가 깬 뒤에, 자기가 나비의 꿈을 꾸었는지, 아니면 나비가 자기의 꿈을 꾸었는지 모르겠다며 인생의 무상함을 이야기하죠.

만약 장자가 21세기에 태어났다면, 꿈을 꾼 뒤에 더 이상 인생무상을 느끼지는 않을 것입니다. 장자는 나비가 아니라 더 큰 새가 될 수 있고, 바다를 자유롭게 돌아다닐 수 있고, 심지어 하늘을 날아다니는 사람마저 될 수 있기 때문이죠. 이제는 이 이야기들이 더 이상 꿈속에서만 가능한 게 아닙니다. 깨어 있는 동안에도 꿈같은 경험을 하게 해주는 기술이 있으니까요. 중국 전국시대의 꿈이 2022년엔 현실로 다가오고 있습니다. 꿈같은 세계를 현실에서 경험하게 해준다! 이것이 지금부터 알아볼 '메타버스(Metaverse)'입니다.

메타버스는 '초월'이라는 뜻의 메타(meta)와 '우주'를 의미하는 유니버스(universe)의 합성어입니다. 메타버스라는 개념은 1992년에 처음으로 등장하는데요. 미국의 공상과학(SF) 작가 닐 스티븐슨이 당시 출간한 소설《스노 크래시》에서 처음으로 세상에 등장했습니다.

닐 스티븐슨이 처음으로 메타버스의 개념을 제시한지 약 30년이 지난 지금, 메타버스는 더 이상 소설이 아니라, 현실에서 찾아볼 수 되었어요. 왜냐하면 2020년 코로나19가 메타버스의 도입을 가속화시켰기 때문입니다. 인간은 사회적 동물인데 집 밖에 못 나가게 되고, 5명 이상 못 모이고, 집 안에 갇히다시피 하니까, 현실세계에서의 상호작용을 해소시킬 수 있는 출구로 메타버스란 가상현실이 떠오르기 시작한 것이죠.

게임, 콘서트, 부동산까지 퍼져나간 가상현실

메타버스라는 시장은 지금 엄청나게 성장하고 있는데요. 백문이 불여일견이라고 현재 메타버스가 활용되고 있는 사례를 보죠. 현재까지는 〈포트나이트〉, 〈동물의 숲〉, 〈마인크래프트〉 같이 아바타를 이용한 게임들에서 사용되고 있어요. 그중 〈포트나이트〉는 포트나이트라는 가상세계에 접속해서 유저들끼리 서로 제거하고 살아남는 게임입니다. 그런데 포트나이트에 '파티로얄'이라는 모드가 생기면서 유저들과 그저 웃고 떠들 수 있게 되었어요. 얼핏 들으면 별 재미가 없을 것 같지만, 이 파티로얄 모드가 대박을 쳤어요. 코로나19로 인해 고립되고 외로움을 느낀 이들이 유저들과 모여서 수다를 떠는 것만으로도 즐거워한 거죠.

이 가상 공간에서 트레비스 스캇이 콘서트를 열고 BTS가 뮤직비디오를 공개하기도 했어요. 심지어 영화제까지 개최하며 현실에서 이루어지는 행사들을 진행했습니다. '가상세계에서 모이는데 돈이 되겠어? 그냥 재능기부겠지'라고 생각하는 분이 있을 것 같아서 말씀드리면, 트레비스 스캇이 포트나이트 콘서트로 벌어들인 돈은 오프라인 공연 매출의 10배라고 합니다. 그저 보고 즐기는 가상세계가 아니라 경제활동도 가능한 세계인 것이죠.

더 놀라운 것은 이 가상세계의 부동산도 현금으로 거래되고 있다는 사실입니다. Earth 2(www.earth2.io)라는 사이트가 있어요. 지구를 웹사이트에 그대로 복제해놓은 플랫폼인데요. 구글어스처럼 동네 구경이나 하는 용도로 쓰일 것 같던 이 웹사이트에서 사람들이 부동산을 구매하는 일이 벌어지고 있어요. 파리, 로마 등 세계 유명도시와 유적지는 이미 완판되었죠. 이 소식을 듣고 가만히 있을 한국인들이 아니죠? 이미 압구정과 청담동의 땅을 모조리 싹 사들였다고 합니다. 실제로 우리나라의 한 유저가 8만 원을 주고 반포동 자리를 모조리 매입했는데, 지금은 무려 400만 원! 수익률 5만%를 달성하는 기염을 토했습니다. 역시 부동산의 나라답네요.

이렇게 세계적으로 가상세계에 대한 투자와 경제활동이 이루어지고 있는 만큼, 우리나라도 이 메타버스를 잘 활용하고 있어요. 2021년 3월 2일 순천향대는 SK텔레콤과 함께 신입생 입학식을 메타버스 공간에서 진행했습니다. SK텔레콤이 순천향대 본교 대운동장을 실제와 흡사한 가상현실 지도로 구현하고, 가상의 대형 전광판으로 주요 입학식 프로그램을 소개했는데요. 신입생들은 입학식에 참석하기 위해 순천향대에서 제공한 VR 헤드셋과 SK텔레콤의 기술을 활용해 가상현실에 접속했다고 하죠. 또 아바타를 통해 메타버스 공간에서 캠퍼스 투어를 비롯해 담당교수와의 상견례를 진행했다고 합니다.

또 메타버스를 훌륭하게 활용한 사례가 있다면, 아예 메타버스의 상용화를 목표로 초고속으로 성장하고 있는 기업, 바로 네이버의 제페토입니다. 제페토는 2018년 '또 다른 세상 속 또 다른 나'를 내세우며 등장한 네이버의 가상세계 플랫폼입니다. 가입자는 전 세계 165개국 2억 명으로 전체 이용자 중 80% 이상은 10대 청소년, 90% 이상이 외국인 이용자라고 합니다.

특히 K-POP에 관심은 많지만 실제로 좋아하는 가수들을 볼 수도 없고, 콘서트를 갈 수 없는 외국인 이용자들이 제페토를 통해 팬 사인회에 참여하고 자신이 좋아하는 가수와 소통하고 있는데요. 아이돌그룹 블랙핑크가 제페토에서 팬 사인회를 열어 세계 팬들과 소통했고, JYP의 트와이스 역시 제페토에 아바타를 만들었어요. 이처럼 제페토는 K-POP 스타들과 글로벌 팬들이 소통하는 창구 역할을 하고 있습니다. 코로나19로 인해 해외투어와 팬사인회가 어려운 상황에서 메타버스 제페토의 가능성을 본 우리나라 엔터테인먼트 기업들은 제페토에 170억 원가량 투자하며, 장소와 시간에 국한받지 않는 팬들과의 소통의 창구를 만들어가고 있죠.

세계 유명 패션기업들도 앞다퉈 제페토와 제휴를 맺으려 하고 있습니다. 구찌, 크리스찬 루부탱 그리고 MLB가 제페토와 콜라보를 맺었습니다. 제페토에서 2021 봄여름 신상 컬렉션을 최초 공개하고, 제페토의 아바타들이 신상 옷들을 입어보며 단체 사진을 찍으며 즐길거리를 제공했어요. 해외 유명 브랜드가 이같이 가상 공간에서 신상을 공개하고 옷을 제공하는 이유는 뭘까요? 제페토의 이용객의 80% 가량이 10대이기 때문에, 10대 때부터 자신들의 브랜드를 즐기고 익숙해지도록 만드는 일종의 마케팅이죠.

요컨대 메타버스는 게임을 하고 즐기는 곳일 뿐만 아니라, 콘서트, 팬사인회 심지어 부동산과 같은 경제활동도 가능한 세계입니다. 또 소비자들의 소통 창구로서 연예기획사와 패션업계에게는 현실세계 못지 않은 마케팅의 장이 될 수 있습니다.

발달하는 기술, 더욱 우리 삶에 녹아든 가상세계

앞으로 메타버스 속 아바타는 어떻게 진화할까요? 영화 〈레디플레이어 원〉에 나오는 것과 같은 생동감 넘치는 아바타가 될 것입니다. 이를 위해 현재 네이버의 자회사 네이버 스노우는 인공지능 영상인식 기업 알체라와 함께 조인트벤처 플레이스에이를 설립했습니다. 그리고 신체의 움직임을 실시간으로 가상환경에 복제할 수 있는 실시간 전신 인식 기술을 개발했는데요. 플레이스에이에서 개발한 이 기술을 제페토에 탑재할 예정이라고 합니다. 제페토에 전신인식 기술이 탑재되면 움직이는 아이돌들의 모션이나 이용자들의 사용자 경험이 더욱 강화되겠죠.

최근 애플 역시 VR 장갑 특허를 획득하면서 메타버스에서 물체를 만지는 촉감과 손가락 움직임을 입력할 수 있는 장치를 내놓았습니다. 실시간 전신 인식 기술을 탑재하고 직접 만질 수 있는 기능까지 고도화된다면, 메타버스에서 단순히 아바타를 컨트롤하는 것보다 더 현실감을 느낄 수 있겠죠. 앞으로 성장할 산업의 패러다임이 메타버스로 전환되면서 영화에서나 보던 현실을 맞이할 것입니다.

넷플릭스의 창업자이자 CEO인 리드 헤이스팅스는 '넷플릭스의 최대 경쟁자는 디즈니가 아닌 포트나이트'라고 말했습니다. 세계 최고의 콘텐츠 회사인 넷플릭스가 게임회사를 경쟁자로 지목한 이유는 콘텐츠의 주류가 메타버스로 이동할 것을 예견했기 때문입니다. 메타버스가 발달하며 우리가 보는 영화나 드라마 같은 2차원 콘텐츠보다 메타버스에서 즐길 수 있는 가상세계의 4차원 콘텐츠가 더욱 주목을 받을 것입니다.

이처럼 메타버스는 앞으로 우리 삶을 조금씩 바꿔나갈 것입니다.

오프라인에서 입는 명품 옷보다 메타버스에서 입는 명품 옷이 더 중요해지는 시대가 올 것이고, 오프라인에서 즐기는 스포츠보다 메타버스에서 벌어지는 게임이 더 중요해지는 날이 올 것입니다. 가상현실과 실제 간의 경계선이 사라질 날이 머지않은 지금, 우리는 메타버스라는 새로운 패러다임을 맞이할 준비를 해야 합니다.

LG이노텍

메타버스 시대 필수가 된 ToF 모듈, 가상세계 촬영 시대

  세계 최초로 카메라를 탑재한 휴대폰은 1999년 9월 일본 전자기기 회사 교세라에서 출시된 VP-210입니다. 당시 교세라의 VP-210 카메라에는 화상통화용으로 카메라가 탑재되었습니다. 카메라가 폰의 전면에 달려 있었지만, 안타깝게도 정지화상의 저장 기능이 없어 카메라 용도로 쓰기에는 적합하지는 않았죠. 우리나라의 경우는 삼성전자가 처음으로 SCH-V200이란 모델에서 최초로 핸드폰에 카메라를 장착했습니다. 당시의 기술로는 이런 카메라가 달린 휴대폰, 일명 '폰카'의 가격이 매우 높았기 때문에 가성비가 좋지 않다는 단점이 있었습니다. 그래서 굳이 휴대폰에 카메라가 들어가야 하냐는 의문과 함께 폰카 열풍은 금세 식고 말죠.

　20여 년이 지난 지금 휴대폰에 카메라가 없는 것은 상상할 수 없게 되었습니다. 무거운 무게와 큰 부피를 차지하는 DSLR 못지 않은 화질에, 주머니 속에 챙겨넣을 수 있는 기동성. 달 표면 사진도 찍을 수 있는 고성능, 고해상도 영상 촬영으로 영화 한편을 만들 수 있는 영상촬영 기능까지. 스마트폰의 카메라가 일상의 추억을 남기고 소통하는 수단으로 재탄생하면서 카메라는 없어서는 안 될 기능이자 기기를 선택하는 중요한 요건 중 하나가 되었습니다.

　따라서 스마트폰을 생산하는 제조사들은 플래그십 모델에 카메라 모듈을 2개, 3개, 최근에는 6개로까지 늘리며 카메라 품질 경쟁에 나서고 있습니다. 그만큼 스마트폰에 들어가는 카메라 모듈 시장 역시 성장하고 있어요. 그래서 여기서는 내 손 안에 들어가는 스마트폰 카메라 모듈 시장에 관한 이야기를 해보겠습니다.

　현재 스마트폰 카메라 모듈 시장 규모는 2018년 271억 달러, 2019년 295억 달러, 2020년 321억 달러로 매년 약 10%에 달하는 높은 성장률을 보여주며, 우리 돈 약 35조 원의 시장 규모를 가지고 있습니다. 글로벌 스마트폰 출하량은 포화상태를 맞아 성장률이 역성장을 하거나 2%대의 낮은 성장률을 보이는 반면, 각 제조사의 카메라 모듈은 수요가 증가하면서 카메라 모듈 시장은 높은 성장률을 보여주고 있어요.

　현재 글로벌 광학모듈 시장 점유율 탑 5 기업은 한국의 LG이노텍, 삼성전기 그리고 중국의 오필름, 써니옵티컬 등으로 한국과 중국이

카메라 모듈 시장을 양분하고 있습니다. 4~5년까지만 하더라도 LG
이노텍이 부동의 1위 자리를 지키고 있었지만 중국의 오필름이 샤오
미, 오포, 비보 등 중국 스마트폰 제조업체를 중심으로 카메라 모듈
을 공급하기 시작하면서 가파른 성장세를 보여주었죠.

　하지만 중국 기업들은 어디까지나 정부가 자국 기업을 지원하면서
성장한 것이고, 카메라 모듈 시장에서 주요 고객으로 손꼽히는 애
플의 카메라 모듈은 사실상 LG이노텍이 독점하고 있습니다. 게다가
2022년부터는 아이폰 미니 시리즈에도 LG이노텍이 카메라 모듈을
공급할 것으로 알려지면서, 애플 카메라 모듈에서 LG이노텍이 차지
하는 비율이 50% 중후반까지 올라갈 것으로 보입니다.

막강한 실적을 이끌 애플과의 유대감과 신성장동력인 ToF 모듈

　2020년 하반기 LG이노텍은 애플에서의 카메라 모듈 점유율을 확
대하기 위해 5500억 원의 설비 투자를 합니다. 2021년 하반기에 출
시할 아이폰 신제품 4종 중 3종에 '센서 시프트' 기술이 적용되면서,
이에 대한 수급을 맞추기 위해서입니다. 센서 시프트는 렌즈가 아니
라 이미지 센서를 통해 손떨림을 방지하는 기술인데요. 아이폰 12 시
리즈에선 최상위 모델인 아이폰 12 프로맥스에만 센서 시프트를 탑
재했지만, 차세대 플래그십 모델에는 3종이나 탑재했어요. 현재 애플
의 플래그십 모델에 카메라 모듈을 공급하고 있는 LG이노텍의 이번

투자는 애플의 센서 시프트 확대를 반영한 것이죠.

또 하나의 카메라 관련 모듈이 증가되며, LG이노텍도 호실적이 기대됩니다. LG이노텍의 광학솔루션 부문 매출은 2018년 5조 969억 원, 2019년 5조 4천억 원, 2020년 6조 7700억 원이었고 2020년에는 연 매출 9조 5천억 원을 달성했습니다. 플래그십에 적용되는 이미지 센서가 보급형으로 확대됨으로써 LG이노텍이 연 매출 10조 클럽에 가입할 수 있는 시대가 열린 것이죠.

게다가 시대가 변화하고 카메라의 새로운 기능에 대한 요구가 커지면서 새로운 모듈이 성장할 것으로 예상되는데요. 바로 ToF(Time of Flight) 모듈입니다. ToF 모듈은 피사체를 향해 발사한 빛이 튕겨져 돌아오는 시간으로 거리를 계산해서 사물의 입체감과 공간 정보, 움직임을 인식하는 3D 센싱 부품입니다. ToF 모듈을 통해 생체인증, 동작 인식은 물론 AR, 가상현실 등의 기능을 구현할 수 있습니다. 지금까지 단순히 2차원을 바탕으로 한 평면 사진과 영상을 찍었다면, 이제는 한 화면 안에 물체와 물체 사이에 가상 영상을 추가하는 방식으로 AR 콘텐츠를 빠르게 만들 수도 있습니다.

지금까지는 ToF의 쓰임새가 적어 현재 삼성전자, 화웨이, LG전자 등의 플래그십과 같은 일정 특별한 모델에만 ToF 모듈을 장착했습니다. 하지만 최근 AR 기능과 함께 메타버스에 대한 고객들의 관심이 늘면서 ToF 모듈의 수요가 증가할 것으로 예상되고 있습니다. 그래서 기존 스마트폰 제조사들도 플래그십 모델에만 한정되어 있던 ToF 모듈을 중급기부터 보급기까지 폭넓게 탑재하기로 했죠.

카메라 기능을 강조해온 스마트폰 제조사들이 이제 단순한 카메라로는 차별화가 어려워지면서 ToF를 탑재하는 비중을 적극적으로 확대할 것으로 보입니다. 가상현실이라는 테마에서 오는 고객들의 수요를 오롯이 이어가겠다는 의지가 엿보이죠.

이런 현상은 당연히 이를 양산하는 LG이노텍에도 호재로 작용할 것입니다. ToF라는 고도화된 카메라 모듈이 창작되면, 이는 이노텍의 카메라 모듈 ASP(소프트웨어 임대 서비스) 증가로 이어질 것이고, 이는 LG이노텍의 실적 개선에도 긍정적으로 작용될 것이기 때문이죠.

현재 LG이노텍의 매출액 중 70%는 ToF 모듈 판매 등을 담당하는 광학솔루션 사업부에서 나오고 있습니다. ToF 탑재한 스마트폰 모델이 늘어난다면 광학솔루션 사업부 매출액이 전년보다 20% 이상 성장할 것으로 예상됩니다. 각국에서 5G 상용화가 진행되고 중국 역시도 성장하는 ToF 시장을 섭렵해 샤오미, 오포, 비보 등 중국 스마트폰 제조사도 발빠르게 따라오고 있습니다.

메타버스와 VR뿐 아니라 스마트폰을 기반으로 한 AR 서비스도 증가하면서 앞으로 나올 스마트폰에 ToF를 장착하는 비율도 높아질 전망입니다.

묵묵히 일하고 있는 기판소재와 전장부품

LG이노텍의 고성장은 광학솔루션 부문에만 그치지 않습니다. LG

이노텍의 매출 70%는 광학솔루션 부문에서 가져오고 있지만, 기판소재와 전장부품 역시 영위하고 있는데요. 두 부문에서의 매출이 1조 2400억 원, 1조 1800억 원 수준이라 광학솔루션에 비해 적지만 앞으로가 기대됩니다.

우선 LG이노텍의 기판소재 사업은 상당히 알짜배기 사업입니다. 2020년 LG이노텍의 기판소재 사업 영업이익이 처음으로 3000억 원대를 돌파하며, 영업이익 20%를 기록했는데요. 이는 전년 동기 대비 무려 60.7% 증가한 실적입니다. 영업이익률이 20%대라는 건 실로 대단한 실적인데요. 참고로 이노텍의 가장 큰 매출을 내고 있는 카메라 모듈 사업의 영업이익이 6.6% 수준, LG그룹 전사도 7% 수준인 것을

LG이노텍 기판소재 사업 연간 영업이익률 추이

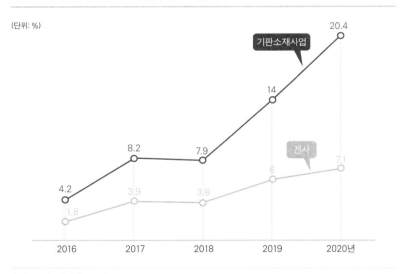

(단위: %)

출처: LG이노텍 사업보고서

고려하면 나름 알짜 사업이죠.

이노텍의 사업 중 하나인 전장부품 역시 주목해야 합니다. 현재 LG그룹은 차세대 먹거리를 전기차 산업 밸류체인으로 삼고 있습니다. 이에 따라 LG에너지솔루션의 배터리 사업, LG이노텍의 전장 사업을 그룹의 주력 사업으로 삼고 지속적인 투자를 아끼지 않고 있죠.

LG이노텍은 세계 최초로 차세대 와이파이 기술을 적용한 차량용 와이파이6E 모듈을 개발했습니다. 운행정보, 멀티미디어 콘텐츠 등을 제어하는 인포테인먼트 시스템과 내부 스마트 기기 및 외부 공유기를 연결하는 근거리 무선 통신부품이죠.

최근에는 차량용 디지털 키 모듈 개발에 성공하며 전장부품 포트폴리오 역시 다각화하고 있습니다. 디지털 키 모듈은 차량에 탑재해 자동차와 스마트폰 간 무선 데이터 송수신을 가능하게 하는 통신 부품입니다. 2022년 양산을 목표로 국내를 비롯해 미국, 일본, 유럽 등 글로벌 완성차 및 차량 부품사를 대상으로 프로모션 활동을 적극 추진하고 있죠.

글로벌 전장 시장 규모는 2019~2020년 1070억 달러에서 2030년이면 2110억 달러, 우리 돈 235조 원 규모로 2배 이상 성장할 것으로 보입니다. 그만큼 전장부품 사업은 이노텍 자체적으로도 광학솔루션 부문의 뒤를 이을 신성장동력으로 성장할 가능성이 있습니다. 현재 LG이노텍의 포트폴리오인 광학솔루션, 기판소재, 전장이 회사에 새 시대를 열어줄 든든한 기반인 것이죠.

암호화폐

미국과 중국이
암호화폐를 견제하는 이유

　현재 세계 기축통화 역할을 하고 있는 것이 미국의 달러입니다. 하지만 2020년에 시작된 코로나19로 인한 경제쇼크는 미국 달러의 가치를 떨어뜨리는 씨앗이 됩니다. 코로나19로 인해 침체된 경제를 살리기 위해 미국이 경기 부양책의 일환으로 막대한 양의 달러를 시장에 풀었기 때문인데요. 화폐의 가치는 통화량에 영향을 많이 받습니다. 미국이 실행한 경기부양책은 세계 증시가 무너지는 것을 막았지만, 다른 한편으로는 달러 가치의 하락을 이끌고 맙니다. 사상 최저인 0%대 수준의 금리와 국채로 시장은 불안정해졌고, 결국 미국 달러의 가치를 보여주는 달러 인덱스가 한때 90 수준까지 떨어지기도 했습니다.

　시장에 풀린 막대한 돈은 대부분 한곳으로 쏠렸습니다. 바로 증권 시장입니다. 사람들은 임시방편으로 시장에 풀린 돈을 증시에 투자했죠. 이를 방증하는 것이 바로 버핏지수입니다. 1부에서 설명했듯 버핏지수는 워런 버핏이 착안한 지표로, 명목 GDP 대비 주식시장 시가총액 비율입니다. 70~80% 수준이면 저평가, 100% 이상이면 버블로 해석하죠.

　2020년 코로나 직후 미국은 버핏지수가 200%를 상회하는가 하면, 우리나라도 사상 최초로 120%를 돌파했습니다. 유동성이 자산 시장으로 유입돼 세계 GDP 대비 주식 시장의 시가총액은 금융 위기 이후 최고치를 달성했죠.

　하지만 증시도 시장에 풀린 돈이 잠시 몰릴 수 있는 궁여지책일 뿐, 떨어지는 화폐 가치에 대한 완벽한 대응책이 되진 못합니다. 경기 부양책으로 시장에 돈을 푼 정책이 있었다면, 반대로 이를 흡수하는 정책이 이어질 것이기 때문입니다.

　앞에서 언급했듯이 미국의 소비자 물가지수 상승률은 2021년 4월 4.2%, 7월 5.4%, 11월 6.8%를 기록했습니다. 12월은 7.0%로 약 40여 년 만에 소비자 물가지수가 7% 상승했습니다. 이대로 가만히 두었다가는 20% 이상의 인플레이션이 발생하는 것은 불 보듯 훤한 일이기 때문에 각국 정부는 시장에 풀리는 돈을 흡수하는 테이퍼링 정책을 실시해야 합니다. 자연스럽게 증시에 풀렸던 돈 역시 다시 흡수되면서 증시 하락은 불 보듯 뻔하고요.

시장이 어지러울 때마다 암호화폐가 주목받는 이유는?

하지만 이를 받아들이는 시민들의 입장은 어떨까요? 이렇게 화폐의 가치가 일정치 못하고 정부의 정책에 따라 좌지우지되니, 화폐에 대한 신뢰도가 떨어지고 자산의 가치 변동에 큰 불만을 품게 됩니다.

이처럼 시장이 어지러운 상황에서 각광받은 것이 바로 암호화폐, 대표적으로 비트코인입니다. 코로나로 인한 경기부양책으로 시장에 풀려버린 막대한 돈, 그에 따라 상승하는 부동산과 주식 등의 가격 때문에 내 소득은 일정한데 재테크를 하지 않았다는 이유만으로도 하루아침에 벼락거지라는 말을 듣게 되었죠. 그래서 많은 사람이 중앙정부에 의해 화폐가치가 좌우되지 않는 암호화폐로 몰렸습니다.

배경지식으로 잠깐 암호화폐에 대한 이야기를 하고 갈게요. 암호화폐는 2009년 사토시 나카모토라는 익명의 인물에 의해 발행되었습니다. 암호화폐는 통화량이 일정하며, 블록체인 기술을 통해 화폐의 신뢰성을 보장하죠. 그래서 세계가 경제위기를 맞이할 때마다 암호화폐의 가격은 급등하죠. 미중무역분쟁으로 글로벌 경기침체가 왔던 2017년, 코로나19로 세계경기가 어수선했던 2020년 모두 비트코인의 가격은 급등했습니다. 특히나 2020년에는 비트코인 가격이 6만 달러를 돌파하며 사상최고가를 경신해 암호화폐의 새로운 지평을 여는 것만 같았습니다. 하지만 영원히 상승하는 자산이란 없듯이, 비트코인 역시 2022년 1월 10일 한때 3만 9558달러까지 하락해 2021년 8월 5일 이후 최저가를 기록하기도 했습니다.

암호화폐의 단점을 꼽으라면 수없이 많습니다. 불안정 자산이기에 자본이 조금만 유입되어도 요동치기 쉽습니다. 2017년과 2020년 급등세를 이어간 반면 2021년 하반기부터 하락세를 유지하며 높은 변동성을 보이고 있습니다. 때문에 투자자산으로서 위험이 매우 큽니다. 또한 화려한 가격 변동성과 달리 현실에서 가상화폐의 쓰임새가 매우 제한적이죠. 재닛 옐런 미 재무부 장관은 암포화폐는 주로 자금세탁이나 마약거래 등 불법적 용도에 쓰이는 수준이라고 암호화폐에 대한 신뢰 문제를 꾸준히 제기하기도 했습니다.

게다가 비트코인 같은 메이저 암호화폐가 있는가 하면, 기술적 취약점 등이 검증되지 않은 암호화폐들이 파생하고 있는 것도 사회 문제로 떠오르고 있습니다. 암호화폐 시장을 흔들었던 몇몇 코인들이 세력에 의해 큰 손실을 내는 경우를 뉴스에서 쉽게 볼 수 있었죠. 그래서 투기 및 사기 등을 막기 위해 암호화폐 거래소들은 사업의 지속 가능성이 불투명한 코인을 주기적으로 골라내 '상장폐지' 조치를 취하고 있죠. 그럼에도 불구하고 일부 코인은 상폐가 이뤄지기 직전에도 극심한 등락을 보이며, 도박에 가까운 변동성을 보입니다.

그렇다면 암호화폐는 결국 도박인 것인가? 이런 의문이 듭니다. 하지만 그렇다면 비트코인에 자본이 몰리는 현상이 설명되지 않습니다. 비트코인도 그저 더 큰 규모의 암호화폐일 뿐이고, 만약 이것이 도박이라면 세계적인 글로벌 기업들이 이것을 매수할 이유가 없거든요. 암호화폐의 가치를 정확히 알기 위해서는 현재 자본주의 사회에서 사용되는 화폐와 암호화폐를 비교해야 합니다.

우선 화폐가 단순히 종이와 숫자가 아니라 진정 화폐로서의 가치를 갖기 위해선 크게 3가지가 필요합니다. 바로 '제한된 공급'과 '신뢰' 그리고 '활용처'입니다. 예를 들어 미국 달러가 세계 기축통화로서 역할을 할 수 있는 이유는 미국이란 국가에서 달러의 공급을 관리하고, 세계 최대강국의 화폐라는 신뢰가 있기 때문이죠. 그리고 세계 어느 곳에서나 사용할 수 있는 활용처가 있습니다.

현재의 암호화폐는 블록체인 시스템을 근간으로 채굴되고 그 수가 정해져 있으므로 공급이 제한적으로 이뤄진다는 점에서는 화폐로서의 가치에 부합합니다. 하지만 신뢰와 활용처 면에서는 명확한 답을 내기 어렵죠. 그래서 가상화폐 거래소에 상장된 수많은 코인이 사업계획서를 통해 이런저런 활용처를 주장하지만 이를 진심으로 받아들이는 투자자도 없고, 변동성 속의 도박으로 변질되는 일이 발생하고 마는 것입니다.

하지만 암호화폐가 신뢰와 활용처를 얻을 수 있게 된다면 어떻게 될까요? 암호화폐의 가치 그대로 가상세계에서 사용할 수 있다면 어떻게 될까요? 요즘 암호화폐의 신뢰와 활용처를 보완해줄 수 있는 한 가지 해법이 등장했습니다. 바로 앞에서 살펴본 메타버스입니다.

메타버스는 현재 새로운 경제 시대를 열었습니다. 가상세계 내에서 콘서트나 영화제를 열고, 선거운동을 하고, 심지어 부동산을 사고파는 등 현실세계 못지 않은 경제세계를 구축해놓았죠. 그런데 '가상세계에서 벌어지는 경제활동에서 화폐는 무엇을 이용할 것인가?' 하는 문제는 아직 정립되지 않았습니다. 통합된 가상 공간에 모인 유저들이 매번 신용카드를 통해 각국의 화폐로 결제할까요? 이런 불편함과 통합되지 않은 경제 흐름은 메타버스에 전혀 어울리지 않습니다. 따라서 보다 진일보한 메타버스 경제 구축을 위해 암호화폐가 활용될 것으로 전망됩니다.

가상세계에서 가상의 화폐로 거래를 한다는 가설이 다소 어불성설처럼 느껴질 수도 있지만, 알고 보면 우리는 비슷한 경험을 오래전부터 해왔습니다. 바로 1998년 출시된 엔씨소프트의 〈리니지〉라는 게임에서요. 출시된 지 20년이 넘었지만 아직도 이용자들은 이 게임 속에서 수천만 원에서 수억 원까지 결제합니다. 그리고 게임머니를 통해 월급의 몇 배에 달하는 수익을 얻기도 합니다. 일종의 게임을 통한 경제활동을 하고 있는 것입니다.

나온 지 20여 년이 지난 〈리니지〉의 게임머니가 화폐가치와 교환되고 신용할 수 있는 이유는 바로 신뢰입니다. 게임 운영사의 제한된 게임머니 공급, 게임 내 아이템 구매에 사용할 수 있는 사용처 등 화폐로서의 역할을 현실세계만큼 충실하게 수행하고 있기 때문이죠. 실제로 이런 리니지의 게임머니와 아이템은 현실 재판에서 재산으로 인정된 사례가 있습니다. 즉 〈리니지〉의 세계는 '게임'이라는 가상세계에서 '게임머니' 가상화폐가 화폐로서 가치를 가질 수 있는 사례를 보여준 것이죠.

게임을 통해 교훈을 얻은 데다가 암호화폐 같은 가상화폐들의 사용처가 메타버스 세계로 대두되면서, 최근 게임사들이 가상화폐와 메타버스를 연계한 게임 및 플랫폼 사업에 뛰어들고 있습니다. 대표적인 사례로 〈미르의 전설〉 시리즈로 중국 시장을 평정한 위메이드인데요. 위메이드는 블록체인 자회사인 위메이드 트리를 통해 블록체인 게임 〈버드토네이도〉와 〈재신전기 포 위믹스〉 등 2종을 글로벌 시장에 출시했습니다.

한빛소프트도 최근 메타버스 사업 등을 영위하겠다며 130억 원 규모 전환사채를 발행했고, 새로운 모습으로 부활한 싸이월드 역시 메타버스 플랫폼으로 재탄생을 예고했죠. 게임이나 플랫폼을 통해 유저들을 끌어모아 암호화폐에 실제 가치로 부여하며 좀처럼 쓸 곳이 없는 다른 코인들과 차별성을 만드는 것입니다.

물론 현재 우리나라는 사행성을 이유로 가상화폐를 게임머니로 활용하는 게임 자체를 불법으로 규정하고 있습니다. 하지만 최근 특금법 시행으로 암호화폐의 법적 지위가 인정되고 있고, 화제가 되었던 비트코인을 국가가 매각해 엄청난 수익으로 국고에 환수하는 일도 있었죠. 이제는 암호화폐도 이제 하나의 재산으로 인정되고 있는 것입니다.

달러의 대안이 생기는 것을 바라지 않는 미국

그렇다면 암호화폐는 탈중앙화에 성공하고, 미래에 메타버스 세계에서 안정적인 화폐로 인정받는 창창한 미래만 있을까요? 아닙니다. 유념해야 할 사실이 있습니다. 암호화폐가 앞으로 꾸준히 가격이 오르며 '디지털 세계의 금' 역할을 유지할 것인가 하는 질문을 던진다면 다소 회의적인 답변을 내놓을 수밖에 없습니다. 왜냐하면 지금 암호화폐의 가치 상승을 미국이 썩 탐탁치 않아 하기 때문입니다.

왜 미국이 암호화폐를 싫어하는지, 왜 계속 암호화폐의 가치를 떨어뜨리려 하는지 이유를 알기 위해서는 우선 암호화폐의 탄생 목적을 곱씹어봐야 합니다. 암호화폐는 어디까지나 탈중앙화, 즉 화폐 가치가 정부권력에 의해 통제되지 않는 것을 목적으로 만들어졌습니다. 그래서 비트코인 같은 암호화폐들은 현재 통용되고 있는 달러, 위안, 파운드와 같은 국가별 중앙은행에서 관리하는 통화와는 달리 소속된 국가도 없고 환전 역시 필요 없죠.

이러한 암호화폐가 미국 입장에서는 달갑지 않습니다. 세계 기축통화 역할을 하고 있는 미 달러에 위협이 될 수 있기 때문인데요. 현재 세계 중앙은행의 외화보유고 구성 중 2019년 기준 미국 달러가 61.8%로 제일 많으며, 현재 미 달러는 세계 기축통화로서의 아직까지는 역할과 입지를 공고히 하고 있습니다.

하지만 코로나 쇼크를 달래기 위한 무리한 양적완화로 인해 2020년 한때 달러의 인덱스는 지속적으로 하락해 100을 밑돌았습니다. 미국 달러의 힘이 약화되고 있는 상황에서 달러를 대체할 암호화폐가 떠오르면 세계 통화 주도권이 약화될 수도 있기 때문에 미국이 이를 반가워할 리가 없죠.

그렇지만 대놓고 "우리 미 달러 힘이 약해지는 것 싫으니, 비트코인을 쥐 잡듯이 잡을래요"라고 할 수는 없는 노릇이니, 돈세탁 규제, 불법자금 관리 등 보기 좋은 명분을 내세우며 암호화폐의 세율을 늘리는 정책을 취하고 있는 것입니다.

실제로 미국은 2021년 소득세 인상 이전에도 10년물 국고채 금리를 인상하며, 시장에 풀린 유동성을 달러로 끌어들이며 가상화폐 견제를 이어가고 있어요. 2019년 6월 페이스북이 공표했던 퍼블릭 블록체인 가상화폐 리브라를 개발하려던 계획을 공표했으나, 규제당국은 리브라가 각국의 금융안정성을 해칠 수 있다며 압박했고요. 그 결과 미국 달러와 연동되어 있는 스테이블 코인으로 변경하기로 결정했죠.

약해진 달러, 기축통화 패권을 노리고 있는 중국

미국이 암호화폐와 힘 겨루기를 하며 힘을 빼고 있는 사이, 이 틈을 타 통화 주도권의 빈집털이를 노리고 있는 나라가 있습니다. 바로 중국인데요. 암호화폐 시장의 성장은 현재 미국과 대치하고 있는 중국에게는 오히려 상당히 이점으로 작용하게 됩니다. 왜냐하면 중국이 그간 공격적인 경제성장을 주도했음에도 불구하고 G1으로 올라설 수 없는 결정적인 이유가 바로 화폐이기 때문이거든요. 통화 주도권이 미국에게 있는 한 중국은 유리천장에 갇혀 있는 것과 마찬가지입니다.

세계 GDP에서 중국이 차지하는 비중은 16%로 24%인 미국에 이어 2위입니다. 하지만 국제 통화의 비중은 2%에 불과합니다. 공산당 고위간부가 아닌 이상 알 수 없는 중국 인민은행의 위안화 발행 기준, 자유롭지 못한 거래 때문에 투자자들이 기피하면서 위안화는 중국의 GDP 대비 기축통화의 역할은 상당히 저평가되어 있습니다. 지금에 와서 발행 기준을 투명화한다 한들 달러라는 신뢰와 안전성이 평가되는 화폐가 있는데 주변국들이 굳이 위안화를 사들일 이유도 없죠.

중국의 입장에서는 미국과의 세계무역분쟁, 일대일로, 세계경제패권에 대한 경쟁을 이어가고 있는 상황에서 통화에 대한 주도권을 쥐지 못한 것이 아쉽겠죠. 그래서 이에 대한 해결책으로 내놓은 것이 바로 암호화폐 시스템입니다. 국가 주도로 디지털 위안화로의 전환을 시도하며 미국의 통화 주도권에서 벗어나려고 하는 것이죠.

2020년 10월 중국은 중앙은행이 관리하는 디지털 화폐(CBDC)의 일종인 디지털 위안화를 발행합니다. 게다가 비트코인 채굴장의 90%를 폐쇄하며 암호화폐 주도권을 쥐려는 움직임을 보이고 있습니다. 실제로 2021년 중국인민은행은 국제은행간통신협회 SWIFT와 합작법인을 세웠고 홍콩, 태국, 아랍에미리트와 CBDC 사용 시범 사업을 추진했습니다. 미국 달러 패권의 영향에서 벗어나려는 중국의 전략이 보이죠. 중국이 디지털 위안화 정책을 통해 달러라는 유리천장을 깨고 세계 경제 패권을 손에 쥘 수 있을지 귀추가 주목됩니다.

3

경기

조선 / 철강 / 건설 / 석유화학

현대미포조선

중국에 1위를 빼앗긴
우리 조선의 위기와 미래

2000년대에 대한민국의 조선이 세계 패권을 장악했다는 뉴스를 많이 들었을 것입니다. 당시 세계무역경제의 활성화, 중국경제의 급속한 성장으로 인한 무역 규모 확대, 일본의 조선 산업 중단으로 조선 산업의 수요가 한국으로 흡수되면서 급성장할 수 있었습니다. 전 세계 조선 주문량의 35~40% 정도를 한국이 담당했을 정도로 2000년대 초반에는 조선 산업이 활황이었습니다. 수출에서 조선 산업 비중이 2000년 4.8%에서 2009년 무려 11.7%까지 증가했을 정도니까요. 하지만 이러한 영광은 오래가지 않습니다. 2010년부터 수출액 비중과 절대적인 수출액이 동시에 감소하더니 2011년을 정점으로

서서히 하락 추세를 보이기 시작한 것이죠. 왜 하락하기 시작했을까요?

　2000년대에 우리나라의 경제적인 흐름이 좋다가 갑자기 큰 변곡점을 맞는 경우에는 크게 두 가지로 유추할 수가 있습니다. 하나는 2008년 리먼브라더스 사태로 시작된 글로벌 금융위기, 다른 하나는 중국의 국가주도산업 육성정책입니다. 조선의 경우에는 안타깝게도 이 두 가지의 변곡점에 모두 영향을 받게 되는데요. 2008년 리만브라더스가 쏘아올린 글로벌 금융위기로 세계 조선 수주량을 급감합니다. 2008년 전년 동기 대비 −40%, 2009년에는 −68.6%로 조선 수주량이 감소하죠. 절대적인 발주량 자체가 감소하면서 조선 산업의 침체가 시작되었습니다. 하지만 결정타를 날린 것은 바로 중국의 조선 산업 진출입니다.

　중국은 2007년 조선 산업 중장기 발전 정책을 펴며, 중국 자국 내 조선 산업 성장을 위해 기술개발과 금융 등에서 강력한 지원책을 폈습니다. 국영은행인 중국수출입은행은 중국 조선소에 발주하는 선주에게 선수금의 90%가량을 대출해주는 획기적인 조건을 내거는가 하면, 중국 정부 자체적으로 외국 선주 발주 물량을 끌어다줘서 2009년 당시 2012년까지의 일감을 미리 채워놓는 등 공격적인 수주 전략을 펼쳤죠. 이 같은 전략은 꽤나 성공적이었습니다. 리만브라더스 사태 이후 세계적인 조선 발주 가뭄에도 불구하고, 이란의 국영 석유회사로부터 초대형 유조선 6척을 수주에 성공했으니 말입니다. 중국은 조선업계의 라이징스타로 급부상했고 10년 동안 조선 산업

부동의 1위를 지키던 우리나라는 2009년부터 중국에게 1위 자리를 내어주기 시작했어요.

한국 조선에 시간을 벌어준 '해양플랜트'

우리나라의 조선 산업은 리만브라더스의 레프트 훅, 중국의 라이트 훅을 맞은 셈이에요. 조선 산업 자체가 축소되고 경쟁자가 등장하면서 한국의 조선 산업이 이제는 끝나는 것은 아닌가 하는 생각이 들기도 했죠. 하지만 이렇게 한국의 조선 산업이 침체할 때 조선 산업을 구해줄 한 줄기 빛이 혜성처럼 등장합니다. 바로 2011~2012년에 유가가 치솟기 시작했던 것이죠. 그러면서 대형 조선업계들이 해양플랜트 사업에 진출해요. 사실 심해 석유를 시추하는 경우 배럴당 80달러 이상의 원가가 들기 때문에 유가가 낮을 때는 채산성이 맞지 않아 시도하기가 매우 어렵습니다. 석유를 파면 파낼수록 적자니까 수지타산이 맞지 않는 거예요. 그런데 2010년 이후 100달러 이상의 고유가가 지속되니, 석유 메이저사들은 본격적으로 심해석유 개발에 뛰어들었고 해양플랜트 설비를 시공할 수 있는 한국의 빅 3 조선소에 대거 해양플랜트 공사를 발주하기 시작했습니다.

고유가로 인해 뜻하지 않게 해양플랜트 공사 발주가 크게 늘어나자 한국의 빅 3 조선업체들은 위기 돌파 전략으로 해양플랜트 사업에 자본을 투입했습니다. 해양플랜트 공사의 경우 일반 상선 건조보다 공사금액이 매우 크기 때문에, 다행히 조선업의 부진 속에서도 버틸 체력을 기를 수 있게 되었죠. 그래서 중국의 조선 산업 침공에도 불구하고 2010년 이후 우리나라 조선업체들의 매출액이 크게 증가할 수 있었습니다.

중소형 조선소의 속사정과 미국 셰일가스의 나비효과

하지만 해양플랜트 수주는 기본적으로 대형 조선소에만 해당하는 이야기입니다. 규모가 영세한 중소형 조선소에게 해양플랜트는 진행하기 어려운 사업이었죠. 안타깝게도 해양플랜트의 활성화는 중소형 조선소의 침체까지 벗어나게 해주지 못했습니다.

잠깐 중소형 조선소에 대한 이야기를 한번 해볼게요. 중소형 조선소의 경우 중국의 침공에 더욱 타격을 심하게 받았습니다. 2000년대 중반부터 조선소가 사상 최고의 호황을 누리기 시작하자 한국과 중국은 우후죽순처럼 조선소를 짓기 시작했습니다. 하지만 불행하게도 조선소를 건립한 후 가동하기 시작할 때 세계 조선업의 경기침체와 맞물리는 바람에 중소 조선소들은 위기에 직면하고 말죠. 특히 중국 조선업체들과 부가가치가 낮은 벌크선이나 중소형 탱커, 컨테이너 등을 놓고 경쟁하다 보니, 선박 가격이 하락하면서 채산성은 크게 악화되고 맙니다.

설상가상으로 2009년 은행들이 중소기업들을 대상으로 환헷지 상품인 키코(KIKO)를 대거 팔았는데, 많은 중소형 조선소가 2009~2010년 동안 원화가치 하락으로 선박수출 대금에 대해 막대한 피해를 입게 되면서 생존이 더욱 어려워지게 되었습니다. 결국 많은 중소형 조선소가 부도, 법정관리, 폐업, 매각 등의 구조조정을 하지 않을 수 없는 지경에까지 내몰렸죠.

시간이 지나자 대형 조선사들의 상황도 악화되었습니다. 앞서 대형 조선업체들은 위기돌파 전략이 고유가에 기반을 둔 해양플랜트 사업이라고 말했죠? 하지만 안타깝게도 해양플랜트 산업은 오래가지 못했어요. 2014년 중반 이후 미국발 '셰일가스 혁명'이 발생한 것이죠. 고유가로 인해 셰일가스에 대한 수지타산이 적정치로 돌아섰고, 셰일가스 기술이 급격하게 발전해 채굴 비용이 배럴당 70달러 이하로 낮아지면서 셰일가스 개발 붐이 불기 시작했습니다. 셰일가스가 대규모로 개발되며 유가가 하락했고 이 때문에 고비용의 심해 유전 개발에 대한 수요가 감소하고 말죠. 결국 부진한 조선 수주의 대안책으로 꼽혔던 해양플랜트 부문 역시 일단락되며, 다시 상선 부문으로 재도약을 해야할 상황에 직면하고 맙니다.

LNG선의 대호황, 부활하는 K-조선의 신호탄

그렇다면 과연 한국의 조선업에 미래는 없는 것일까요? 아닙니다. 2020년부터 시작된 IMO 2020 규제로 선박에도 친환경 바람이 불면서 한국 조선 산업에 봄바람이 불고 있는데요. IMO 2020은 국제해사기구 IMO가 2020년 1월 1일부로 도입한 규제로 선박 운행 시 배출하는 유황가스를 0.5%로 제한하는 것입니다.

그중 주목해야 할 배는 대표적인 고부가선이자 높은 기술력을 요하는 LNG선입니다. IMO 2020이 발효되면서 글로벌 에너지 수요가 원유에서 가스로 옮겨가고 있는데요. 이에 따라 LNG선 발주가 늘어나고 있습니다.

기존의 선사들은 IMO 2020에 대비하기 위해 선박 연료를 저유황 연료로 사용하거나, 탈황장치(스크러버)를 장착하거나, LNG 등을 연료로 사용하는 선박을 사용해야 합니다. 바로 이 LNG를 연료로 사용하는 선박 제작에 한국 조선사들이 강점을 가지고 있어요. LNG선의 경우 중국이 저가경쟁으로 수주하고 있는 일반적인 벌크선이나 중소형 탱커, 컨테이너선과 달리 기술력이 필요한 선박입니다. 때문에 아직까지 LNG선 분야에서는 한국이 중국보다 앞서 있습니다. 2018년 기준으로 연간 전체 발주된 LNG선 중 94%를 한국 조선업체에 수주했을 정도니까요.

LNG선으로 재도약을 앞둔 국내 조선업에서 현대미포조선의 상황은 어떨까요? 먼저 현대미포조선의 주력 선종을 확인해야 합니다. 현대미포조선은 석유화학제품 운반선과 중형 컨테이너 운반선, 자동차 운반선 등을 중심으로 LPG운반선, 자동차 운반선, 컨로(CON-RO)선, 해양작업운반선(PSV), 아스팔트 운반선, 석유 시추선, 케이블 부설선 등 고부가 특수 선박 시장에 강점이 있습니다. 특히 중소형 조선 시장에서의 경쟁력 우위를 가지고 있어 정가 수주를 둘 수 있었고, 대형 조선사가 적자를 보일 때도 꾸준히 흑자를 유지할 수 있었죠.

중국 조선소의 공격적인 수주로 인해 현대미포조선 역시 다른 조선사들과 마찬가지로 수익화에 어려움을 겪기도 했습니다. 양쯔장 조선소 등 중국의 중형선박 조선사들에서 현대미포조선의 주력 건조 품목인 MR탱커를 현대미포조선의 수주 가격대인 3500~3600만 달러보다 낮은 3200~3300만 달러에 수주했기 때문이죠.

이런 상황에서 현대미포조선 역시 사업다각화를 통해 현재의 상황을 타개하고 있습니다. 독일 선사 베른하르트 슐테(Bernhard Schulte)와 손을 맞잡고 네덜란드 로열 더치쉘(Royal Dutch-Shell)과 프랑스 토탈(Total)이 발주할 LNG 해상급유선 수주를 준비하고 있고, 2019년 11월 LNG 벙커링선을 수주하며 본격적인 사업 다각화의 신호탄을 쏘아올렸죠.

현대미포조선이 LNG 관련 선박 건조에 진출한 것은 '반복건조' 효과를 거스른다는 측면이 있습니다. 반복건조 효과란 한 선박을 연속해서 건조함으로써 작업자들의 숙련도가 높아지고 설계 기간을 최소화되면서 수익성이 높아지는 효과를 말하는데요. 이 때문에 영업이익률은 5%에 미치지 못하고 있죠. 하지만 IMO의 환경규제 및 중국의 LNG 수요로 인해 LNG는 차기 조선업을 이끌 새로운 먹거리로 떠오르고 있습니다. LNG 해상급유선과 소형 LNG운반선을 수주해 선박 종류를 늘리고 LNG 추진선의 발주 증가세에 따라 파생되는 새로운 시장을 공략하는 것이 가능하기에, 단기적으로는 영업이익률이 하락할지 모르지만 중장기적 관점에선 지속가능성을 영위할 수 있다는 전략입니다.

우리는 조선업계의 왕관을 중국으로부터 다시 찾아왔습니다. 새로 떠오르고 있는 신시장 개척을 통해 앞으로도 계속 '조선' 하면 대한민국이 떠오르는 시대를 이어가길 바랍니다.

대우조선해양

선박도 친환경 시대,
암모니아로 배가 움직인다?

　세계 조선 시장의 규모는 얼마나 될까요? 보통 3000만 CGT 내외로 매년 발주량이 결정됩니다. 여기서 잠깐, CGT가 뭐냐고요? 끝에 T가 들어가니까 톤(ton)을 의미하는 것 같긴 한데, 이것에 대해 잠깐 설명할게요. 배를 수주했다는 표현에는 몇 가지 표현이 있습니다. ① 배 몇 척을 수주했다. ② 총 몇 GT 분량의 건조량을 확보했다. ③ 총 몇 CGT를 수주했다.

　①의 경우에는 말 그대로 수주한 배의 척 수를 기준으로 한 것이고, ②는 척 수로만 비교하면 큰 배와 작은 배의 구분이 안 되기 때문에 배의 무게로 표현한 것이죠. ③은 배의 무게에다 건조 난이도,

즉 고난이도의 기술이 들어간 것을 감안해 일정 비율을 곱해서 환산한 톤 수입니다. 그래서 일반적인 척 수나 무게보다는 CGT를 통해서 조선 시장 규모를 파악하는 것이 훨씬 정확하죠. 뭐 살면서 몇 번이나 쓸 일이 있겠냐 싶다만, 조선업에 관심이 있는 분들이라면 알아두는 것도 좋겠습니다.

본론으로 돌아와서, 세계 조선 시장은 3000만 CGT와 1000억에서 1500억 달러, 우리 돈 약 110조 원에서 150조 원에 가까운 큰 시장 규모를 형성하고 있습니다. 하지만 2020년에는 조선업도 코로나의 여파를 피해 가지 못했습니다. 영국의 조선해운시황 분석업체 클락슨 리서치에 따르면 세계 조선 시장은 코로나19의 영향으로 발주량이 2019년 2910만에서 2020년 1924만 CGT 수준으로 전년 동기 대비 66% 수준으로 감소했습니다. 코로나로 인해 비정상적인 조선업의 침체가 지속됐고 국제유가가 낮은 수준에서 유지되는 바람에, 노후선 선주들의 관망세가 지속되고 잠재수요가 신규 발주로 이어지지 못했기 때문이죠.

코로나19로 인해 세계 조선 산업이 침체할 때, 다행히 한국은 이 기회를 발판 삼아 다시 떠오를 수 있었습니다. 2020년 기준, 우리나라 조선 산업이 세계 발주량 점유율 43%를 차지하며 2년만에 중국을 따돌리고 다시 조선강국의 위상을 되찾았습니다.

국가별 누계 수주 실적을 보면 한국 819만 CGT, 중국 793만 CGT, 일본 137만 CGT로 약 2% 차이로 중국을 따돌리며 다시 1위의 자리를 탈환했죠. 2021년 1분기에는 전 세계 발주량 1024만 CGT

중에서 한국이 무려 532만 CGT를 넘깁니다. 전년 동기 대비 수주량은 9.7배로 약 10배가 뛰었고, 수주 점유율도 14%에서 52%로 훌쩍 뛰었죠.

우리나라 조선업계가 중국을 따돌리고 대량 수주를 하게 된 배경엔 여러 가지가 있지만 가장 큰 이유는 기술력입니다. 앞서 말했듯 중국은 국가 주도로 공격적인 수주 정책을 펼치면서 조선 산업이 빠르게 성장할 수 있었습니다.

그런데 중국은 가격경쟁력 면에서는 한국보다 우위에 있었지만 기술력에선 부족한 점이 많았습니다. 2017년 9월 CMA CGM이 중국 선박공업(CSSC)에 발주한 LNG 추진 초대형 컨테이너선은 장기간 인도 지연 등으로 납기를 못 맞추는가 하면, 2018년에는 중국의 후동중화조선이 건조한 LNG선 글래드스톤호의 엔진이 고장나서 폐선 처리가 되는 일까지 있었죠.

그나마 조선의 대체재인 일본 역시 미쓰비시중공업이 건조한 MOL사 8110TEU급 컨테이너선 또한 2013년 인도양 해상에서 선체 중앙부로 두 동강난 사건도 있을 정도로 우리나라에 비해서 많이 부족한 상황입니다.

반면 우리나라는 싱가포르 EPS 사가 발주한 LNG 추진 초대형 컨테이너선을 현대중공업이 예정된 일정보다 빨리 인도했습니다. LNG 추진 초대형 컨테이너선을 만든 건 세계 최초였어요. 경쟁국인 중국과 일본에 비해 우리나라의 기술력이 아직 높다는 거죠.

IMO 2020의 시작과 선박이 마주한 변곡점

앞에서 IMO 2020 이야기를 했었죠? 2020년 1월부터 IMO(국제해사기구)의 규제 강화에 따라 모든 선박은 황 함량이 0.5% 미만인 해양 연료를 사용해야 합니다. IMO의 조치는 현행 3.5%의 황 함량 상한선을 대폭 강화한 것으로, 2021부터 IMO 2020이 발효됨에 따라 선사들은 기존에 사용하던 저렴한 고유황유(Heavy Fuel Oil, HFO) 대신 상대적으로 비싼 저유황유를 쓰거나 '스크러버'라고 불리는 탈황장치를 설치해야 합니다.

고유황유의 가격이 저유황유에 비해 톤당 무려 30% 이상 비싼 반면, 스크러버는 설치 비용은 60억 원밖에 되지 않고 한번 설치하면 가격이 저렴한 벙커C유를 계속 사용할 수 있어요. 스크러버에는 개방형과 폐쇄형이 있는데, 세계 최대의 선급협회 DVN GL에 따르면 2019년에 스크러버를 설치한 선박 3266척 중 2625척, 약 80.37%가 개방형을 채택한 반면, 폐쇄형을 설치한 선박은 65척, 약 2%였다고 합니다.

그런데 폐쇄형 스크러버의 경우 화학 세정제를 지속적으로 투입해야 하므로 입항하는 국가에 해양오염을 일으킬 수 있다는 문제가 제기되었습니다. 그래서 미국, 프랑스에 이어 오만 정부도 스크러버가 설치된 선박의 입항을 금지하기로 하면서, 스크러버는 임시방편에 불과하게 되었습니다.

스크러버 이슈가 장기화될 경우에는 LNG를 연료로 사용하는 선박이 확실한 대안으로 떠오를 것입니다. LNG선은 비록 일반 선박의 건조 비용보다 30%가량 비싸지만, 유가의 가격이 낮아질 경우 LNG 가격 역시 하락하므로 가격 경쟁력을 확보할 수 있고, IMO의 추가 규제로부터 자유롭다는 장점이 있습니다. 코트라는 2025년 세계 선박 시장의 60.3%(1085억 달러)를 LNG선이 차지할 것으로 전망하기도 했죠. 따라서 조선업계에서는 LNG선 발주가 늘어날 것으로 기대하고 있습니다. 선박에도 불어닥친 친환경 바람은 우리나라 조선업계의 미래 전망을 밝혀줄 수 있는 패러다임 전환인 거죠.

　IMO 2020이 황산화물 배출 감축에 초점을 맞추고 있다면, 최근 제정되고 있는 IMO2030은 선박의 이산화탄소 배출량 절감을 목표로 하고 있어요. 2030년까지 2008년 대비 선박 탄소 배출량의 40%를 줄이는 것을 목표로, 이제 선박은 황산화물뿐만 아니라 이산화탄소까지도 감축해야 하는 상황에 놓인 것이죠. 현재 운용되고 있는 배들 역시 언젠가는 모두 친환경으로 옮겨가야 한다는 뜻입니다. 그런데 여기서 의문이 듭니다. 자동차야 이산화탄소 배출 절감을 위해 내연기관에서 전기차로 옮기고 있다고 하지만, 과연 선박도 그게 가능할까요? 그토록 커다란 배에 배터리를 달아서 움직이는 것은 불가능할 것 같은데, 마땅한 새 에너지원이 쉽게 떠오르지 않아요.

암모니아로 움직이는 친환경 선박 시대

제 걱정과는 다르게 이미 선박의 친환경 바람을 가속화해줄 기술
이 개발되고 있습니다. '암모니아'를 원료로 배를 움직이는 '암모니아
선박'이 새롭게 친환경 선박의 형태로 떠오르고 있어요.

암모니아는 질소 원자 하나와 수소 원자 3개가 결합한 물질입니다.
석유처럼 태워서 열을 발생할 수도 있고, 수소처럼 연료전지에서 산
화시켜 전기를 만들 수도 있는 특징을 지니고 있습니다. 탄소가 없
다는 특징 때문에 연소시켜 에너지를 얻어도 이산화탄소가 발생하
지 않는다는 장점도 지니고 있죠. 암모니아의 에너지 밀도는 리튬 이
온 배터리의 10배나 되고, 액체 상태로 실을 수도 있어 효율 면에서
도 우수해요. 미국선급협회는 2050년까지 암모니아와 수소가 선박
의 화석연료를 가장 많이 대체할 것이라고 예측하기도 했습니다.

조선업계에 친환경이 불면서 암모니아 추진 선박은 현실로 다가오
고 있습니다. 삼성중공업은 2024년 상용화를 목표로 2019년부터 말
레이시아 선사 MISC, 독일의 선박 엔진 제조사인 만 에너지 솔루션,
영국 로이드 선급과 함께 암모니아 추진 선박을 개발하고 있어요. 현
대미포조선과 대우조선해양도 2020년 로이드 선급에서 암모니아 추
진 선박에 대한 기본 인증을 획득하며 2025년에 상용화를 목표로
하고 있죠.

물론 암모니아 추진 선박이 상용화되려면 여러 난관을 넘어야 합
니다. 암모니아에도 마냥 장점만 있는 건 아니거든요. 우선 암모니아

를 제조하는 과정에서는 많은 이산화탄소를 배출한다는 단점이 있습니다. 현재 암모니아 제조 공정은 20세기 초 개발된 하버-보수법을 사용하고 있습니다. 이 방법으로 암모니아를 만들 때 고온, 고압 조건을 맞추기 위해 많은 에너지를 소비합니다. 여기서 나오는 이산화탄소의 양이 전 세계 방출량의 무려 1.8%를 차지해요. 아무리 암모니아가 청정에너지로 각광받고 있어도, 만드는 과정이 청정하지 못하다면 빠른 상용화를 기대하기가 어려운 것입니다.

그래서 현재 과학자들 사이에서 가장 진일보한 기술로 평가되고 있는 것이 바로 청정 암모니아 제조 기술입니다. 암모니아가 제조 과정 중에 이산화탄소를 많이 배출하는 점을 고려해 신재생에너지만으로 암모니아를 제조하는 기술을 연구하고 있습니다.

방법은 생각보다 단순합니다. 풍력이나 태양광으로 전기를 생산해, 이 전기로 물을 분해해 산소와 수소를 얻습니다. 동시에 공기 중의 산소와 질소도 분리한 뒤에 마지막으로 질소와 수소를 반응시켜 암모니아를 얻죠. 아예 제조 과정에서부터 화석 에너지를 배재하고 순수한 재생에너지만으로 암모니아를 얻는 방법이죠.

세계 주요 선진국들은 이처럼 친환경 방법으로 암모니아를 생산하기 시작했습니다. 일본 후쿠시마 재생에너지연구소는 태양광 발전과 물 분해로 매일 50㎏의 청정 암모니아를 생산하고 있고, 영국 러더포르 애플턴 연구소는 풍력 터빈에서 만든 전기로 매일 30㎏의 청정 암모니아를 만들고 있죠. 세계적인 가상발전소를 세운 호주 역시 최근 300만 달러를 투자해 연간 2만 톤의 청정 암모니아를 생산하는 프로젝트를 시작했습니다. 이처럼 암모니아 생산을 친환경으로 전환하면서 세계 조선 산업의 주도권을 쥐려는 움직임 역시 보이고 있죠.

요컨대, 선박에도 친환경의 바람이 불면서 그에 걸맞는 제반기술 역시 개발되고 있습니다. 내연기관차가 전기차로 전환되기 시작한 것처럼 선박 역시 친환경 LNG, 암모니아 선 등이 떠오르면서 새로운 수요가 창출되리라 기대할 수 있어요. 현재 IMO의 2020, 2030 규제가 진행되고 있는 만큼, 선박들의 교체주기가 다가오면서 재생에너지의 수요가 증가하리라는 거죠. 신재생에너지 선박의 수요를 받을 나라가 바로 우리나라일 것으로 보입니다. 신재생에너지 선박의 경우 높은 기술력이 필요해 아직 기술이 미흡한 중국이나 일본이 이에 대응하기는 어려우니까요. 한국 조선에 대한 높은 신뢰도와 함께 신재생에너지선박의 슈퍼사이클을 고스란히 받아, 조선강국으로서의 위상이 높아지길 기대해봅니다.

현대제철

살아나는 철강 산업, 이를 뒷받침할 매스 커스터마이제이션 (Mass Customization)

철은 우리 삶에서 굉장히 중요한 역할을 하고 있습니다. 우리가 살고 있는 주택이나 건물의 기본 골조부터 교통수단인 비행기, 기차, 자동차까지, 우리 삶에서 필수적인 요소죠. 뿐만 아니라 우리 몸속에 있는 철 3g 덕분에 우리는 생명을 유지할 수 있죠. 철이 없다면 우리가 일상생활에서 누리는 풍요로움은 사라질 것입니다.

이처럼 중요한 철이라는 소재를 우리나라에서는 양대산맥인 현대제철과 포스코가 책임을 지고 있습니다. 국가 경제를 주도하는 국가 기간산업이기 때문에 그 중요성은 이로 말할 수 없죠. 그중 한 곳이 지금부터 소개해드릴 현대제철입니다. 현대제철이 갖고 있는 철강 소재는 한국의 경제 밸류체인에 상당히 큰 역할을 하고 있습니다. 현대제철은 현대자동차그룹의 계열사다 보니 자연스럽게 자동차, 건설, 조선 등의 소재 전문 제철소의 역할을 합니다. 현대자동차의 자동차용 강판, 현대건설의 건축 구조형 H형 철강, 현대중공업과 현대미포조선 등에게는 선박형 후판까지 우리나라 경제성장기에 철의 공급책을 맡으며 자동차, 건설, 조선 등의 산업을 주도적으로 이끌었죠. 현대제철이 현대그룹과 함께 대한민국의 경제를 견인했다 해도 과언이 아닙니다. 일례로 현대자동차가 현대제철에서 받는 자동차 강판 비중이 무려 60%에 달할 정도니까요.

'철'의 역사, 제철의 영업이익률은 왜 낮을까?

2021년 코로나로 막혀왔던 글로벌 기간 투자가 재개되며 유례없는 호황을 맞이했던 철강 산업이지만, 사실 불과 얼마 전까지만 해도 철강 산업의 상황은 좋지 못했습니다. 그 이유는 바로 지속적으로 하락하고 있는 극악의 영업이익률 때문인데요. 2018년 매출 20조 영업이익은 1조 원, 당기순익은 4천억 원, 영업이익률을 약 5% 수준을 유지하다가 2019년 매출 20조 7800억 원 영업이익은 3313억 원으로 66.7% 급감해 영업이익률이 1.5%를 찍습니다. 심지어 당기순익도 256억 원으로 전년 대비 90%가 급감했습니다.

이게 정말 실화인가 싶은데요. 당시 이 같은 실적부진의 가장 큰

전체	연간	분기

주요재무정보	연간					
	2016/12 (IFRS연결)	2017/12 (IFRS연결)	2018/12 (IFRS연결)	2019/12 (IFRS연결)	2020/12 (IFRS연결)	2021/12(E) (IFRS연결)
매출액	166,915	191,660	207,804	205,126	180,234	230,861
영업이익	14,454	13,676	10,261	3,313	730	25,089
영업이익(발표기준)	14,450	13,676	10,261	3,313	730	
세전계속사업이익	11,740	10,813	5,698	517	-5,039	23,441
당기순이익	8,671	7,275	4,080	256	-4,401	17,250

원인은 철광석 가격이 120달러까지 급등했음에도 불구하고 형제 계열사인 자동차와 조선의 눈치를 보느라 자동차용 강판, 조선용 후판의 가격을 못 올렸기 때문이에요. 게다가 건설수요 부진이 심화되면서 현대제철이 주력으로 하는 철근, 형강류 판매가 감소한 것이 원인이었죠.

하지만 여기서 끝이 아니었습니다. 2020년에 코로나19가 발생하면서 글로벌 경기침체가 이어져 자동차 공장 셧다운, 건설부진이 이어지며 매출은 전년대비 12.1% 감소한 18조 원, 영업이익은 730억 원, 당기순익은 -4400억 원이라는 처참한 실적을 맞이하고 맙니다. 지난 5년간 계속 이익이 하락하는 모습을 보이더니, 결국 적자회사로 전환되고 만 것이죠. 이처럼 이익이 감소하는 추세가 되자, 철강의 근본적인 수익구조 악화가 문제로 지적되었고, 현대제철의 위기론이 나오기도 했습니다.

주요재무정보	전체	연간	분기		
		연간			
	2016/12 (IFRS연결)	2017/12 (IFRS연결)	2018/12 (IFRS연결)	2019/12 (IFRS연결)	2020/12 (IFRS연결)
매출액	530,835	606,551	649,778	643,668	577,928
영업이익	28,443	46,218	55,426	38,689	24,030
영업이익(발표기준)	28,443	46,218	55,426	38,689	24,030
세전계속사업이익	14,329	41,797	35,628	30,533	20,251
당기순이익	10,482	29,735	18,921	19,826	17,882

철강의 영업이익 하락 추세는 비단 현대제철만의 문제는 아닙니다. 포스코 역시 2017년부터 영업이익이 지속적으로 하락해서 2020년 영업이익률이 5% 수준까지 내려오고 맙니다.

글로벌 기업들도 상황은 마찬가지입니다. 한때 세계 1위 자리를 지키던 룩셈부르크의 철강 기업 아르셀로미탈은 2020년은 매출 약 533억 달러, 영업이익은 21억 달러로 5% 선을 지키지만 당기순손실은 7억 달러였습니다. 결국 근로자의 20%를 구조조정을 단행하기도 했죠.

하지만 인지하고 있어야 할 점은, 철강 기업들의 실적이 2020년뿐만 아니라 코로나 이전에도 계속 안 좋았었다는 점이에요. 사실 알고 보면 코로나로 인한 단기적인 실적 부진보다는 철강기업들의 수익구조가 더 큰 문제입니다. 그래서 이번에는 이 철강기업들의 눈물 없이는 들을 수 없는 수익구조에 대해 알아보겠습니다.

철강 산업 침체의 두 가지 이유

현재 우리나라 철강 산업은 성장 정체기에 들어와 포화점에 근접해 있고, 산업의 특성상 내수뿐만 아니라 글로벌 비즈니스 사이클의 영향을 굉장히 많이 받고 있습니다.

철강 산업이 침체된 원인으로 손꼽히는 첫 번째는 바로 중국의 철강 산업입니다. 중국은 정부 주도로 철강 산업 육성 정책을 펼치면서 2010년까지 중국에만 수천여 개의 철강 회사가 설립되었어요. 제철소들의 난립은 철강의 공급과잉으로 이어졌죠. 당시 중국의 철강 과잉 공급이 얼마나 심했냐면 2012년에 세계 철강 수요는 11억 1238만 톤인 데 비해 공급량은 15억 4501만 톤으로 무려 4억 톤이 넘는 물량이 과잉 공급됐어요. 이처럼 중국이 세계 철강 시장을 휘저으며 시장 질서를 어지럽혔습니다.

저가의 중국 철강 후유증으로 인해 우리나라 철강 가격도 하락하고 말죠. 물론 중국도 이 같은 상황을 인지하고 급한 대로 저급 철강 설비를 포함해 3억 톤 규모의 낡은 철강 설비를 폐쇄하기도 했습니다. 하지만 이것도 숨 고르기에 불과해 보입니다. 중국이 질적 정비를 완료하면 다시 공급 과잉을 할 것처럼 보이거든요.

철강 산업이 침체된 두 번째 원인은 철강의 원재료인 철광석의 가격 상승입니다. 2019년에 브라질 광산업체 발레(Vale) 사의 광산 댐 붕괴사태, 호주 필바라 항구의 사이클론 경보 등 철광석의 수급에 영향을 주는 피해가 잇따라 발생하면서 철광석 가격이 상승해 5년 만에 최고치를 기록했어요.

요컨대, 외부적으로는 중국산 값싼 철강이 과잉 공급되면서 저가 경쟁이 벌어졌고, 내부적으로는 오르고 있는 원재료 값이 상승함으로써 수익구조 자체에 문제가 발생했어요. 이것이 1%도 못 미치는 영업이익이라는 결과로 나타난 것이죠.

미래 철강 산업의 열쇠, 매스 커스터마이제이션

그럼 앞으로 철강 산업의 미래는 어떻게 될까요? 먼저 국내 내수 측면에서 가장 큰 파급력을 가진 주택 부문을 보겠습니다. 2020 인구주택총조사에 따르면, 한국의 총 주택 수는 1852만 호에 달하고, 아파트는 전체 비중에서 62.9%, 단독주택은 21%를 차지하고 있습니다. 당시 대한민국 인구가 5180만 명이었음을 감안할 때 주택 1채당 거주하는 사람이 세 명이 채 되지 않는다는 것이죠.

더군다나 노령화가 가속화되면서, 실제로 2021년 대한민국의 인구가 순감소를 시작했고, 통계청이 발표한 2021 장래인구 추계에 따르면 50년 뒤에는 현재 인구 5180만여 명에서 3766만 명으로 감소할 것이라고 합니다. 인구가 감소하는 상황에서 주택 수요의 증가를 바라기란 어렵다는 것이죠. 1인가구 비중 역시 2020년 기준 대한민국 전체 가구 수 약 2300만 중에서 900만 가구로 40%에 다다르고 있습니다. 비혼주의, 저출산 등으로 인해 국내 주택 산업은 소형 주택 위주의 시장으로 변화될 가능성이 높다는 거죠. 철강업체에서는 이러한 트렌드를 반영해 전략 수립이 필요한 상황인 것입니다.

또한 자동차의 경우 수요와 생산이 이미 포화상태이기에 더 이상 양적으로 성장하는 것을 기대하는 것에는 무리가 있습니다. 현재도 한국의 차량등록 대수가 2180만 대, 가구당 1.21대라는 점을 감안한다면 수요 증대는 어렵다고 봅니다. 조선업 역시 최근 LNG선을 중심으로 새로운 수주가 발생하고 있으나, 건조 기간과 철강 수요 유발 측면에서 볼 때 벌크, 탱크, 컨테이너 등 일반 상선에는 비할 바가 못 됩니다. 결국 철강 수요는 기본적으로 양적 성장의 한계와 소형화에 대한 수요 증가라는 구조적인 변화가 불가피할 것입니다.

따라서 지속가능성과 영속성을 보존하기 위해서는 '소품종 대량 생산(Mass production)'을 넘어 수요자의 다양한 요구를 충족시킬 수 있는 생산, 즉 '매스 커스터마이제이션(Mass customization)'이 필수 조건이 될 것입니다. 스마트 팩토리의 대표적인 사례로 독일의 아디다스를 들 수 있습니다. 아이다스는 10명의 인원만으로 연간 50만 켤레의 운동화를 생산했고, 최종 소비자가 제품을 주문하면 바로 생산에 들어갈 수 있는 E2E 서비스를 제공하고 있습니다. 즉 매스 커스터마이제이션을 실현하고 있는 거죠.

현대제철도 미래 변화에 대응하기 위해 빠르게 준비하고 있습니다. 현대제철은 2016년 스마트 팩토리 추진 전략을 수립하고 2025년 완료를 목표로 지능형 생산체계 구축 사업을 추진하고 있습니다. 철강제품 생산의 각 공정에서 수합된 데이터를 통해 조업을 시뮬레이션 하는 한편, 공정 간 정보를 실시간을 공유함으로써 각 공정에 있어 최적의 조업 조건을 확보할 수 있는 능동형 시스템을 구축하는 거죠. 이를 위해 전체 생산공정을 제선, 제강, 연주, 압연 등 4개 부문으로 나누고, 부문마다 계측장비 고도화와 빅데이터 플랫폼을 통한 맞춤형 인공지능 기술을 구현하는 방안을 추진하고 있습니다.

다시 말해 물리적, 화학적 변화가 복잡하고 다양한 소재 산업의 특성에 맞춰 빅데이터 플랫폼을 구축하고 이를 최적화된 조건으로 제어하는 지능형 생산체계를 구축하는 것인데요. 현재의 시뮬레이터에서 진일보된 제강 통합 시뮬레이터를 구축함으로써 고객이 요구하는 다양한 제품 스펙에 부합하는 맞춤형 표준공정뿐 아니라 제강 상태의 성분 결함에 사전 대응이 가능할 것으로 보입니다.

국내 자동차, 조선, 건설 경기의 부진으로 인해 그의 여파는 자연스럽게 현대제철에게도 넘어갔고, 특히 자동차 강판을 주요 전략 제품으로 내놓고 있는 현대제철 입장에서는 국내 자동차 업계의 불황의 여파를 고스란히 함께 겪고 있습니다. 더불어 글로벌 상황 역시 중국의 저가 공세 및 원자재 가격 상승으로 인한 대외변수 역시 녹록치 않은 상황입니다. 하지만 철강의 기존의 수익 모델이 대량 생산이었다면, 앞으로는 고객의 니즈에 맞게 생산하는 매스 커스터마이제이션으로 이동하고 있고, 발빠르게 스마트 공장, 제조업의 디지털화를 실현하면서 시대의 흐름을 읽고 변화를 시작하고 있습니다. 이와 같이 미래에 대응하고 있는 제조업 현대제철이라면, 다가올 철강 산업 패러다임의 변화에 익숙하게 대응하지 않을까요?

포스코

포스코가 철강을 버린다?
기업가치 제고를 위한 움직임

2021년 상반기 글로벌 설비 투자 재개에 힘입어 가장 각광을 받은 산업은 원유, 철강과 같은 원자재 산업들이었습니다. 2021년 경기 재개로 원유의 가격은 꾸준히 상승했고, 철강재 가격도 2020년 하반기에 비해 무려 2배나 상승하며 철강 기업들은 사상 최대의 실적을 보여주었습니다.

우리나라 철강의 대표기업 포스코 역시 2021년 3분기 역대 최대 매출과 영업이익을 갱신하며 철강 산업의 막강함을 방증했습니다. 매출이 20조 원으로 전년 동기 대비 44.7% 증가했고 영업이익은 3조 1200억 원으로 무려 365.7%가 증가할 정도였죠.

전체	연간	분기		

주요재무정보	분기				
	2020/09 (IFRS연결)	2020/12 (IFRS연결)	2021/03 (IFRS연결)	2021/06 (IFRS연결)	2021/09 (IFRS연결)
매출액	142,612	152,642	160,687	182,925	206,369
영업이익	6,667	8,634	15,524	22,006	31,167
영업이익(발표기준)	6,667	8,634	15,524	22,006	31,167
세전계속사업이익	7,122	5,184	15,596	23,978	33,594
당기순이익	5,140	7,346	11,388	18,072	26,276

　물론 방금 말씀드린 실적은 연결 기준이기 때문에 포스코 인터내셔널, 건설, 에너지, 케미칼 등 자회사들의 실적이 포함된 것이기도 한데요. 하지만 포스코의 전체 실적에서 철강이 차지하는 비중은 60%에 달하기 때문에, 현재 포스코의 실적 호조에는 당연히 '철강'이 한몫했다고 볼 수 있습니다. 포스코는 스스로 대한민국 철강의 근본임을 실적으로 증명했죠.

포스코가 지주회사 전환 카드를 꺼내놓은 이유

　자, 그런데 포스코에서 흥미로운 소식을 하나 발표했습니다. 바로 포스코를 필두로 한 자회사 지배구조에서 지주회사 체제로 전환한다는 카드를 꺼낸 것인데요. 매출의 절대적인 부분을 차지하는 철강 부문을 물적분할해 비상장 회사로 전환하는 계획을 밝혔습니다. 지주사 전환을 통해 철강 부문에서 발생하는 이익을 지주회사인 포스코홀딩스에 배당으로 지급하고, 포스코홀딩스는 해당 재원을 바탕으로 신사업에 투자한다는 것이 내용의 골자였어요. 쉽게 말하면, 철강 사업을 지분 100%의 비상장으로 전환해 철강에서 배당받은 돈을 현재 밀어붙이고 있는 신사업에 투자하겠다는 것입니다. 사실상 포스코라는 기업의 이미지에서 철강의 색채를 지우는 판단을 내렸어요.

언뜻 보면 포스코의 이런 판단은 사뭇 낯설게 느껴집니다. 왜냐하면 포스코의 매출의 60%는 철강에서 나오고 있고, 이번 3분기 최대 실적도 다른 계열사들 덕분이 아니라 철강 덕분이기 때문입니다. 그러니 포스코에서 철강의 색채를 지우겠다는 계획이 쉽게 와닿지 않죠.

그런데 최대 실적을 달성하고 있는 현재 상황에서도 포스코의 주가를 보면 뭔가 심상치 않은 일이 벌어지고 있는 것은 분명합니다. 포스코의 주가 추이를 보면 전체적으로 우하향을 면치 못하고 있고, 지난 15년 동안 시가총액이 40조 원 증발했습니다. 2021년 한 해로만 봐도, 글로벌 투자 재개로 5월 초 주가가 40만 원까지 오르면서 3분기 역대 최대 실적을 기록했다가 현재는 28만 원 선까지 하락했습니다.

물론 사업구조의 변화나 업황의 부침도 있었겠죠. 하지만 포스코가 지주회사로 전환하기로 한 것은 포스코를 지탱하고 있는 철강 산업의 중요도가 서서히 떨어져가고 있다는 것을 암시하는 게 아닐까요. 이에 대해서는 전문가들 사이에서도 의견이 갈리며 갑론을박이 벌어지고 있습니다. 그래서 진정 포스코의 결정을 이해하기 위해선 포스코의 정체성이라고 할 수 있는 철강 산업에 대해 전망해봐야 합니다.

철강 산업의 쇠락에서 찾은 해결책

철강 산업은 대표적인 자본집약적 장치 산업입니다. 대규모의 설비 투자가 필요해 규모의 경제가 작용하며, 철강재의 부피와 중량이 매우 큰 관계로 내수 의존도가 높은 특성을 지니고 있습니다. 또한 철강 산업의 전방 산업은 자동차, 조선, 건설 등 경기 민감도가 높은 산업이기 때문에 자연스럽게 철강 산업 역시 경기변동에 큰 영향을 받습니다. 현재 우리나라 철강 산업이 철강을 출하하는 비중은 건설 31.5%, 자동차 29%, 조선 17.5%로 3개 산업에 78% 가까이 의존하고 있어요.

그런데 우리나라 철강 산업의 수요는 2010년대 중반을 기점으로 갈수록 하락해왔습니다. 명목소비와 수출을 합친 철강의 전체 수요가 2016년 8760만 톤에서 2020년 7790만 톤으로 10% 이상 축소되었습니다. 왜냐하면 한국 경제성장이 저성장 구간으로 진입하며 대표적인 전방 산업들 역시 부진을 면치 못하고 있기 때문입니다.

대표적인 전방 산업인 건설업은 2010년대 중반 이후 투자 규모가

282조 원 규모에서 262조 원 규모로 하락하고 있고 자동차 생산 역시 2011년 465만 7000대 수준에서 2020년 350만 7000대로 생산량이 감소했습니다. 조선 수주 역시 2015년 이후로는 수주와 수주잔량 모두 하회하고 있습니다. 이처럼 전방 산업 시장이 악화되면서 철강 산업 역시 부진을 피하지 못한 거죠.

물론 철강 산업의 위기는 우리나라만의 일은 아닙니다. 글로벌 철강 산업 역시 2010년대 중반 이후 철강의 과잉공급, 가격의 하향평준화 등의 산업 환경 악화에 시달려왔습니다. 2010년대 중반 이후 중국 경제의 고성장 효과가 소멸함으로써 수요가 둔화되고 아시아, 중동, 아프리카 등 개도국들의 철강 생산 능력이 높아지면서 공급은 과잉되었습니다. 현재도 2022년까지 1억 6000만 톤의 철강설비 증설이 계획되어 있을 정도예요. 그 결과 2020년에는 철강 생산 능력과 수요의 괴리가 25%까지 벌어졌고 2020년부터 2040년까지 약 20년간 수요 증가율이 0.8%에 그칠 것으로 전망되며 철강 산업은 대표적인 사양산업으로 꼽혔습니다. 2021년에는 코로나19로 막혔던 글로벌 설비투자를 재개함으로써 반짝 실적을 맞이할 수 있었지만, 2015년부터 2020년까지 횡보하며 수익성 악화를 겪은 대표적인 산업이죠.

포스코 역시 2016년부터 2020년까지의 실적을 보면 영업이익이 4~8%였으니 2021년의 높은 실적을 마냥 기뻐할 수는 없을 것입니다. 기업의 미래와 지속가능 경영을 고려할 때 철강 산업 이외에 기업 가치를 이어갈 수 있는 신성장동력이 필요한 것입니다. 매몰된 철강 산업의 포트폴리오에서 미래 신성장 사업으로 기업의 DNA를 바꿔

전체	연간	분기

주요재무정보	연간				
	2016/12 (IFRS연결)	2017/12 (IFRS연결)	2018/12 (IFRS연결)	2019/12 (IFRS연결)	2020/12 (IFRS연결)
매출액	530,835	606,551	649,778	643,668	577,928
영업이익	28,443	46,218	55,426	38,689	24,030
영업이익(발표기준)	28,443	46,218	55,426	38,689	24,030
세전계속사업이익	14,329	41,797	35,628	30,533	20,251
당기순이익	10,482	29,735	18,921	19,826	17,882

야 하는 상황이죠.

이런 상황에서 찾은 해결책이 바로 지주회사 체제로의 전환입니다. 그럼 포스코는 대체 어떤 사업으로 기업의 이미지를 쇄신하려는 걸까요? 우선 포스코가 지주회사 체제로의 전환을 발표하며 선언한 핵심 사업은 총 7개입니다. 철강·2차 전지 소재·리튬/니켈·수소·에너지·건축/인프라·식량인데요. 이 중 포스코가 진행 중인 사업 몇 가지를 보면, 현재 포스코가 얼마나 많이 고심했는지 알 수 있습니다.

첫번째는 바로 2차전지 부문입니다. 포스코는 배터리 소재 부문 확장을 통해 철강의 이미지를 벗어던지려고 노력하고 있습니다. 현재 양극재·음극재 생산능력이 11만 5000톤인 것을 오는 2030년까지 68만 톤으로 확대하고, 선도기술 확보를 통해 글로벌 선두업체로 도약한다고 밝혔어요. 더욱 주목할 점은 그중에서도 꿈의 배터리라 불리는 전고체 배터리 부문에 진출한다는 계획입니다. 합작할 상대가 누구인지는 밝히지 않았지만 2022년 내에 합작법인을 설립해 전고체 배터리 소재 법인을 설립할 것을 밝혔습니다.

배터리를 생산하는 국내 기업들의 계획을 보면, 삼성SDI는 전고체 배터리를 2027년까지 상용화, LG에너지솔루션은 2027년 이후 상용화, SK이노베이션은 2030년 이전 상용화를 목표로 하고 있어요. 완성차 기업들도 자체 배터리를 제조하는 등 배터리 소재 시장이 커질 것으로 전망되는 가운데 포스코는 전고체 배터리 소재 설립을 통해 배터리 소재 부문의 밸류체인을 이뤄나간다는 계획이죠.

두 번째는 수소 부문입니다. 포스코는 수소의 생산부터 운송, 저장에 이르는 밸류체인을 형성하기 시작했습니다. 2025년까지 부생수소 생산 능력을 연간 7만 톤으로 늘리고, 2030년까지 글로벌 기업과 손잡고 수소 생산 과정에서 발생하는 이산화탄소를 분리, 포집해 저장하는 블루수소를 연간 50만 톤 생산하겠다고 해요. 수소경제가 지향하는 이상적인 에너지원인 그린수소는 2040년까지 200만 톤, 2050년까지 500만 톤 생산하는 체제를 완성하겠다는 목표로 수소경제에도 출사표를 던졌습니다. 차세대 에너지 시장으로 각광받고 있는 2차 전지와 수소경제 진출하며 에너지 기업으로의 변신을 준비하고 있는 것이죠.

또한 자회사 포스코 인터내셔널을 통해서 식량 사업을 강화하고 있습니다. 식량 산업은 코로나19 이후 식량 총재고가 충분할지라도 물류의 병목 현상, 노동력 부족과 이동제한, 무역장벽 심화 등으로 공급망이 교란되는 등 중요한 안보 사항으로 떠오르고 있습니다. 그래서 포스코 인터내셔널은 2030년까지 곡물 취급량을 800만 톤에서 2500만 톤으로 확대해 매출 10조 원을 달성하겠다는 포부를 밝히며, 식량 사업을 확장했습니다.

뿐만 아니라 포스코는 국내 푸드테크 기업인 HN노바텍 및 지구인컴퍼니와 글로벌 마케팅 협업을 위한 업무협약을 각각 체결했습니다. HN노바텍과 지구인컴퍼니가 생산하는 대체육의 글로벌 마케팅과 제품개발을 지원하는 역할을 하며 대체육 산업에도 뛰어들고 있는 것이죠. 현재 세계 육류 시장 대비 대체육 시장의 비중은 1~2% 정도지만 가치소비와 윤리적 소비를 중시하는 신소비 트렌드로 인해 2030년에는 대체육 시장이 전 세계 육류 시장의 약 30%, 2040년에는 60% 이상을 차지하며 기존 육류 시장 규모를 추월할 것으로 예상됩니다.

이처럼 포스코는 탄소 중립 등의 친환경 흐름에 대응하며 에너지 기업으로의 전환을 예고하고 있습니다. 2차 전지 소재, 수소 등 신사업에 투자를 확대하고 식품 산업에도 진출하면서 철강이라는 오래된 기업의 이미지에서 탈피해 기업가치 재평가를 노리는 것이죠. 물론 현재도 철강 사업이 그룹 지주회사와 유사한 역할을 하는 상황에서 굳이 지주회사로 전환해야 하는가 하는 '당위성'이 부족하다는 평가가 존재합니다. 기존 포스코의 주주들은 자신들의 의지와는 상관없이 '철강'의 포스코가 아닌 배터리, 수소, 식품 등 신사업을 하는 포스코홀딩스의 주주가 될 것이기 때문이죠. 안정성을 추구하는 투자자와 고위험을 추구하는 투자자, 확연히 다른 스타일의 투자자들을 모아놓게 될 수도 있습니다.

하지만 이번 변화는 포스코가 기업의 백년대계를 그리고 있는 것이라고 생각합니다. 철강 산업의 글로벌 수요가 2040년까지 연평균 0.8%라는 저성장 구간에 진입했으니, 기업의 매출 60%를 철강에 의존하고 있는 포스코가 가만히 있을 수는 없을 것입니다. 이에 따라 친환경 신사업을 통해 기업가치를 제고하고 오래된 기업 이미지에서 변화하려는 의지가 돋보입니다. 아무쪼록 포스코의 지주회사 전환이 철강을 넘어 미래를 다지는 발자국이 되길 바랍니다.

롯데건설

주택 매출 비중 80%,
과연 이대로 괜찮을까?

롯데건설 하면 가장 먼저 무엇이 떠오르나요? 바로 롯데캐슬이 떠오르죠? 롯데건설은 2020년 기준으로 시공능력 8위에 해당하는 대한민국의 건설회사죠. 롯데캐슬 외에 떠오르는 게 있습니까? 별로 없을 거예요. 왜냐하면 롯데건설의 특징이 바로 과도한 주택 매출 비중이거든요.

롯데건설 관련 기사를 검색해보면 다음과 같은 헤드라인을 자주 볼 수 있을 겁니다. '주택 매출 비중 83%, 대형 건설사 가운데 최고.' 주택 매출 비중이 80%에 달하니 사실상 주택으로만 돈을 벌고 있다고 해도 과언이 아닙니다.

(단위: 억)

연	분기	매출	영업이익	당기순익	영업이익률	매출신장률	비고
2016	y	41,281	1,595	95	4%		
2016	y	46,377	2,414	114	5%		
2017	y	53,017	3,744	332	7%	14%	
2018	y	58,425	4,823	1,701	8%	10%	
2019	y	53,068	3,066	2,228	6%	-9%	
2020	y	50,979	3,570	1,937	7%	-4%	

공시된 기준으로만 살펴봐도 2020년에 주택 50%, 건축 24%, 플랜트 13%, 토목는 7%, 해외는 4% 비중으로 주택 매출 비중이 압도적으로 높아요.

물론 현재는 돈을 잘 벌고 있습니다. 최근 5개년 실적을 살펴보면 매출이 4조 수준에서 2019년 기준 매출 5조 원, 영업이익 3000억 원, 당기순익도 2000억 원으로 나름대로 실적이 좋습니다. 하지만 80%에 육박하는 주택 비중을 보면 마냥 웃을 수만 있는 상황은 아니에요. 이런 비중은 앞으로 전망되는 건설 경기에서 상당히 치명적이기 때문이죠.

롯데건설이라는 나무를 알려면, 건설 산업이라는 숲을 봐야겠죠? 우리나라 건설 산업의 규모가 어떻게 되어가고 있는지 한 번 추이를 보도록 하겠습니다. 통계청에 따르면 우리나라 건설 수주는 2010년부터 쭈욱 성장하다가 2016년 164.9조 원으로 정점을 찍고 하락했습니다. 2020년엔 194조 원으로 코로나 사태였음에도 불구하고 민간부문의 발주가 크게 늘며 선방할 수 있었습니다. 하지만 이 같은 반짝 성장의 이면에 우리나라의 건설경기의 전망은 크게 낙관적이지 않습니다.

국내 건설시장은 1990년대에 건설투자 비중이 GDP 대비 20%를 상회하며 초고속으로 성장했지만 1990년대 말 외환위기 이후 국내 건설시장은 본격적으로 성숙기에 진입했고, GDP 대비 건설투자 비중이 2020년 11~11.5%, 2030년에는 9.2~9.7%에 머물 것으로 전망되고 있어요. 국내 건설 시장은 2030년까지 현재 규모를 유지하지만 더 이상의 성장은 어려울 것으로 보입니다.

한국 경제와 한 배를 타고 있는 건설 경기

롯데건설의 포트폴리오가 대부분 주택에 몰려 있으니 앞으로 우리나라에 주택이 얼마나 공급될 것이냐에 따라 롯데건설의 전망이 보이겠죠? 다음 그래프는 통계청에서 가지고 온 1990년부터 2019년까지 우리나라의 주택 공급 현황인데 우리나라 건설은 거의 우리나라 경제 그래프랑 동일하게 움직입니다.

1990년대 고성장에 맞춰서 주택공급 75만으로 쭈욱 고성장하다가 1998년 99년 훅 떨어지죠? 이때 IMF가 발생하면서 건설이 죽었다가, 다시 늘어나는가 싶더니 2008년 서브프라임 모기지, 터지고 이후 떨어졌다가, 2012년 리만브라더스 사태가 터져서 쭈욱 떨어졌고요. 2016년 이후로 지금 지속적으로 물량이 감소하고 있는 상황입니다.

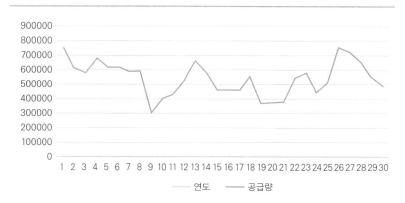

출처: 통계청

1990년대부터 최근까지 우리나라 경기를 나타내는 그래프라 봐도 과언이 아니죠? 이런 주택경기의 침체는 주택 매출 비중이 높은 롯데건설에게는 악재입니다.

그럼 다른 대형 건설사들은 어떨까요? 다른 대형 건설사들의 주택 건축사업 비중을 살펴보면 SK건설은 28%, 현대건설, 한화건설, GS건설은 40% 그리고 포스코건설, 대림산업은 50%대의 주택 비중을 기록했어요. 주택명가를 강조하는 대우건설이 그나마 62%로 주택사업 비중이 높은 편이고요. 롯데건설의 포트폴리오는 일반적인 건설회사랑 비교해봤을 때도 주택 비중이 많은 거죠. 이는 축소가 예상되는 건축 시장, 정부 부동산 정책과 내수 경기의 흐름을 보면 상당히 치명적입니다.

그리고 주거형태도 한차례 변하면서, 점점 주거를 대량공급할 이유가 사라지고 있어요. 앞서 철강 산업에서 이야기했듯이, 2020 인구주택 총조사에서 한국의 총 주택수는 1852만 호에 달하고, 대한민국 인구가 5180만 명임을 감안할 때 주택 1채당 거주하는 사람은 3명에 못 미칩니다. 2021년 통계청에서 발표한 장래 인구추계에 따르면 50년 후면 3766만 명으로 인구가 감소할 것이고요. 실제로 2020년부터는 출산률 감소로 인해 인구가 순감소하는 초유의 사태를 맞이하기도 했죠. 주택의 과잉공급, 인구의 감소 상황 속에서 주택수요의 증가를 바라기는 어렵다는 뜻이죠. 1인가구 비중 역시 전체의 40%에 이르고 있으므로 앞으로는 소형 주택에 대한 수요가 늘 것입니다. 따라서 이런 트렌드 변화를 반영해 전략을 수립해야 합니다.

노후화 주택의 급증, 여기에서 파생할 새로운 시장

대한민국 건설 산업을 거시적으로 보면, 건물 올리는 양이나 집의 스케일이 점점 줄어들면서 국내 건설 시장의 모습은 주택 리모델링, 도심재생, SOC 시설물의 유지보수·재개축 등과 관련된 유지보수 시장 위주로 재편될 것으로 예측됩니다. 국내 건설투자는 1990년대에 가장 급성장했는데, 당시 신축된 수많은 시설이 2020년 이후에는 준공된 지 30년이 경과하면서 이후 유지보수 수요가 급증할 것이란 말이죠.

실제로 시설물의 안전관리에 관한 특별법상 1, 2종 시설물 중 사용

연수가 30년 이상된 노후 기반시설물(건축물 제외)은 2008년 말 기준 8.4%에서 2014년 3월 9.5%로 증가하는 데 그쳤지만, 다가올 2024년에는 준공 후 30년 경과한 1, 2종 기반 시설물 수가 2014년 대비 2배 이상 급증하며 시설물의 비중 역시 21.5%에 이를 전망입니다.

2018년 국토모니터링 보고서에 따르면, 2018년 10월 기준 노후주택 비율은 전체 주택 중에 66.73%라고 합니다. 서울은 72.58%, 부산은 83.13%이고, 그 외에 대구, 광주, 대전 전남도 평균보다 높아요. 서울 주택 10채 중 7채는 적어도 지은 지 20년이 지났다는 것이죠.

노후주택이 많아지면서 당연히 커진 시장이 있어요. 바로 인테리어, 리모델링 시장입니다. 인테리어, 리모델링 시장 규모가 2000년 9조 1000억 원에서 2020년 41조 5000억 원 수준으로 폭발적으로 증가했어요. 그래서 전통적인 가구회사 한샘이 리하우스라는 브랜드로 리모델링 사업에 진출하기도 합니다. 신축건물이 축소되고, 결혼, 이사, 경기부진 등으로 가구의 판매량이 줄어들자, 가구 회사들 역시 경기부진에 대한 파훼법으로 인테리어를 찾은 거죠.

건설업계에서도 민간부문이 주로 소유하고 있는 주택의 경우 재건축, 수직증축 리모델링과 같은 적극적인 유지보수 투자가 보다 활성화될 전망이에요. 1990년대 준공된 아파트들의 용적률은 상대적으로 매우 높아요. 또 2020년 이후 주택보급률 향상, 신규 주택수요 감소 등을 감안할 때 재건축 사업성이 있는 아파트는 서울을 비롯해 지방 광역시의 주요 지역에 있는 아파트로 한정되죠. 2020년대 중반을 전후해 저비용 리모델링 아파트 시장이 본격 등장할 것으로 전망되면서, 노후 주택의 저비용 리모델링을 보다 조기에 활성화하기 위해 정부의 정책 마련이 역시 필요할 것으로 보입니다.

4차 산업혁명 시대를 맞이하는 건설업계의 자세

이런 중단기적인 전망 이외에 2020년 이후 앞으로 우리가 살아갈 4차 산업혁명 시대에 건설업의 모습은 어떻게 될지 살펴보겠습니다.

여러분도 알겠지만 시가총액 세계 TOP10 기업 모두가 IT/빅테크 기업입니다. 지능정보통신과 신기술을 산업 등 생활 모든 부문에 융복합시켜 전혀 새로운 제품, 서비스, 비즈니스를 만들어내는 것이 앞으로 경쟁력의 핵심입니다. 건설 산업도 예외는 아닙니다. 새로운 기술인 인공지능, 사물인터넷, 빅데이터, 스마트 건설기계, 지능형 건설로봇, 무인기, 가상현실, 증강현실 등 새로운 기술들을 융합하고 최적화해서 경쟁력을 확보하는 기업만이 생존할 수 있어요.

기획-설계-시공-운영-폐기 등 생애주기 전반에 빅데이터, IOT, 3D프린터 등 4차 산업혁명 기술을 얼마나 빨리 흡수하느냐에 따라 건설기업의 명운이 갈릴 것입니다. 가령 3D프린팅 기술이 발전함에 따라 BIM으로 설계된 건물의 구성요소들이 공장에서 자동으로 생산되고 현장에서 조립 위주의 작업이 이뤄져 건설 프로세스가 자동화되는 모듈러 공법이 상용화된다면, 그 기술을 흡수하지 못한 건설기업들은 도태되겠죠.

특히 롯데건설의 경우 국내 건축 매출이 대부분을 차지하고 있기 때문에, 경쟁사인 대형 건설사들과의 경쟁에서 살아남기 위해서는 전 과정에 걸쳐 건축 프로세스를 변화시킬 수 있는 기술들을 적용해야 할 것입니다.

이러한 기술의 적용은 주택 유지관리 분야에도 충분히 활용될 수 있습니다. 일반적으로 외벽 균열 및 부식 등 시설물의 안전 상태 확인과 순찰을 위해 인력을 직접 투입해 진행하면 인력과 시간, 장비투입의 비용이 많이 들지만, 순찰 드론을 투입하면 24시간 저렴한 비용으로 고정밀 영상이나 열화상센서 등을 통한 근접촬영도 가능해집니다. 또한 사물인터넷(IoT)을 활용한 유지관리 시스템을 구축해 건물이나 시설을 효율적으로 관리하면 비용절감은 물론 건물이나 시설의 성능 향상을 위한 유지보수를 최적화할 수 있죠.

요컨대, 주택 공급의 감소 추세와 노후주택 증대라는 위기에서 살아남기 위한 전략은 신기술들을 접목하는 것입니다. 주택에 치중된 포트폴리오를 가진 롯데건설이지만 이처럼 드론, 스마트 지진계, 사물인터넷 등 4차 산업혁명 기술들을 흡수해 미래 시장에 대응할 여지가 아직 남아 있습니다.

롯데케미칼

치솟는 유가, 드디어 시작된
석유화학업계의 호황

롯데케미칼은 무엇으로 돈을 많이 벌까요? 매출 비중으로 살펴본 다면 폴리머가 62.4%, 모노머가 24.8%, 기초유분이 17.8%로 주로 폴리머에서 대부분의 돈을 벌어들이고 있어요. 폴리머, 모노머, 기초유분? 이게 대체 뭘까요? 석유화학을 잘 모르는 분들을 위해 간단하게 설명드리겠습니다.

우리가 사용하는 휘발유, 디젤, 등유 같은 석유제품들은 원유를 끓인 다음, 끓는 점마다 각 제품을 분리해서 얻습니다. 이렇게 끓는 점마다 석유제품을 분리하는 것을 '분별증류'라고 부르는데요. 분별 증류를 통해 우리가 흔히 아는 LPG, 휘발유, 등유, 경우, 중유 외에 일반 소비자들은 잘 들어보기 힘든 '나프타'라는 것도 얻습니다.

나프타는 석유화학 산업에서 정말 중요한 제품으로, 나프타를 열분해 해서 석유화학 산업의 쌀이라 불리는 에틸렌을 얻습니다. 에틸렌은 합성수지, 합섬원료, 합성고무 등 오늘날의 석화 기업에서 다양한 물질을 만드는 기초 원료예요.

에틸렌을 중합해서 롯데케미칼의 주요 생산품목인 폴리머에 속하는 고밀도 폴리에틸렌, 저밀도 폴리에틸렌을 만들게 됩니다. 저밀도 폴리에틸렌의 경우 투명성이 우수하고 부드럽고 인체에 무해해서 식품 포장용 랩이나 비닐봉지, 우유 팩이나 종이컵 안쪽을 코팅하는 방수처리에 사용되고, 비닐하우스나 비닐커버 등 농업 분야에서도 사용돼요. 한편 고밀도 폴리프로필렌은 반투명하고 밀도가 높아 단단하기 때문에 높은 내구성을 필요로 하는 파이프나 각종 용기, 장난감을 만드는 데 쓰이고 있습니다.

롯데케미칼의 주요 생산품목 중 하나인 폴리프로필렌 역시 나프타를 분해해서 얻은 프로필렌으로 만드는데요. 폴리프로필렌은 비중이 1보다 작은 0.9로 물에 뜰 수 있어 범용 플라스틱 중에 가장 가볍고 다양한 모양으로 성형이 가능하기 때문에 자동차 부품, 특히 자동차 내장재로 활용되고 있습니다. 무게가 가볍기 때문에 경량화를 중요시하는 자동차에 사용하기 좋죠. 즉석밥처럼 전자레인지에 돌려먹는 식품의 용기 역시 폴리프로필렌으로 만들고 있어요.

그 밖에 롯데케미칼 매출의 약 25% 비중을 차지하고 있는 모노머, 스티로폼 제조에 쓰이는 폴리스티렌, 주로 합성고무에 사용되는 부타디엔이 있고요. 매출의 18%를 차지하고 있는 기초유분은 앞서 설명한 에틸렌, 프로필렌과 벤젠, 톨루엔과 같은 석유화학제품의 기초 생산품을 만드는 데 쓰입니다. 우리 몸의 70%는 수분으로 이루어졌지만, 몸에 지니고 있는 것의 70%는 석유화학 제품이라는 말이 괜히 나온 게 아닙니다.

파란만장한 국내 석유화학 산업의 역사

이처럼 산업 전반적으로 석유화학제품이 안 쓰이는 곳이 없으니, 석유화학 산업이 잘될 것 같다고요? 물론 잘되었습니다 2015년부터 2017년까지 롯데케미칼의 매출은 15조 원 중반 수준을 유지했고 영업이익은 2015년 14%, 2015년 19%, 2017년 18%였어요. 3조 원가량 벌어들이는 LG화학, SK이노베이션과 더불어 우리나라 석유화학 산업을 책임지는 3대장 중 하나였습니다.

2017년에는 국제유가가 하락하면서 롯데케미칼 매출의 60%를 차지하는, 폴리머의 원료인 나프타의 가격이 안정기에 접어들었고, 석유화학업계 1위 기업인 독일 바스프의 폭발사고 등으로 에틸렌 수급이 차질을 빚으며 낮은 원가와 수요 증가로 인해 가격 상승이 맞물려 마진을 챙길 수 있었죠. 덕분에 2017년 영업이익을 3조 원가량 챙겨 갔으니, 가히 롯데케미칼의 해가 아니었나 싶습니다.

하지만 역사가 늘 그러하듯 전성기는 영원하지 않습니다. 최근 롯

다시 100달러 위협하는 국제 유가

(단위: 배럴당 달러)

84.98

75.30

자료: 블룸버그

최근 1년 사이 오른 기름 값

(단위: 원/l)

자료: 한국석유공사 페트로넷

데케미칼의 실적 추이를 보면 2018년 영업이익이 갑자기 1조 원이 훅 빠지더니, 2019년에 영업이익 1조 원이 또 빠졌어요. 2020년 시장 컨센서스 전망은 이게 실화인가 싶은데, 매출 12조 원에 영업이익은 3000억 원 수준입니다.

이렇게 롯데케미칼의 실적이 하락한 이유는 여러 가지가 있는데요. 첫 번째는 국제 유가에 취약한 포트폴리오입니다. 앞서 말했듯 롯데케미칼은 매출 60% 이상을 폴리머에서 가져올 정도로 폴리머에 대한 의존도가 높아요. 이 말은 에틸렌 계열 위주의 범용제품 생산 비중이 높기 때문에, 국제 유가의 변동성에 상당히 취약하다는 뜻입니다.

실제로 롯데케미칼이 부진을 면치 못한 2018년까지 유가의 흐름을 살펴보면, 2015년까지만 해도 하락세를 유지하던 유가가 2018년을 기준으로 다시 상승세에 접어들면서 나프타 등의 원료 가격이 상승했어요. 게다가 정유업계까지 석유화학 산업에 뛰어들면서 공급이 증가해 여타 대안이 없는 상황에서 가격 경쟁까지 치열해졌어요. 결국 원가는 올라가는데 경쟁자는 많아져서 마진은 떨어지는 진퇴양난의 상황에 빠지고 만 거죠.

더군다나 미중무역분쟁으로 인한 글로벌 경기침체로 에틸렌계 기초 제품들에 대한 수요가 부진했고, 2020년 초에는 대산공장에 폭발 사고까지 일어나면서, 안 그래도 가슴 아픈 롯데케미칼의 마음을 후벼파는 일도 있었죠. 결국 2020년 1분기에 8년 만에 분기 적자가 나고 매출은 12조 원으로 전년 대비 19%가 하락했어요. 영업이익은 3569억 원, 당기순익은 1753억 원으로 각각 전년 대비 70%가량 빠진 실적을 맞이하고 맙니다.

더 아쉬웠던 것이 있어요. 사업 포트폴리오의 다각화 면에서 LG화학, SK이노베이션은 석화 기업이지만 자동차 배터리에 집중 투자를 하면서 사업다각화를 합니다. 반면 롯데케미칼은 '우리는 남들이 다 하는 거 우린 하지 않는다. 원래 하던 것에 집중한다' 하면서 원래 영위하던 기초화학 소재에 더 집중합니다. 그런데 한 치 앞을 알 수 없는 것이 인생이라고, 롯데케미칼이 석화 소재에 집중하던 하필 그때 에틸렌 마진이 급락하면서 에틸렌을 생산할수록 적자를 보기 시작합니다.

당시 동북아 지역에서 2019년 1분기 평균 531달러였던 에틸렌 스프레드가 1년이 지난 2020년 1분기에는 톤당 181달러까지 떨어집니다. 롯데가 기초화학 소재에 올인한 지 1년도 안 돼서 가격이 3분의

2019.8 ▶	**히타치케미칼 인수전 예비입찰 참여**
	└ 히타치케미칼은 2차 전지 핵심소재 생산기업
2019.10 ▶	**일본 쇼와덴코에 패배**
2020.1~3 ▶	**일본 쇼와덴코 지분 4.69% 인수**
2020.6 ▶	**두산솔루스 예비입찰 불참**
	└ 전기차 사업에서 발 빼는 게 아니라 가격차 때문으로 분석

1 수준으로 급락한 거죠.

이유가 뭘까요? 미국의 셰일가스가 대박이 나면서 셰일오일·가스로 생산한 미국산 저렴한 에틸렌이 대거 아시아로 유입되었어요. 이것이 가격 하락에 기름을 붓고 맙니다. 미국산 에틸렌의 유입으로 에틸렌 스프레드의 톤당 가격이 하락해, 250~300달러 수준인 손익분기점에는 턱없이 부족했어요. 결국 롯데케미칼의 실적과 주가 역시 하락하고 만 것이죠.

물론 롯데케미칼이 아무것도 안 한 건 아닙니다. 이대로 가다간 정말 회사 망하겠다는 생각이 들었는지, 부랴부랴 배터리 회사 인수를 시도합니다. 그런데 이것도 순탄치 못했습니다. 사업을 다각화하자며 부랴부랴 전기차 사업 M&A를 하나 싶었는데, 일본의 배터리 양극재 만드는 히타치케미칼에게 밀렸어요. 두산솔루스도 인수 하나 했는데, 가격이 안 맞아서 발을 뺐고요. 신성장동력이 필요한데 회사의 미래가 보이지 않는 답답한 상황을 맞이합니다.

부활의 청신호, 에틸렌 가격의 상승!

하지만 동 트기 전 새벽이 가장 어둡다라는 말이 있듯이, 전성기도 영원하지 않지만 침체기도 영원하진 않습니다. 이런 말 있지 않습니까? 한 우물만 파면 그 정성을 하늘이 알아준다고. 2020년 롯데케미칼이 올인한 기초화학 소재에서 에틸렌 가격과 스프레드가 쭉쭉 오르기 시작하더니, 에틸렌 가격이 2021년 3월부터 1천 달러를 넘었고 4, 5월 연속으로 1000달러를 넘으며 롯데케미칼에게 단비를 내려줍니다.

대체 가격이 왜 오르나 봤더니, 에틸렌이 생산할 때마다 적자가 나니까 우리나라 LG화학 등의 석유화학기업들이 에틸렌을 감산하며 공급이 줄어들었고, 미국 남동부 허리케인의 여파로 전력 설비에 이상이 생기자 미국이 아시아 지역으로의 에틸렌 수출을 크게 줄였어요. 에틸렌에 대한 수요가 커진 것도 에틸렌 가격 상승에 한몫했습니다. 앞서 말했듯 에틸렌은 LDPE(저밀도 폴리에틸렌), HDPE(고밀도 폴리에틸렌), PVC(폴리염화비닐)과 같은 생활용품에 사용되는데 코로나19 확산으로 인해 배달이 증가하며 포장용기 등에 사용되는 LDPE의 수요가 확대된 거죠. 게다가 경기가 회복세로 접어들면서 산업용 파이프, 필름의 원료가 되는 HDPE에 대한 수요가 늘어 원료가 되는 에틸렌 수요량이 증가했어요.

그 결과 롯데케미칼의 2021년 영업이익은 가볍게 1조 원을 넘어서며, 기초화학소재 한 우물만 판 끝에 다시 실적 반등을 이룰 수 있었습니다. 물론 에틸렌 계열 위주의 범용제품 생산 비중이 높기 때문에, 국제 유가의 변동성에 취약하다는 단점은 여전합니다. 그러므로 유가변동의 리스크를 줄이기 위해서 사업 다각화는 필수입니다.

실제로 롯데케미칼은 석화 포트폴리오의 리스크를 줄이기 위해 완성품은 아니더라도 전기차 배터리의 핵심 소재인 분리막의 소재 사업에 본격적으로 진출하기로 했습니다. 2025년까지 10만 톤, 2000억 원으로 대폭 확장하겠다는 목표를 밝혔고, 배터리 전해액 시장에도 진출하며 배터리 산업 밸류체인을 형성함으로써 신성장동력을 확보하고 있습니다. 제2의 LG에너지솔루션처럼 되는 꿈을 한번 꿔볼 수도 있게 된 거죠. 그동안 너무 한 우물만 팠던 탓에 맞았던 에틸렌 리스크를 분산시키면서 좀 다른 모습을 기대해볼 수도 있을 것 같습니다.

LG화학

배터리 사업을 분리한 LG화학을
어떻게 평가해야 할까?

LG화학을 이야기할 때 빼놓을 수 없는 게 있죠? 바로 LG에너지솔루션입니다. LG에너지솔루션이 2022년 1월 18, 19일 일반투자자 청약을 끝내고 1월 27일 상장했습니다. 기관투자 수요예측 금액만 1경 5203조가 몰렸고, 수요예측 경쟁률 역시 2023 대 1로 코스피 IPO 역사상 최고 경쟁률과 규모를 경신했습니다. 공모가 30만 원 기준 시가총액 70조 직행이 결정이 되었어요.

참고로 2022년 1월 기준으로 시총 1위인 삼성전자의 기업가치가 약 460조 원, SK하이닉스가 약 93조 원, 그 뒤를 잇는 삼성전자우가 59조 원이었으니, LG에너지솔루션은 상장과 동시에 시가총액 3위로 코스피로 직행하는 것인데요. 실로 대단한 규모가 아닐 수 없습니다. 전기차 시장과 배터리 시장의 성장에 상응하는 기업가치를 받을 것이라고 예상됩니다만, 시작부터 70조 원이라는 대한민국 공모 역사상 유례없는 가격이 합당한지 의문이 드는 분도 있을 것 같습니다.

하지만 2021년 7월 기준 LG에너지솔루션보다 CAPA(생산능력)가 낮은 CATL의 시가총액이 이미 1.27조 위안, 우리 돈 237조 원 규모를 넘어섰습니다. LG에너지솔루션의 글로벌 배터리 생산능력이 세계 최대 규모인 120GW를 확보하고, 2023년까지 260GWH의 배터리 생산능력을 확보할 예정인 만큼 오히려 현재의 가치가 저평가라고 의심될 정도로 70조 원의 가치를 받기에 합당하죠. LG에너지솔루션이 상장한다면 현재 배터리, 반도체 위주로 재편되고 있는 만큼 그 가치를 잘 보여줄 것 같습니다.

자, 그런데 여기서 한 가지 의문이 들어요. 아무리 물적분할 형식으로 LG화학이 100% 지분을 들고 있는 상태에서 상장을 한다지만, 정말 기존 LG화학 주주에게는 아무런 영향이 없을까요? 사실 통상 물적분할은 소액 주주들에게 상당히 불리한 방식으로 여겨져요. 투자자들이 LG화학의 석화를 보고 투자했을까요? 아닙니다. 대부분 배터리 사업의 가능성을 보고 투자했겠죠. 그런데 분할 후 상장을 한다는 것은 배터리에 투자한 투자자들의 입장이 졸지에 간접투자자가 된다는 뜻이에요. 게다가 IPO를 통해 상장할 경우 모회사의 지분이 희석될 수 있습니다. 실제로도 LG화학의 배터리 사업 분할 발표 당시 국민연금은 지분 가치 희석 가능성, 주주가치 훼손 등을 이유로 분사를 반대했어요. 세계적 의결권 자문기구인 서스틴 베스트도 모회사 디스카운트의 분할을 같은 이유로 반대했죠.

심지어 크레디트 스위스는 LG화학의 배터리 부문의 물적분할을 이유로 지난 5월에 목표가 130만 원에서 68만 원으로 반토막짜리 매도 리포트를 냈습니다. 당시 그 리포트 한 장으로 LG화학의 주가가 4조 원 증발하는 일도 벌어졌고요. 아무튼 여러 전문 기관 사이에서도, 소액주주들의 입장에서도 주주가치 희석을 비롯해 LG화학의 주가에 대해 우려가 있는 것이 사실입니다. 그동안 배터리에 대한 기대감으로 LG화학에 투자했지만, 앞으로 배터리에 투자할 신규 투자자들은 LG에너지솔루션에 투자하지 굳이 LG화학에 투자할 이유가 없으니까 LG화학은 힘이 빠질 수밖에 없죠.

LG화학과 고려아연의 배터리 합작사 설립

그런데 최근 이러한 우려를 뒤집는 LG화학의 움직임이 나타나고 있습니다. 고려아연과 배터리 신소재 합작사를 만든다고 밝힌 것인데요. 합작사는 양극재 원료인 전구체를 생산하며, 합작사를 통해 원가절감과 원재료 리스크를 줄일 예정이라고 합니다. 합작사 설립으로 LG화학 자체도 배터리를 물적분할 했지만 배터리 소재산업으로 밸류체인을 형성할 것으로 예상됩니다.

고려아연이 뭐하는 회사인지 궁금할 분이 있을 것 같아서 잠깐만 설명을 드릴게요. '아연'이라는 사명에서부터 뭔가 철을 다룰 것 같죠? 보통 금속이라고 하면 철을 많이 떠올립니다. 그런데 업계에서는 금속을 철과 비철금속으로 나눠요. 고려아연은 철이 아닌 비철금속을 다루는 회사입니다. 고려아연의 매출 구성을 보면 아연, 연, 금, 은 등 대부분 비철금속에서 실적을 내고 있고, 아연과 연에서 가장 많은 매출을 내고 있습니다.

세계적으로 아연은 철 부식 방지를 위한 도금에 가장 많이 사용됩니다. 국제 시장에서 거래되는 전체 아연 중 50%가 바로 도금용으로 쓰이죠. 이는 아연 가격이 철강 제품의 가격과 밀접하게 움직인다는 것을 의미합니다.

철강 산업에 관심이 있는 분들은 철 하니까 경기가 안 좋았던 우리 철강 기업들을 떠올릴 거예요. 앞에서 설명했듯 철강 산업은 최근 5년 동안 미중무역분쟁, 철강의 과잉공급, 코로나 시국으로 연이은 침체를 맞이했죠. 건설과 철강, 특히 현대제철이나 포스코 같은 기업들이 영업이익 1~3%를 찍고, 대부분의 가치주들은 실적이 반토막 났어요. 철강의 수요 부족과 경기침체로 당연히 아연의 재고 비율도 높아졌습니다. 2020년 LME 아연 재고량은 8만 9475톤으로 2개월 전인 2월 4일 4만 9625톤에 비해 무려 재고가 80%나 급증했고, 당연히 아연 가격 역시 떨어졌습니다.

이런 상황은 매출의 절반을 아연에서 내는 고려아연의 매출에 치명적인 영향을 끼칠 수밖에 없었죠. 국제 아연 가격이 떨어지면 고려아연이 시장에 내다 파는 아연의 가격 또한 떨어지기 때문에 매출 감

전체	연간	분기

주요재무정보	연간				
	2016/12 (IFRS연결)	2017/12 (IFRS연결)	2018/12 (IFRS연결)	2019/12 (IFRS연결)	2020/12 (IFRS연결)
매출액	58,475	65,967	68,833	66,948	75,819
영업이익	7,647	8,948	7,647	8,053	8,974
영업이익(발표기준)	7,647	8,948	7,647	8,053	8,974
세전계속사업이익	8,017	9,257	7,687	8,724	8,124
당기순이익	5,946	6,340	5,348	6,386	5,748

소가 불가피했습니다.

그런데 막상 실적을 확인해보면 고려아연은 나름 꾸준하게 영업이익률 10% 이상을 냈습니다. 글로벌 경기침체와 주력 사업인 아연 가격이 하락하는 상황에서 어떻게 꾸준한 실적을 유지할 수 있었을까요? 그 이유는 다름 아닌 고려아연이 영위하는 금과 은에 있었습니다. 경기가 불황이 찾아와서 아연 가격이 내려갔지만, 오히려 경기에 대한 불안정성으로 금과 은 값이 상승하면서 매출과 영업이익은 선방할 수 있었습니다. 아연이 부진해도 다른 비철금속들이 잘 버텨주었죠.

그런데 여기서 고려아연은 한 가지 고민에 빠집니다. 아연이 침체에 빠졌던 이유는 산업의 시황에 즉각적으로 영향을 받기 때문입니다. 글로벌 사이클에 영향을 받는 특징이 있기 때문에, 또다시 경기침체로 아연 값의 급락과 위기가 찾아올 수 있다는 것이죠. 그나마 최근에 발생한 위기는 금과 은 같은 고부가가치 금속으로 대응했지만, 이게 언제까지나 가능하리라고 믿을 수도 없고요. 그래서 고려아연은 주도적으로 성장하고 있는 산업에 진출하기로 결심합니다. 그 산업이 바로 배터리 소재 시장입니다.

LG화학과 합작설이 나오기 전에도 고려아연은 2차 전지용 동박 사업에 진출합니다. 2020년 자회사인 KZAM을 설립해온산제련소 부근 5700평 부지에 동박생산 능력을 갖추기 위해 2022년까지 약 1500억 원을 투자합니다. 게다가 LNG 발전소를 건립하고 신재생에너지에 투자를 하는 등 사업다각화를 실시했어요. 글로벌 사이클에 좌우되는 사업환경에서 벗어나 성장하는 시장으로 진출해서 보다 안정된 실적을 이끌려는 거죠. LG화학과의 합작에는 이런 고려아연의 속사정이 있는 것입니다.

LG화학은 왜 하필 고려아연과 손을 잡았을까?

그렇다면 LG화학은 왜 수많은 회사를 두고 고려아연과 손을 잡은 것일까요? LG가 추구하는 배터리 밸류체인 형성에 이익관계가 맞물려 있기 때문입니다.

통상 배터리의 원가의 40%를 차지하는 것은 양극재입니다. 그리고 양극재를 만들 때 쓰이는 핵심소재가 코발트인데요. 안타깝게도 현재 우리나라의 코발트 자급률은 0% 수준으로 대부분 중국 수입에 의존하고 있습니다. 전기차 시대로 전환되면서 코발트는 리튬과 함께 수요가 크게 늘 것으로 예상되는 광물 자원이에요. 국제에너지기구(IEA)는 코발트 수요가 2040년까지 20배 이상 증가할 거라고 예상했죠.

현재 배터리 원자재의 주도권을 쥐고 있는 나라는 우리의 배터리 시장 경쟁국인 중국입니다. 중국은 2005년부터 남미와 아프리카에 1449억 달러, 2720억 달러를 투자해 리튬과 코발트 등의 소재를 확보하는 자원 외교를 추진하고 있고, 심지어 이를 사재기 하기도 합니다. 문제는 중국이 배터리 경쟁국인 한국을 상대로, 배터리 핵심 원료를 전략 무기화할 수 있다는 점입니다.

이에 대한 대안으로 나오고 있는 것이 하이니켈 배터리입니다. 코발트보다 훨씬 저렴하지만 에너지 효율이 대단하죠. 다만 니켈이 많아지면 열이 증가해 폭발 위험이 커지기 때문에, 현재는 니켈 함량을 늘리면서 안전한 배터리를 만드는 기술을 연구하고 있습니다.

고려아연의 자회사 켐코가 황산니켈이라는 양극재의 핵심소재를 생산하고 있고, LG화학도 이미 지분 10%를 투자한 상황입니다. 고려아연이 배터리 동박 시장에 진출한 것까지 고려해볼 때, LG화학이 고려아연과 합작한 이유는 LG화학이 차세대 배터리 사업을 위한 양극재 제작 과정에 직접 관여하기 위해서죠. SK IET와 같이 배터리 소재산업에 진출하며 LG의 배터리 산업 생태계를 만들어 밸류체인을 형성하겠다는 것입니다. LG화학은 도레이와 합작법인을 설립해 헝가리에 축구장 60개가 들어갈 수 있는 규모의 분리막 공장 설립에 투자했습니다. LG가 꿈꾸는 배터리 생태계를 적극적으로 실현하고 있는 것입니다.

LG화학은 고려아연과 양극재, 조인트벤처 설립을 통한 전구체까지 소재 사업을 확보하고 배터리 소재 산업에 적극적으로 진출하고 있습니다. 물적 분할을 했던 LG화학의 입장에서 배터리와 밸류체인을 엮으며 희석된 배터리 가치를 재평가받을 수 있겠죠. 이는 LG화학이라는 회사에 배터리의 이미지를 다시 짙게 심어주는 기회로 작용할 것입니다. 게다가 자동차 기업들 역시 주체적으로 배터리를 생산하겠다고 나선 상황에서, 배터리 소재 산업은 앞으로도 더욱 커질 것으로 예상됩니다. 어쩌면 LG화학이 에너지솔루션보다 나을지 모른다는 이야기까지 나오고 있죠. LG화학이 분사함으로써 전지 사업 가치가 재평가를 받고, LG에너지솔루션 역시 재평가를 받을 수 있는 기회가 아닐까 싶습니다.

4

소비

항공 / 식품 / 가구 / 백화점
멀티플렉스 / 기호식품 외

대한항공

플라잉 카와 항공우주 산업으로 날아오를 수 있을까?

코로나 사태가 항공 산업에 얼마나 영향을 미쳤을까요? 국제민간항공기구 ICAO에 따르면 코로나19의 영향으로 2019년에 비해 2020년 전 세계 정기 항공편의 공급 좌석수는 50%가 감소했고, 여객 역시 26억 9900만 명이 감소했습니다. 이는 전년 대비 65%나 감소한 규모이며, 전체 항공사의 수익은 무려 438조 원이 감소했습니다. 코로나19가 세계 인류의 발을 묶어놓으며 항공 산업이 가장 큰 충격을 받고 말았죠.

그런데 이렇게 안타까운 상황이 벌어진 것은 코로나19 때문만은 아닙니다. 2016년 매출 약 12조 원, 영업이익은 1조 1200억 원

전체	연간	분기

주요재무정보	연간				
	2016/12 (IFRS연결)	2017/12 (IFRS연결)	2018/12 (IFRS연결)	2019/12 (IFRS연결)	2020/12 (IFRS연결)
매출액	117,319	120,922	130,116	123,843	76,062
영업이익	11,208	9,398	6,712	1,761	1,089
영업이익(발표기준)	11,208	9,398	6,712	1,761	1,089
세전계속사업이익	-7,174	11,217	-1,777	-8,148	-9,341
당기순이익	-5,568	8,019	-1,611	-6,228	-2,300

을 넘겼던 대한항공이지만 2017년부터 영업이익이 쭈욱 감소하더니 2018년에는 2년 만에 6712억 원으로 거의 반토막이 났어요. 2019년 에는 영업이익 1761억 원, 코로나 쇼크가 발생한 2020년에는 매출이 약 7조 6000억 원 수준으로 떨어지기도 합니다. 최근 5년간 매출과 영업이익이 모두 하향세를 보이고 있는 것인데요.

2018년부터 시작된 한일 갈등, 미중무역분쟁, 홍콩 시위 확산 등 항공여객에 대한 악재가 동시다발적으로 터지면서 복합적인 문제로 커지고 말았습니다. 이런 상황에서 2020년에 코로나19 충격이 쐐기 를 박은 거죠.

사람을 태울 수 없다면 화물을 싣자! 대한항공을 살린 역발상

눈물 없이는 들을 수 없는 대한항공의 5년간이죠. 그런데 2021년 물동량의 폭증으로 해운 운임이 급상승했다는 이야기를 들어봤을 것입니다. 그 덕분에 HMM 같은 해운기업들이 대표적으로 큰 실적을 올렸는데요. HMM은 1분기에만 영업이익 1조 원을 벌어들일 정도로 물동량 폭증에 대한 수혜를 고스란히 받았죠. 물동량 폭증의 수혜를 받은 것은 해운 산업뿐만이 아니예요. 항공 역시 화물운임을 통해 비상하고 있습니다. 글로벌 물동량이 증가하면서 항공 화물 운임이 인상되며 대한항공의 화물 사업이 호조를 보인 것인데요. 코로나19로 인해 중단되었던 경제활동이 재개되고, 해운 운임이 급상승한 만큼 해운 화물을 운송할 여력이 제한되면서 항공화물이 호실적을 보이고 있어요.

인천국제공항의 2021년 2분기 국제선 화물 물동량은 전년 동기 대비 약 30% 증가한 84만 9403톤을 기록했습니다. 이는 2001년 개항 이후 분기 기준 역대 최고 실적인데요. 기존 최고 기록인 78만 6396톤보다도 8%쯤 증가한 수치죠. 글로벌 해운 운임이 7주 연속 최고가를 갈아치웠어요. 천정부지로 치솟는 해운 운임이 부담이 되자 수출기업들이 해운 의존도를 줄이고 항공화물 운송으로 이전한 것이죠.

하지만 어디까지나 항공은 해운에 비해 화물 운송이 제한적입니다. 제한된 공급 내에 수요가 폭증하면서 항공 화물 운임은 약 3개월 만에 60% 이상 오르죠. 항공화물 운송 지수인 TAC 인덱스에 따르면 홍콩~북미 노선의 평균 화물 운임은 지난 3월 초 1kg당 5.48달러에서 가파르게 오르기 시작해 5월 1kg당 8.70달러로 사상 최고치를 경신했습니다. 이는 코로나19가 발생하기 전인 2020년 1월 3.14달러와 비교하면 거의 3배 오른 수치죠.

따라서 대한항공은 선제적으로 대형 화물기단의 가동률을 높이며 화물 탑재율을 높이는 전략을 구사했어요. 여객기의 좌석 공간에 화물을 탑재할 수 있는 안정장치인 '카고시트 백'을 설치한 거죠. B777 10대, A330 6대 등 16대의 여객기를 승객 좌석을 떼어낸 개조화물기로 운용하며, 비행기에 사람 대신 화물을 싣는 역발상을 시도합니다. 물동량이 증가하는 상황에서 다행히 이 전략은 성공적이었어요. 그 결과 대한항공 2021년 1분기 화물 사업 매출은 1조 3530억 원으로 2020년 대비 108% 증가합니다. 이 같은 역발상은 많은 항공사에게 귀감이 되었고, 경영 성과를 인정받아 2021년 미국 항공 전문매체인 '에어 트랜스포트 월드(ATW)'가 주관하며 항공업계의 오스카상이라 불리는 '올해의 항공사'에 선정되기도 하죠. 2022년에는 국제선 수요가 회복될 것이라는 기대감도 있기에 앞으로도 영업실적 개선세가 기대돼요.

그런데 여기까지만 말하면 다른 면에서 의구심이 들 거예요. 현재의 부진한 실적을 화물로 대응하고, 코로나로 풀리는 순간 폭발할 여행객 수요로 장미빛 미래가 그려지는 것은 맞습니다. 하지만 또 언젠가는 해운 운임 가격이 하락으로 조정될 것이고, 여행객 수요 역시 정체될 것입니다. 대한항공 역시 성장의 한계가 올 것이란 말이죠.

이런 의견에도 일리가 있습니다. 항공산업은 사이클을 타기 때문에 언제 또 코로나19 같은 바이러스나 글로벌 경기침체 혹은 유가의 변동성의 위기가 찾아올지 모르죠. 단순한 여행 재개로는 대한항공에 큰 기대감을 가지기 어려울 수도 있습니다. 하지만 대한항공 역시 이번 코로나 사태를 겪으면서 항공 산업의 침체를 막기 위해 안정적인 사업 포트폴리오를 구축해야 한다는 것을 깨달았습니다. 이런 산업의 사이클을 피하기 위해 기업의 지속가능 경영을 위한 신사업에 진출하게 되는데요.

비행기의 근본, UAM 시장에 진출하는 대한항공

대한항공의 신사업은 무엇이냐? 바로 UAM 도심항공 모빌리 산업입니다. 대한항공은 '항공기업'이라는 본질에 충실한 거죠.

UAM 시장은 2020년 70억 달러, 우리 돈 약 7조 8400억 원에서 2040년 1조 4740억 달러, 우리 돈 1651조 원으로 200배 이상의 성장을 전망했습니다. 20년간 연평균 성장률이 30.7%에 이르는 초고속 성장을 이룰 것이라고 전망됩니다. 이미 보잉과 같은 글로벌 항공기업들은 이 산업에 진출했고, 시장이 크는 크기나 속도를 보면 대한항공 역시 진출을 안 할래야 안 할 수 없는 산업이죠.

특히 대한항공이 UAM 사업의 진출을 주목해야 하는 이유가 있어요. 알고 있을지 모르겠지만, 대한항공은 이미 항공우주산업에 투자해오고 있었습니다. 현재 대한항공의 전체 매출 중 7%는 항공우주 사업에서 나옵니다. 우리가 체감하는 것보다 대한항공이 항공우주 분야를 대하는 자세가 상당히 진지한데요. 대한항공은 2000년대 초반부터 한국항공우주산업(KAI)을 인수하려고 시도했습니다. 2004년, 2006년, 2009년 무려 세 차례나 시도할 정도로 항공우주산업 진출에 대한 의지가 있었죠. 이미 세 차례 도전에 실패했고, 2012년에는 두산중공업과 무리한 가격 경쟁이 붙자 결국 입찰을 포기했습니다. 대한항공에게 항공우주 부문은 꼭 이뤄야 하는 염원 중 하나였습니다. KAI 인수가 불발되자 대한항공은 항공우주 사업을 분사해 투자 유치를 검토할 정도로 국내 항공우주 산업의 통합을 목표로 했어요.

여러 차례 KAI 인수를 시도했던 만큼 대한항공은 항공우주 사업에 대한 이해도가 높을 것으로 예상됩니다. 게다가 아시아나와의 통합으로 이제 대한민국 유일의 FSC 기업이 되었으니, 항공 인프라에 대한 이해도나 서비스, 기체 부문에서 현대차, 한화시스템에 비해 전혀 뒤쳐질 것이 없죠. 그래서 대한항공은 2021년 5월 UAM 사업 추진을 위한 테스크 포스를 공식 출범하며 UAM 시장에 출사표를 던졌습니다. 그동안 항공여객 산업에서 쌓은 노하우로 현재 폭발적으로 성장하고 있는 UAM 시장까지 재패하겠다는 목표를 가지고 있는 것이죠. 현재 국내 UAM 시장의 양대 산맥인 현대자동차와 한화시스템에 이어 대한항공까지 이 시장에 뛰어들면서 UAM 시장에서의 대결에 기대가 모아지고 있습니다. 대한항공은 과거부터 항공우주 산업에 대한 역량을 독자적으로 키워왔기에, 빠른 성장속도를 기대해볼 수도 있을 것 같습니다.

CJ제일제당

식품업계의 새로운 먹거리, 대체육의 시대

    매년 초가 되면 전문가들은 한 해의 전망을 쏟아냅니다. 하지만 코로나19의 등장으로 미래를 점치는 것이 더욱 어려워졌습니다. 의문과 불확실성이 가득해졌고, 견고한 줄 알았던 기존의 삶의 방식이 붕괴되고 있기 때문이죠. 우리가 한때 누리던 일상도 변화하면서 새로운 형태의 '뉴노멀(new normal)'로 재정의되고 있습니다. 이런 변화는 기술 면에서 보면 무궁무진한 기회를 의미합니다. 그래서 많은 사람이 변화한 시대에 뒤쳐지지 않고 신시장을 선점하기 위해 변화할 미래 시장에 투자하기 시작했어요. 그렇게 떠오른 것이 바로 메타버스와 암호화폐죠.

지금부터는 좀 다른 결의 시장을 소개하겠습니다. 가상세계가 아니라 현실세계의 소비재로서 가장 큰 변화가 있는 시장, 바로 대체육 시장입니다. 코로나 사태 이후 대체육 시장이 떠오르고 있습니다. 건강·환경·동물 복지 등의 지속가능성에 대한 관심이 커지면서, 대체육 시장의 성장이 더욱 가속화될 전망이에요.

전 세계 사람들은 고기를 얼마나 먹을까요? 경제 성장과 서구 식문화의 확산 등으로 지난 50년 새 전 세계 고기 소비량은 3배 이상 늘었습니다. 2020년 전 세계인이 소비한 동물성 단백질 총량은 5억 7400만 톤으로 1인당 평균 75kg의 소, 돼지, 닭, 해산물, 유제품, 달걀 등의 동물성 단백질을 먹고 있어요. 우리나라 역시 한국농촌경제연구원이 발표한 「육류 소비행태 변화」 보고서에 따르면 1인당 육류 소비량은 2000년 31.9kg에서 2019년 54.6kg으로 71% 급증했습니다.

하지만 고기 소비가 크게 늘어나면서 가축 수 1천 억 마리에 이르는 축산업에서 나오는 환경 오염, 동물 학대, 육류 섭취가 건강에 끼칠 영향에 대한 우려도 커지고 있습니다. 유엔식량농업기구에 따르면 축산업을 통해 배출되는 온실가스가 전체 배출량의 약 16.5%에 달한다고 합니다. 특히 이중에서 육류제품과 관련된 부분의 비중은 61%가 넘는다고 해요.

세계적으로 권위 있는 학술지 《사이언스》에 기재된 내용에 따르면, 식품 1kg을 생산할 때 발생하는 온실가스의 양은 소고기가 60kg, 양고기가 24kg, 닭이 6kg이었습니다. 반면 쌀은 4kg, 토마토는 1.4kg, 옥수수는 1.0kg으로 육류에 비해 적었습니다. 육류 중에서도 소는 닭보다 60배 이상의 온실가스를 발생시켜 환경오염에 부정적인 영향을 주는 것으로 드러났습니다.

우리가 섭취하는 식품이 환경과 밀접하다는 인식이 퍼지고 동물을 보호하는 움직임이 이어지면서 대체육같이 지속가능한 식품을 만드는 기술 개발이 활발하게 이루어지고 있습니다. 우리나라의 경우 채식주의자가 상대적으로 적어서 대체육 시장의 성장을 체감하기 힘들 수 있지만 미국의 경우 대체육 시장이 매우 발달되어 있습니다. 식물성 재료를 사용한 음식들을 쉽게 찾아볼 수 있죠. 맥도날드의 식물 기반 대체육인 맥플랜트, 버거킹의 식물성 패티를 활용한 플랜트 버거 등 고기를 사용하는 식품기업들도 채식주의자를 위한 메뉴를 내놓았어요.

현재 미국의 대체 단백질 시장은 임파서블 푸드와 비욘드 미트라는 두 기업이 이끌고 있습니다. 물론 비욘드 미트는 2020년에 우리 돈으로 300억 원가량의 적자를 냈을 정도로 아직 이익 면에서는 큰 기대를 하기 힘든 시점입니다. 하지만 비욘드 미트에는 마이크로소프트의 빌게이츠와 세계적인 할리우드 스타 레오나르도 디카프리오가 투자를 했고, 또다른 대체육 기업 중 하나인 임파서블 푸드 역시 올해 100억 달러의 기업가치를 받을 것으로 예상되며 IPO를 준비하고 있습니다. 높은 영업손실을 보고 있는 대체육 기업들이 이토록 지속적인 투자를 받고 기업가치를 높게 평가받는 이유는 무엇일까요? 그 이유는 미래의 지속가능한 새로운 먹거리라는 점에서 시장 성장성이 높다고 평가받기 때문이에요.

2040년에 유통되는 고기의 60%는 대체육?!

국제 시장조사 전문기관 유로모니터에 따르면 세계 대체육 시장은 2023년까지 약 27조 원 규모로 커질 전망이고, 더 나아가 유제품, 달걀 등을 포함한 대체 단백질 식품 시장은 2035년 약 3000억 달러, 우리 돈으로 330조 원 규모로 성장할 것으로 전망되고 있습니다. 특히 대체육의 경우 2030년에 전 세계 육류 시장의 30%를, 2040년에는 60% 이상을 차지할 전망입니다.

이렇게 대체육류가 빠르게 성장할 수 있었던 이유는 대체육류 기술의 발달입니다. 기존에는 콩, 밀과 같은 식물성 원료에 글루텐을 섞어 만든 형태라 아무리 고기 형태를 따라 했어도, 맛에 이질감이 있었을 텐데요. 하지만 최근에는 기술이 발달하며 맛의 간극을 줄이고 환경보호에도 효율적일 것으로 전망됩니다.

'작은 가축'이라 불리는 식용곤충도 미래 대체육으로 손꼽히고 있습니다. 식용곤충은 단백질 함유량이 100g당 50~60g으로 소고기의 2배 이상이고, 20가지 아미노산이 골고루 들어 있어 영양학적으로 우수합니다. 또한 1kg의 단백질을 얻기 위해 곤충에게 필요한 사료는 약 1.7kg으로 소의 6분의 1 수준이므로 효율적이죠.

최근에는 또 다른 대체육 기술이 등장했습니다. 공기에서 발견된 원소로 만든 이른바 '공기단백질 에어프로테인' 기술인데요. 에어프로테인 기술은 1960년대 우주비행사들에게 식량을 공급하기 위한 미국항공우주국(NASA)의 연구에서 출발했습니다. NASA의 과학자들은 수소를 에너지원으로 삼는 미생물인 산화수소체가 이산화탄소를 흡수해 단백질을 만들어내는 것을 발견했고, 여기에서 착안해 대체육을 만드는 기술을 개발했죠.

에어프로테인은 순도 99% 단백질로 아미노산 함유량이 육류보다 풍부해 영양학적으로도 훨씬 훌륭하다고 합니다. 게다가 2017년에는 핀란드의 국립과학연구소 출신 연구원들이 세운 스타트업 '솔라푸드'에서 올해 초 공기와 물, 전기로만 만들 수 있는 '솔레인'이라는 천연단백질 가루를 개발해, 대체단백질 시장성장을 더욱 가속화시키고 있습니다. 솔레인의 단백질 함유량은 65%로 이를 이용해 빵, 파스타, 고기 패티 등으로 다양하게 활용할 수 있죠.

이처럼 대체단백질을 만드는 기술이 발달하고 혁신이 일어나면서 동물 세포 배양육 역시 2013년 최초 개발 당시 생산비용이 파운드(lb)당 120만 달러였으나 현재 7.5달러까지 내려갔습니다. 현재 얼마나 기술이 발달했느냐면, 대표적인 대체단백질 기업인 오션허거푸드는 토마토로 만든 참치, 가지로 만든 장어, 당근으로 만든 연어 제품 등을 개발하고 있습니다. 또 블루날루는 세포배양 방식으로 생선을 만들어내는 기술을 개발해 상용화를 추진하고 있습니다. 대체단백질 시장이 성장할 것으로 예상되면서, 글로벌 기업들은 저마다 기술개발을 추진해 대체단백질 시장을 섭렵하겠다는 움직임을 보이고 있는 것이죠. 현재 온실가스 배출량의 17%를 차지하고 있는 축산업에서 대체육 시장으로의 진입은 피할 수 없는 운명이 될 것입니다. 당장은 이산화탄소를 줄이기 위해 내연기관차를 전기차로 전환하는 흐름이 진행 중이지만 다음 타깃은 육류가 될 가능성이 커 보입니다.

한국의 대체육 시장 진입 속도

그럼 우리나라의 대체육 시장은 어떨까요? 한국채식협회 조사에 따르면, 2008년 15만 명 수준이었던 국내 채식 인구는 2018년엔 150만 명으로 급격하게 증가하고 있습니다. 총 인구의 2~3%에 달하는 수준으로 앞으로도 점점 증가할 것으로 예상되고 있죠.

이런 흐름을 가장 먼저 파악하고 뛰어든 것은 대기업들입니다. 동원 F&B는 2020년부터 미국 식물성 고기 제조업체 비욘드 미트의 제품들을 수입, 유통하고 있고 롯데그룹은 대체육 생산 기술을 보유한 위드바이오코스팜, 바이오제네틱스와 업무협약(MOU)을 체결했죠. CJ제일제당은 2021년부터 대체육 시장이 본격화될 것으로 보고 원천기술 확보가 가장 시급하다고 판단했습니다. 이에 충북 진천에 있는 식품통합 생산기지를 중심으로 대체육 개발에 박차를 가하고 있습니다. 풀무원도 대체육의 한 갈래인 배양육 시장에 도전장을 내밀었습니다. 대체육 사업을 하는 미국 푸드 스타트업에 투자한 것이죠.

아쉬운 것은, 대체육을 유통하거나 투자하는 기업은 있어도 직접 기술 개발을 하는 곳은 없다는 것입니다. 왜냐하면 우리나라는 대체육 시장 성장의 유리천장이 존재하기 때문입니다. 국, 찌개, 탕과 구이 문화의 발달로 육류의 원형이 선호될 뿐만 아니라, 20조 원에 달하는 국내 축산업 종사자들의 생존권 문제도 걸려 있습니다. 전체 농림업 생산액의 40%에 달하는 축산업 종사자들이 과연 대체육 도입을 가만히 놔둘지도 의문입니다.

이미 10년 전부터 대체육류에 대한 세계적 움직임이 보였고, 대체육 시장을 선도하는 나라의 기업들이 많은 연구와 개발을 끝내고 날아오를 준비를 하는 데 비하면 우리나라는 아직 체계가 안 잡혀 있다고 볼 수 있습니다. 정부는 이제서야 부랴부랴 대체육에 대한 'R&D 지원 중장기 로드맵 마련'하며 기업들의 대체육 진입을 장려하고 있습니다. 대체육류 관련 원천기술을 개발하는 업체에 세액공제를 하겠다는 소박한 지원 계획도 눈에 띕니다. 궁여지책으로 대체육류 관련 원천기술을 개발하는 기업에 세액공제를 하겠다는 지원 계획에 그치죠.

하지만 비욘드 미트, 임파서블 푸드 등 글로벌 대체육 기업들이 머지않아 상용화를 앞두고 있는 시점에 정부 차원의 대체육 연구 장려가 필요한 시점입니다. 2040년 전체 유통 육류의 60%가 대체육이 차지한다는 전망이 나오고 있는 만큼, 한국의 식문화 및 유관 산업과의 소통을 통해 정부 차원의 정책적 지원이 마련되어야 할 것입니다. 제도적, 문화적 대비 없이 대체육 시장에서 성공하기는 어렵겠죠. 앞으로 본격적으로 성장해갈 대체육 시장에서 우리나라의 대체육류가 어떤 위치를 차지할지는 기업과 정부의 민첩한 대처에 달려 있습니다.

SPC그룹

추락하는 실적, 연이은 적자 행진, 이대로 무너질 것인가?

SPC 하면 당연히 빵이 떠오릅니다. 길을 걷다 보면 꼭 보이는 파리바게뜨도 SPC그룹에 속해 있죠. 그런데 사실 SPC는 빵 외에도 많은 것을 하고 있는 회사입니다. SPC의 사업부문을 크게 나누면 4가지입니다. 베이커리 부문, 식재료를 만드는 푸드 부문, 식자재를 유통하는 유통 부문 그리고 기타 사업부문입니다.

부문별 실적을 살펴보면 흥미로운 점이 발견할 수 있습니다. 2020년 기준으로 SPC의 매출에서 베이커리는 6천억 원으로 전체 매출의 4분의 1 정도밖에 차지하고 있지 않습니다. 외식사업 부문이 1조 2754억 원으로 전체 매출의 50%를 넘었어요. SPC는 사실 빵보

1) 부문별 손익정보

(단위: 백만 원)

구분	부문매출		부문영업이익	
	당기	전기	당기	전기
BAKERY사업부문	604,210	555,229	40,166	35,682
FOOD사업부문	582,625	480,448	7,723	14,658
유통사업부문	1,275,469	1,106,572	(3,433)	4,897
기타사업부문	216,183	286,692	2,676	4,744
조정	(179,249)	(208,707)	(155)	(61)
합계	2,499,238	2,220,234	46,977	59,920
금융이익	–	–	1,251	820
금융원가	–	–	(8,804)	(5,026)
기타수익	–	–	4,135	7,251
기타비용	–	–	(19,464)	(8,672)
기타차익 및 차손	–	–	(2,052)	(1,215)
세전이익	–	–	22,044	53,078

다 외식 사업에서 더 많은 돈을 버는 것입니다. 이 같이 SPC가 외식 사업 부문에서 흥행할 수 있었던 이유는, 다름 아닌 SPC가 런칭한 쉑쉑버거의 큰 성공 덕분입니다. 국내 런칭 후 7개월 만에 세계 쉑쉑 버거 매장 매출 1위를 기록할 정도로 쉑쉑버거는 대박을 쳤어요. 덕 분에 쉑쉑버거에 식자재를 유통하는 외식사업 부문도 큰 성공을 거 둘 수 있었죠. 게다가 SPC가 추가로 런칭한 에그슬럿도 오픈 첫날 장 맛비에도 300여 명이나 줄을 서는 진풍경을 펼쳤습니다. 이처럼 해 외의 외식 사업을 우리나라에 들여오는 실력은 알아줘야 할 것 같습 니다.

그렇다면 SPC의 사업은 크게 제빵과 외식으로 갈린다고 볼 수 있겠네요. 그런데 2020년 코로나로 외출을 자제하고 집 안에서 식사를 해결하는 문화가 뜨면서 간편식, HMR, 배달 시장이 폭발적으로 성장했죠. SPC는 코로나19로 인해 과연 수혜를 받았을까요?

눈물 젖은 빵과 보릿고개의 외식 사업

SPC의 제빵과 외식 사업을 보면 빵의 판매량 자체는 2020년 코로나19로 인해 일순간 증가했었습니다. 쓱닷컴에 따르면 2020년 2, 3월 베이커리 매출이 전년 동기 대비 각각 344.8%, 191.7% 증가했고, 마켓컬리 역시 2020년 1~3월 판매된 베이커리 상품 판매량이 전년 동기 대비 707% 증가했습니다 SPC의 파리바게뜨도 판매량이 식빵 20%, 간편식 10%이 올랐다고 합니다. 비대면 시대에 간편식 수요가 늘면서, 그중 간단하게 먹을 수 있는 빵 판매량 역시 증가했죠.

실제로 2020년 1분기부터 3분기까지의 SPC의 베이커리 부문의 실적을 살펴본 결과 2분기 매출은 전년 대비 23% 증가하고 3분기에는 8% 증가했어요. 하지만 이는 어디까지나 베이커리 부문에 관한 이야기고요. SPC 실적 전체를 보면 상황이 다릅니다.

2020년 SPC의 전년 동기 대비 분기별 실적을 보면 빵 이외 다른 부문들의 업황이 심상치 않은 것을 알 수 있어요. SPC의 경우 1분기 영업이익률이 전년 동기 대비 28% 감소, 2분기에 44% 감소했어요. 3분기에는 훅 뛰었지만 2019년 실적이 너무 안 좋았기에 평범한 중위 수준으로 올라온 거죠. 4분기 역시 기대 이하의 실적을 보여줘 2020년은 매출 2조 5427억 원으로 매년 7~13% 성장하던 매출 성장률이 2%에 그치고 맙니다.

코로나19의 수혜를 받았을 것 같은 SPC이지만, 실적은 기대감과는 달리 너무나도 떨어지고 있어요. 나름 빵은 많이 팔린 것 같은데 왜 안 좋을까요? 그 이유는 앞에서 언급했던 SPC의 사업부문 비중을 곱씹어보면 알 수 있습니다. 베이커리 부문에서는 성장했지만 SPC가 야심차게 준비하며 진출했던 사업 포트폴리오는 코로나19의 마이너스 영향권에 있기 때문이죠.

가장 큰 타격을 받은 건 대단위 납품이 축소되었기 때문입니다. 코로나 사태로 개학 연기, 휴교, 재택수업이 이어지며 학교 급식과 빵 납품 등이 중단되면서 가장 매출을 많이 끌어오는 유통과 베이커리 부문에서 타격을 입었어요.

또한 SPC가 2017년 이후 키워왔던 사업이 외식 사업이에요. 2016년 6월에 런칭한 쉑쉑버거를 전국 14개 점포로 확장하고, 2019년 7월에 에그슬럿을 런칭하며 외식 사업을 확대했죠. 하지만 코로나 팬데믹 상황에서 외출자제 확산, 사회적 거리두기로 인해 SPC가 밀고 있는 외식 사업은 부진을 면치 못하고 있고, 에그슬럿도 작년 7월에 코엑스 1호점을 개점한 후 추가 출점 등의 적극적인 활동을 보여주지 못하고 있습니다.

국내 외식업계가 코로나19 발발로 직격탄을 맞은 건 사실이지만,

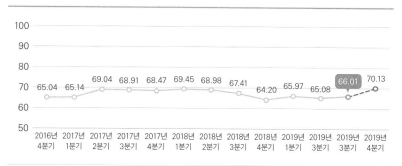

외식 산업 경기전망지수 추이

	2016년 4분기	2017년 1분기	2017년 2분기	2017년 3분기	2017년 4분기	2018년 1분기	2018년 2분기	2018년 3분기	2018년 4분기	2019년 1분기	2019년 3분기	2019년 3분기	2019년 4분기
	65.04	65.14	69.04	68.91	68.47	69.45	68.98	67.41	64.20	65.97	65.08	66.01	70.13

이전부터 경기가 좋지 않았습니다. 다음 그래프는 2016년 4분기부터 2019년 4분기까지의 외식 산업 경기전망지수인데요. 이 수치가 100을 넘으면 성장, 100을 밑돌면 역성장을 의미합니다. 외식 산업 경기전망지수는 2016년 4분기부터 2019년 3분기까지 단 한 차례도 100을 넘지 못하고 있죠.

당시엔 경기침체의 가장 큰 원인으로 1인가구의 증가를 지목했었습니다. 1인가구의 증가로 배달을 하는 사람이 늘고 혼밥족이 등장하면서 밖에서 식사를 하는 사람이 줄었다고 본 거죠. 외식 산업의 침체가 인구구조적인 문제에 기인한다고 추정했어요.

SPC에게도 이런 상황은 상당히 골칫거리였죠. 소비자의 라이프스타일이 외식에서 혼밥과 배달로, 오프라인에서 온라인으로 옮겨 갔으니, 인프라의 대부분을 오프라인에 중점을 두고 있는 SPC의 입장에서는 달갑지 않았을 것입니다.

크게 한 방 노린 휴게소 사업, 그 결과는?

　물론 SPC도 이런 사회적 흐름과 시장의 변화는 일찍이 예견했습니다. 제빵뿐 아니라 해외 외식 브랜드 런칭, 유통분야 확장 등 많은 사업에 진출한 것이 바로 그 이유 때문이었죠. 그러면서 SPC가 전략적으로 진출했던 사업 중 하나가 바로 휴게소 사업이었어요. 의아할지 모르겠지만 휴게소 시장은 그 규모가 2010년 2조 2천억 원 수준에서 2017년 4조 원 수준으로 연 9%씩 꾸준히 성장하고 있는 알짜배기 시장이에요.

　SPC는 사업 포트폴리오를 다각화하기 위해 2010년부터 고속도로 휴게소 컨세션 사업에 뛰어들어 가평 상·하행, 김천 상·하행, 황전 상·하행, 진주 하행 지점 등 총 7곳의 휴게소를 운영하고 있어요. 가

휴게소 시장 규모 및 특징

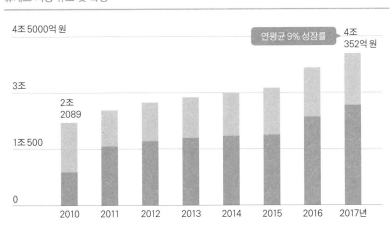

자료: 한국도로공사

평휴게소 같은 경우는 연간 1000억 원의 매출을 기대할 수 있는 전국 2위의 휴게소인데요. 이 경영권을 따내기 위해 수천억 원을 베팅했다는 이야기가 있을 정도로, 상당히 공격적으로 진출했어요.

휴게소 사업 같은 경우, 마진이 높고 온라인의 영향이 없기 때문에 현재 SPC의 포트폴리오인 제빵, 외식, 식자재, 유통까지 오프라인 위주의 인프라를 보유하고 있는 SPC에게는 안성맞춤이었죠. 게다가 휴게소 사업의 특징상 온라인이 침투 불가능하고 꾸준한 국내 여행객이라는 고객층까지 확보되어 있으니 이만한 시장이 없었죠. 하지만 안타깝게도 코로나19가 등장하면서 여행객이 줄고 대목인 명절에도 실내 취식이 금지되었으니, 휴게소 사업도 코로나의 손길에 잡혀버리고 말았어요.

그동안 SPC는 변화하는 소비자의 라이프스타일과 시장의 흐름에 잘 대처해왔지만, 코로나 사태 이후로 손 대는 사업마다 침체기를 맞이하고 있어요. 그런데 그 이면에 생각해볼 점이 있습니다. 코로나는 시기적인 문제일 뿐, SPC가 진출했던 사업의 형태에 문제가 있었던 건 아니죠. SPC의 뿌리인 베이커리 부문은 예나 지금이나 선방하고 있고, 식자재 유통 부문에서도 쉐쉐버거가 세계 매출 1위를 달성하는가 하면, 유통 부문도 그에 걸맞게 성장하고 있습니다. 휴게소도 코로나 사태로 인해 해외여행 대신 국내에서 나들이를 즐기는 사람이 늘어나고 있는 만큼, 상황이 정상화된다면 얼마든지 성장할 가능성이 있다고 생각합니다.

결혼율 감소, 건설경기 축소!
한샘이 위기를 벗어나는 법

오랜 역사와 전통을 가진 한샘의 주인이 바뀌었죠? 한샘의 역사를 한번 간략히 살펴봅시다. 한샘은 1970년 서울 은평구에서 싱크대 제조회사로 시작했습니다. 창립자인 조창걸 한샘 명예회장이 당시 주부들이 아궁이 부엌에 쪼그리고 앉아 일을 하는 것을 보고, 서양식 '입식 주방'을 도입하자는 아이디어를 떠올렸다고 합니다. 오늘날의 서양식 주방을 보편화시킨 것이 한샘이라고 봐도 과언이 아닐 정도로 당시 한샘의 서양식 주방 도입은 획기적인 아이디어였습니다. '주방 = 한샘'이라는 공식은 사실 이때부터 시작되었죠. 물론 한샘은 아직도 주방에서만 연 1조 원의 매출을 내고 있습니다.

한샘은 1970~1980년대 국내 아파트 건설 붐을 타면서 고성장했고, 1990년대 분당과 일산 등에 대규모 신도시가 건설될 때는 '종합 홈 인테리어 기업'을 목표로, 국내 가구 시장을 공략하며 본격적인 가구 회사로 변합니다. 흥미로운 점은 소유와 경영이 분리되고 있다는 것입니다. 창업주 조창걸 명예회장에서 최양하 전 한샘회장으로 경영권이 이어졌고, 이후에는 강승수 대표이사가 회장 자리에 앉았죠.

우리나라 가구계의 역사는 한샘의 주가 그래프를 따라간다고 봐도 과언이 아닙니다. 2014년도에 한샘의 주가가 올랐는데 그 이유는 이케아의 한국 진출 때문이었습니다. 이케아가 한국에 진출하며 가구의 인식을 바꿉니다. 가구를 오래 쓰는 것보다 트렌드에 따라 교체한다는 인식과 더불어 당시 1인 가구 증가, DIY, 집꾸미기 등 홈퍼니싱 바람이 가구업계 전반에 몰아치죠. 실제로 한샘의 경우 2017년에 연매출 2조 원을 달성하는 기염을 토하기도 했어요. 하지만 아쉽게도 오래가지는 못했습니다.

가구 산업의 경기가 안 좋아진 가장 큰 원인은 부동산 경기 부진입니다. 2019년 전국 주택 매매량이 2018년 대비 28.2% 감소했고 서울은 무려 56%가 줄어들었습니다. 2019년 상반기 아파트 거래량은 14만 5천 가구를 기록하여, 아파트 실거래 통계를 기록한 2006년 이후 최저치를 기록했습니다. 빠른 집값 상승, 대출 규제, 정부 정책 등으로 인한 불확실성 확대가 아파트 거래 감소에 큰 영향을 미쳤죠.

가구와 인테리어 구매는 이사나 신혼의 비중이 높아 주택 매매거래량의 영향을 받는데, 주택 매매량이 감소하면 신규 가구 구매에 대한 수요도 줄어듭니다. 실제로 한샘의 매출을 보면 2012년부터 매출이 급성장해 2017년 2조 원의 매출을 달성했으나, 부동산 경기 부진 이후 매출 하락과 더불어 영업이익률은 반토막이 났습니다. 영업이익률이 높은 B2C 부문의 매출 하락이 가장 큰 이유로 꼽힙니다.

인테리어 시장과 이커머스의 쌍끌이

이런 상황을 타계할 한샘의 돌파구는 무엇이었을까요? 가구 자체의 매출이 줄어들어 시장 저점을 통과하고 있는 상황에서, 한샘은 성장세가 뚜렷한 '리하우스' 사업 확대에 나섰습니다. 리하우스는 인테리어 설계에서 발주, 물류, 시공, 사후관리(AS) 등 인테리어의 전 과정을 제공하는 서비스입니다.

한국건설산업연구원에 따르면, 국내 인테리어·리모델링 시장 규모는 2000년 9조 1000억 원 수준이었지만 2016년에는 28조 4000억 원으로 성장했고, 2020년에는 41조 5000억 원, 2021년에는 약 60조 원의 규모로 성장했습니다.

여기서 한 가지 꿀팁을 알려드릴게요. 앞으로 산업의 전망이 어떻게 될까 궁금할 때는 우리의 미래를 먼저 경험한 주변 나라의 상황을 보면 됩니다. 옆나라 일본의 경우 부동산 시장이 위축되고 노후 주택이 증가하면서 인테리어 시장이 크게 확대되었습니다. 현재 한국의 노후 주택이 급속도로 늘고 있는 만큼 인테리어 시장이 성장하는 건 시간 문제일 것 같죠. 국내 굴지의 대기업들도 인테리어 시장을 노리는 것을 보면 더욱 그렇습니다. 현대백화점그룹이 한화L&C를 인수했고, 신세계그룹이 까사미아를 인수하며 인테리어 시장을 공략할 준비를 하고 있어요.

이런 상황에서 한샘은 리하우스 대리점을 공격적으로 늘립니다. 리하우스의 대리점 수를 2018년 82개에서 2020년 1월 기준 401개로 늘렸어요. 공격적인 마케팅 덕분인지 실제 리모델링 관련 매출은 매년 급증했습니다. 2016년 본격적으로 한샘 리하우스로 인테리어 사업에 진출하면서 2013년 1455억 원이었던 인테리어 부문 매출이 3623억 원으로 성장했고, 2020년에는 5681억 원을 기록했습니다.

한샘 리하우스의 성공 비결은 주방 영업으로 다져진 시공 시스템이 타 브랜드에 비해 높다는 데 있습니다. 한샘에서 제품만 담당하는 시공 기사가 4500여 명 이상이고, 인테리어 시공 기간도 모듈화 시스템을 구축해 기존에 1~2개월에서 일주일로 대폭 줄였어요. 이런 리하우스의 실적으로 한샘은 2020년 매출 2조 674억 원, 201년 2조 625억 원으로 사상 최대치를 경신하며 턴어라운드(Turnaround, 침체된 조직을 되살림)에 성공하죠. 리하우스가 현재 한샘의 효자노릇을 톡톡히 하고 있는 것입니다.

그런데 한샘에게 이렇게 훌륭한 실적을 가져다준 것은 사실 리하우스뿐만이 아니에요. 한샘의 실적을 묵묵히 뒤에서 이끌어주고 있는 '이커머스' 역시 한샘의 성장에 일조했습니다. 온라인 가구 시장은 매년 두 자릿수 이상 성장하고 있습니다. 통계청에 따르면 가구 분야

온라인 쇼핑 거래액은 2017년 2조 6118억 원에서 2018년에는 3조 1334억 원, 2019년 3조 4756억 원, 2020년에는 4조 9880억 원으로 사실상 5조를 달성하면서 가구 시장이 연 10조로 성장했다고 합니다. 특히 2020년에 급성장했는데 그 이유는 코로나19의 영향으로 단순히 잠만 자는 공간이었던 집이 먹고 마시고 일하고 즐기는 공간이 되었기 때문이죠. 이에 따라 소파, 수납장은 물론이고 재택근무를 위한 책상, 의자 등의 판매가 늘어난 덕분입니다.

물론 가구업계에서 나름대로 차별화된 서비스를 내놓고 있다는 것도 또 다른 요인입니다. 대림 디움은 고객들을 위해 집에서 간단한 클릭만으로 견적을 낼 수 있는 VR 쇼룸 서비스를 내놓았고, 한샘은 온파인 VR 하우스를 내놓았어요. LG하우시스도 VR까진 아니지만 실제 도면에 따라 전체 견적을 받아볼 수 있게 했습니다. VR이 발전하면서 오프라인에서 할 수 있던 것들을 이제는 온라인으로 충분히 실현할 수 있게 되었어요.

주택 시장의 환경을 고려하면 점진적으로 리모델링 시장이 재확대될 가능성이 존재하는 한편, 리하우스 브랜드를 통한 한샘의 종합 인테리어 사업 확대는 지속될 것으로 보입니다. 다만 한샘이 현재 재진입을 준비 중인 중국 시장이 건설 경기 둔화로 인해 파이가 작아졌어요. 그래서 중국 현지 업체들과 경쟁을 통해 살아남아야 한다는 점이 가장 주목할 부분입니다. 더불어 연 두 자리 수 이상의 높은 성장을 지속하고 있는 온라인 가구 시장에서 경쟁사에 비해 어떻게 차별화된 서비스를 내놓을 것인지에 대해서도 고민해야 할 것입니다.

현대백화점

휴식공간으로 변화하고 있는 백화점의 미래

현재 우리나라 백화점의 시장 규모는 약 29조 원입니다. 2012년 이후 29조 원대의 매출 규모를 유지하고 있죠. 2000년대 중반까지는 고속성장을 기록했지만, 경기침체와 소비 트렌드의 변화, 유통 규제로 인해 정체기에 접어들었습니다. 점유율은 어떻게 될까요? 주요 메이저 백화점의 점유율은 롯데가 약 40% 신세계 30%, 현대 30%순입니다.

현재 백화점업계에서는 새로운 소비 트렌드로 가격 대비 만족도, 즉 '가심비'가 떠오르고 있습니다. 최근 침체된 경기로 인해 비식품 부문에서 대부분의 매출 비중이 감소하고 있는데, 되려 명품의 매출 비중이 증가하고 있는 것입니다. 백화점업계에서 명품이 차지하는 매출 비중은 30% 정도입니다.

흥미로운 점은 명품 매출을 극대화하고 있는 고객층이 20~30대라는 점입니다. 백화점 명품 매출에서 2030세대가 차지하는 비중은 2021년 기준 신세계가 48.2%, 롯데 45%, 현대 44.7%로 MZ세대가 백화점 명품 매출의 큰손으로 떠오른 것인데요.

그 이유는 '가치소비' 트렌드가 확대되고 있기 때문입니다. MZ세대는 중고가 상품에 만족하지 않고 남들이 쉽게 살 수 없는 고가 명품을 찾으면서 가치소비에 중점을 두는 정서가 있죠. 국내외 패션 트렌드에 관심을 갖고 소비를 통해 자신의 개성을 표현하려는 경향이 강한 MZ세대의 특성이 명품 수요 증가로 이어진 것입니다.

실제로 백화점 상품군별 매출 증감률을 보면 여성정장, 여성 캐쥬얼, 남성 의류 모두 역성장을 기록한 반면에 해외명품 매출은 증가했습니다. 해외명품 및 식품을 제외한 전 품목에서 역성장을 한 것이죠.

백화점들은 이런 추세와 소비자들의 라이프스타일에 맞춰서 명품 숍을 늘리는가 하면 아울렛을 증설하는 등의 행보를 보이고 있습니다. 역성장하는 품목 대신 명품 매출이 증가하며 어느 정도 선방을 했지만, 중장기적 관점으로 반짝 명품 효과가 아닌 신규 매출 동력을 찾아야 하는 상황에 놓여 있죠.

면세점의 연이은 악재, 봄날은 올까?

백화점들이 침체된 매출을 개선할 새로운 먹거리로 찾은 답은 면세점 사업이었죠. 면세점 시장은 2017년부터 급성장을 했어요. 2017년 14조 4684억 원에 불과했던 면세점 시장이 2018년엔 약 19조 원, 2019년에는 24조 원으로 매년 30% 성장했고, 2년 만에 10조 이상 시장 규모가 커지며 폭발적인 성장을 이어갑니다. 2018년, 2019년까지만 하더라도 면세점 사업은 황금알을 낳는 거위라 불리며, 각 백화점 그룹과 민간 그룹이 치열하게 경쟁했던 사업입니다. 물론 2020년에는 코로나19로 인해 시장이 축소되면서 다시 15조 원 규모로 가라앉고 말았지만요.

그럼 면세점이 잘나가던 시절 국내 점유율은 어땠을까요? 2018년 롯데면세점 40%, 신라면세점 30%, 신세계 면세점 16%순으로 빅 3 점유율을 보였습니다. 전 세계 면세 시장 역시 2025년 면세점의 규모가 약 140조 원으로 전망되었고, 우리나라는 2016년 국가별 기준 17.2%로 면세 시장 내 세계 점유율 1위를 유지하고 있을 정도로 상당히 매력적인 시장이었죠.

당시에 면세점이 성공할 수 있었던 가장 큰 이유는 아무래도 한류 열풍 때문이었죠. 한류 열풍으로 인해 특히 중국 관광객이 증가하며 '따이궁'이라 불리는 보따리상들이 유입되면서 면세점 시장이 큰 폭으로 성장할 수 있었습니다.

그런데 한화갤러리아와 두산이 면세점 특허권을 반납하며 면세점 시장 철수를 결정하는데요. 그 이유는 높은 매출 속에 숨어 있는 비효율적인 과잉 비용 시스템 때문입니다. 시내 면세점의 경우 주요 관광지에 위치해 면세 대상인 외국인 관광객 유치를 통해 매출을 달성합니다. 하지만 관광지별 유동인구의 차이가 있을뿐더러 객단가가 높은 고객을 유치하는 것이 중요한 전략이라 여행사에 따이궁 유치에 대한 송객 수수료를 지급하고 특별 할인을 적용하는 등 마케팅 비용을 끊임없이 써야 하죠. 이는 면세점 간의 출혈 경쟁으로 이어졌고, 2013년 2966억 원이었던 모객 수수료가 2018년에는 1조 3000억 원으로 5년 만에 약 4배 이상 올랐습니다.

당연한 이야기겠지만 이와 같은 상황 속에서 후발주자인 현대백화점 면세점은 기존에 면세점 시장을 쥐고 있는 경쟁사를 이겨내기 위해 끊임없는 수수료 경쟁을 이어가는 상황에 놓이죠. 2018년 출혈 경쟁 속에서 출점한 후 반년 만에 650억 원의 적자를 냈고, 2020년까지도 112억 원의 영업손실이 이어졌습니다. 경쟁사인 신세계디에프가 2020년 매출 4789억 원에 영업이익 231억 원으로 흑자 전환한 것과는 상당히 대조되죠. 2018년 11월 서울 삼성동 현대백화점 무역센터점에 면세점을 개점하며 기존 명동, 장충동 등의 위치했던 기존의 경쟁사와 달리 강남에 자리 잡으며 면세점 강남 시대를 열었지만, 여러 개점을 운영하는 빅 3의 운영과 달리 단독점을 운영했기에 당연한 결과였습니다. 빅 3가 면세시장을 80% 이상 차지하는 상황에서 시내 면세점 한 곳만으로 수익을 내기엔 역부족이니까요.

현대백화점이 흑자로 전환하기 위해서는 추가로 시내 면세점을 확보해야 했습니다. 그래서 2019년 매물로 나온 두산타워 면세점을 618억 원에 인수했죠. 그런데 2020년 코로나19로 인한 글로벌 불경기와 항공여객 감소, 여행객 감소로 면세점 시장이 위축되며, 규모의 경제 효과도 발휘할 수 없게 되었습니다.

현재까지 현대백화점은 현대면세점에 2500억 원을 출자한 상황입니다. 내부적으론 시장 다각화를 위해 지속적으로 출자할 예정입니다. 하지만 업계의 후발주자로서 현대면세점이 안착하기 위해서는 걸림돌이 너무나도 많습니다. 이미 국내 면세 시장이 포화상태에 접어들었기에 제 살을 깎는 출혈 경쟁이 지속되고 있죠. 경쟁사의 고객들을 끌어들이려면 결국 기존과 마찬가지로 출혈 경쟁을 하게 되겠죠. 현재도 국내 빅 3 면세점은 매출은 증가했으나 출혈 경쟁으로 인해 오히려 이익은 하락하고 있는 상황인데 말입니다. 국내 빅 3 백화점이라는 든든한 배경을 쥐고 있긴 하지만, 언제까지 그것만으로 버틸 수 있을지, 그리고 어떻게 시장을 흔들 것인지가 관건일 것입니다.

신세계

백화점의 미래 경쟁상대는
롯데월드다?

2020년 코로나는 참 많은 것을 앗아갔습니다. 사람들의 일상을 앗아갔고, 그에 따라 경제 위기가 찾아왔습니다. 특히나 경기에 따라 실적이 크게 좌우되는 백화점은 더 큰 타격을 입었습니다. 롯데, 신세계, 현대라는 빅 3 백화점 기업들이 공시한 2020년 실적을 보면 백화점이 처한 현실을 더욱 잘 알 수 있습니다. 각 사 백화점 부문 매출 기준 신세계 백화점은 매출 −6%, 영업이익 −43%를 기록했고, 현대 백화점의 경우 전년 대비 매출은 3% 신장하면서 나름 선방했지만, 영업이익은 −53%로 반토막이 났어요. 롯데백화점은 매출 −15%, 영업이익 −37%로 매출마저 크게 꺾였습니다. 코로나19로 인해 오프라인 모객을 적극적으로 해야 하는 백화점이 특히 타격을 많이 입었죠.

하지만 여기서 주목해서 봐야 할 점은 매출과 영업이익의 등락의 괴리가 크다는 것입니다. 백화점 3사 실적의 공통점은 매출에서는 선방했지만 영업이익은 다들 반토막이 났다는 거예요. 매출 흐름이 기존과 같았다면 보존된 매출만큼 영업이익도 선방할 수 있었겠지만, 영업이익은 매출에 비해 상당히 많이 떨어졌습니다. 그 이유는 바로 백화점에서 팔리는 것과 안 팔리는 것이 너무 극명하게 갈렸기 때문이에요.

2020년 월별 백화점 매출 동향을 보면, 품목별로 백화점의 매출 흐름이 극명하게 갈립니다. 기존에 돈을 벌어다주던 고마진 상품들인 여성정장, 캐주얼, 남성의류, 아동스포츠 그리고 잡화의 매출이 전년 대비 한 차례도 빠지지 않고 마이너스가 나고 있고, 심지어 백화점 매출에서 마진은 적지만 매출은 선방하던 식품 코너도 2020년에는 역성장을 하고 맙니다. 의류 매출이 줄어든 건 계속 그래왔다 쳐도 식품마저 매출이 빠진 것은 코로나로 인해 백화점이 얼마나 치명타를 입었는지 알 수 있는 부분입니다.

이렇게 하락한 매출을 지탱해주는 것이 무엇이냐, 바로 해외 유명 브랜드입니다. 불경기에 베블런 효과 혹은 립스틱 효과라고 하는 과시성 소비가 늘어나며 할인도 없고 비싼 에르메스, 루이비통, 샤넬 등의 명품 소비는 늘어났다는 거죠. 이 시국에도 샤넬 매장에 들어가려는 사람들로 긴 줄이 늘어선 '샤넬 오픈런' 사진을 한번쯤 봤을 것입니다. 이런 명품들이 백화점의 매출을 지켜주고 있어요.

하지만 문제는 명품이 많이 팔려도 백화점에 떨어지는 돈이 상대적으로 적다는 거예요. 일반적인 판매 수수료가 20~30% 수준인 것에 비해 명품 브랜드 수수료는 15%로 백화점이 가져가는 마진이 적어요. 이 때문에 백화점의 영업이익이 반토막 나는 상황을 맞은 거죠.

백화점 3사 실적에서 봤듯이 이런 명품의 특징 때문에 제일 큰 피해를 본 곳이 롯데백화점입니다. 롯데백화점은 매출 자체도 경쟁사에 비해 많이 감소하면서 15%씩 떨어졌습니다. 롯데백화점은 매장 수가 많은데, 여기에는 소형점 위주라는 점이 플러스 요인이 되었어요. 다른 한편으로는 소형점이 많다는 점이 해외 유명 브랜드를 유치할 때는 단점이 되죠. 그래서 매출 면에서 큰 타격을 입었어요.

그런데 이런 상황을 꼭 불황으로 인한 변화로 볼 것이 아니라, 백화점 매출 구조에 있어 패러다임의 전환으로도 볼 수 있습니다. 사실 기존에도 백화점의 명품 매출 쏠림 현상은 존재했습니다. 이커머스가 발달하면서 이커머스의 침투율이 서서히 올라갔죠. 한국 경제가 저성장 장기불황에 접어들며 기존에 백화점에서 영업이익을 책임지던 높은 마진율의 의류들을 이제는 아울렛에서 저렴하게 구매하는 것으로 변했고요. 즉 지금의 백화점 매출은 코로나로 인한 단발적인 상황이 아니라, 저성장기인 백화점이 언젠가는 맞이했어야 할 필연적인 운명이라는 것입니다.

백화점이 눈부시게 성장했던 1980~1990년 고성장 시대에는 인테리어를 화려하게 하고 유명한 브랜드만 전시해놓기만 하면 이익을 끌어왔어요. 그게 지금껏 우리가 알고 있던 전형적인 백화점의 모습이었죠. 하지만 이제는 국내 경기가 저성장에 돌입했고 소비자들의 라이프스타일이 변화한 만큼 백화점도 변화해야 할 때가 왔습니다. 실제로 그런 움직임도 있어요. 영화관이나 문화센터를 백화점 안에 유치하고, 1층에 식품관을 입점시키고, 각종 맛집과 먹거리들을 들여오죠. 백화점의 이런 움직임은 새로운 모습으로의 전환을 시도하는 것으로 볼 수 있습니다.

백화점의 진화, 쇼퍼테인먼트

이제 지금까지의 백화점보다 한 수, 아니 두 수 더 멀리 볼 필요가 있어요. 백화점은 그동안 우리가 알던, 고급 인테리어에 브랜드들이 입점해 있는 모습에서 고객의 경험을 극대화시키는 미래형 백화점으로 변화할 겁니다. 이런 변화를 선도하는 두 회사를 소개할게요.

첫번째는 엔터테인먼트와 쇼핑을 합친 쇼퍼테인먼트를 내놓은 신세계의 스타필드입니다. 스타필드는 이미 다들 잘 알 텐데요. 2016년을 시작으로 신세계백화점 센텀시티점, 타임스퀘어 등 2세대 복합쇼핑의 센세이션을 일으킨 신세계가 새롭게 내놓은 쇼핑몰입니다. 기존에 식품관, 주얼리, 브랜드 등 일반적인 브랜드를 들여놓은 수직형 백화점 구조에서 탈피해, 스타필드는 총 4층의 저층에다 가로로 넓은 쇼핑 공간에 자연 채광을 접목해서 미국 교외형 쇼핑몰과 비슷한 모습을 하고 있어요. 수직 이동이 적어 쇼핑의 편의를 높이고 쇼핑뿐만 아니라 아쿠아필드, 스포츠몬스터 등의 엔터테인먼트 요소도 결합시키며 쇼핑을 하는 공간일 뿐 아니라 힐링과 휴식, 문화체험도 할 수 있도록 설계한 미래형 유통구조입니다. 지금이야 우리가 스타필드에 익숙하고 이런 구조의 쇼핑몰이 많이 생겼지만 처음 스타필드가 생겼을 때는 백화점업계의 혁명이었죠.

스타필드를 시작으로 신세계는 오프라인 유통의 패러다임 전환에 대해 상당히 적극적입니다. 현재 스타필드는 신세계가 유통 부문에 투자한 금액의 40%를 차지하고 있으며, 안성, 청라, 창원 등에 스타필드를 오픈하려고 기획하고 있습니다.

그런데 스타필드가 신세계가 목표로 하고 있는 유통혁신의 끝이 아닙니다. 정용진 회장은 화성에 국제테마파크 조성을 위해 별도 법인 신세계화성을 설립했는데요. 한국판 디즈니랜드를 만드는 것을 목표로 하고 있습니다. 현재 화성국제테마파크에 약 4조 5700억 원을 투자하며, 유통의 패러다임을 테마파크로 바꾸고 있습니다. 신세계가 투자하는 화성국제테마파크는 약 315만 제곱미터 규모인데요. 이는 일본 유니버설 스튜디오보다 6배 넓은 크기에다 놀이기구, 워터파크, 공룡탐험, 장난감나라의 4가지 테마를 가지고, 심지어 호텔, 쇼핑몰, K-POP 공연장, 골프장도 들어설 예정이라고 합니다.

신세계가 야구단 SK와이번스를 인수하고 SSG 랜더스라는 이름으로 프로야구까지 진출한 것도 신세계가 지향하는 오프라인 유통계의 엔터테인먼트를 강화하려는 목적이죠. 쇼핑, 엔터테인먼트, 호텔, 스포츠 등 사람들이 여가생활에 소비할 수 있는 것들을 신세계의 한 창구에 모아놓고 신세계 유니버스에서 고객들의 소비를 극대화하는 테마파크를 선보이겠는 야심입니다. 다시 말해, 기존에 한국에 없던 테마파크를 만들어 집객을 증가시키고 고객들의 체류 시간을 늘려서 백화점 빅 3의 경쟁에서 앞서겠다는 것입니다.

이제 휴식은 공원이 아니라 백화점에서

다음으로 백화점의 미래를 선보이고 있는 곳은 바로 최근 여의도에 오픈한 현대백화점의 '더현대 서울'입니다. 더현대 서울이 지향하는 백화점의 미래는 바로 '친환경 미래형'인데요. 더현대 서울은 현대백화점이 2002년 목동점 이후 19년 만에, 백화점 3사를 통틀어도 2011년 롯데백화점 김포공항점 이후 10년 만에 서울에 등장한 신규 점포입니다. 개점 전부터 '서울에서 가장 큰 백화점'이라는 타이틀로 화제였지만, 하필 오픈하는 코로나 사태와 겹쳐 과연 잘될 것인가 의문이었습니다. 게다가 앞서 말한 것처럼 요즘 백화점 매출은 명품 매출이 주로 이끌고 있는데, 더현대 서울에는 에르메스, 루이비통, 샤넬이라는 3대 명품 브랜드가 입점하지 않았거든요.

하지만 놀랍게도 이 의심은 보기 좋게 틀렸습니다. 오픈 첫 주말에만 370억 원 매출을 올리고 일매출만 100억 원을 넘기며 현대백화점 개점 이후 사상 최초로 일매출 최대 실적을 기록하는 쾌거를 올립니다. 더욱 대단한 것은 역시 금방 얘기한 명품 3대장 없이 달성한 매출이란 거죠. 그뿐 아니라 영업 면적은 축구장 13개 크기지만 실제로 영업이 가능한 면적은 49%로, 기존 현대백화점 15개 점포의 평균 영업면적 65%보다 30%가량 작아요.

그런데도 이렇게 성공할 수 있었던 비결은 고객들에게 새롭게 제시한 자연친화형 미래 백화점이라는 콘셉트입니다. 스타필드는 4층 이하 저층의 횡 구조로 넓은 부지 사용을 위해 비교적 도시 외곽에 위치한 반면, 더현대 서울은 서울 여의도 중심부에 위치하는 전형적인 도심형 백화점입니다. 그런데도 영업면적의 절반 이상을 조경과 휴식 공간으로 꾸며 백화점을 휴식할 수 있는 공간으로 제공합니다. 이 전략이 고객들에게 안정감과 만족감을 준 거죠. 그 결과 더현대 서울을 찾는 사람은 지속적으로 증가하고, 여전히 명품에 쏠려 있는 백화점의 매출 구조에서 명품에 의존하지 않고 사상 최대의 매출을 창출한 것입니다.

요약하자면, 미래형 백화점은 두 가지의 모습으로 볼 수 있습니다. 첫 번째는 도시 외곽에 위치해 쇼핑뿐 아니라 놀이동산, 스포츠, 엔터테인먼트까지 제공하는 쇼퍼테인먼트 백화점, 두 번째는 도시 중심부에 위치해 고객들에게 안정감과 휴식 경험을 제공하는 미래형 백화점입니다. 백화점의 매출 구조에서 의류 브랜드가 감소하고 명품으로 쏠림현상이 커지고 있는 만큼 더 이상 과하게 많은 브랜드를 유치하기보다, 높은 매출을 낼 수 있는 브랜드를 효율적으로 배치하고 고객 공간을 더욱 중요시하는 형태로 변하겠죠.

KT&G

담배회사가 코로나 불황에도
성장한 비결

　우리나라 제조업의 영업이익률은 2017년에 사상 최고를 찍어 7.6%입니다. 심지어 코스피, 코스닥 상장사의 실적을 보면 평균 영업이익률은 4%대입니다. 여러분이 체감할 수 있는 회사의 영업이익률을 말하자면, 마트에서 흔히 볼 수 있는 농심의 영업이익률이 4%를 웃돌고 있죠. 그 외에 내로라하는 대기업들도 영업이익률 10%를 넘는 것은 상당히 힘든 편입니다. 1만 원 짜리 물건 하나를 팔아도 500원을 남기기가 상당히 힘들어요. 하지만 KT&G의 영업이익률은 무려 20%가 넘습니다. 매출은 5조 원 수준인데 영업이익은 수년째 1조 원이상의 실적을 가져다주고 있습니다.

국내 제조업 평균 영업이익률이 4%대라는데, KT&G의 영업이익률의 이토록 큰 이유는 무엇일까요? 아이러니하게도 담배가 규제산업이기 때문입니다. 담배값의 70%는 세금입니다. 통상 담배 가격이 오를 때 담배회사에서 파는 마진이 올라가는 것이 아니라, 담배 가격에 녹아 있는 세금이 올라가죠. 담배의 가격을 높여 소비를 위축시키려는 의도가 담겨 있는 거예요. 구매 진입장벽을 높이며 규제를 하는 만큼 담배는 광고도 금지되어 있습니다. TV에서 담배를 홍보하는 광고를 본 적이 없는 이유가 그 때문입니다.

그런데 이렇게 규제산업에 속하면 한 가지 이익이 있습니다. 바로 마케팅 비용이 절감되는 것이죠. 새 제품을 내놓았을 때 쏟아붓는 마케팅 비용이 절약되면서, 원가 측면에서 돈이 크게 들지 않는 것입니다. 물론 단순히 원가가 적게 든다고 해서 회사의 실적이 좋은 것은 아닙니다. KT&G에 새로운 성장동력이 탄생하며, 호실적에 일조를 한 것인데요. KT&G의 새로운 성장동력은 바로 '궐련형 전자담배'입니다.

신성장동력의 등장! 궐련형 전자담배

궐련형 전자담배의 등장은 KT&G에게 제2의 전성기를 가져다줍니다. 사실 궐련형 전자담배를 처음 선보인 것은 2017년 5월 출시한 필립모리스의 '아이코스'였습니다. 이젠 담배를 태우지 않고 '쪄서' 피운다는 패러다임 전환을 했죠. 쪄서 피우기 때문에 냄새도 안 나고, 미국 식품의약국(FDA)으로부터 위해 저감 담배제품으로 인가받아 건강에도 '덜' 해롭다고 주장하면서 필립모리스는 야심차게 아이코스를 내놓았어요. 그 결과 출시한 지 약 2년 만에 전체 담배 시장에서 10% 이상을 점유합니다.

KT&G도 이에 빠르게 대응해서 2017년 11월 궐련형 전자담배 '릴 핏'을 내놓았는데, 이게 대박을 칩니다. 2017년 릴의 누적 판매량은 7만 9천 대였지만 2018년 156만 5천 대, 2019년 261만 대, 2020년 320만 대로 기하급수적으로 증가합니다. 원조 궐련형 전자담배인 아이코스를 제치고 2021년 1분기 기준 국내 전자담배 시장 점유율 70%를 차지하죠. 릴이 어찌나 잘나갔는지 필립모리스도 아이코스 대신 릴을 글로벌 시장에 수출하기까지 해요.

전자담배 시장의 성장이 더욱 기대되는 이유가 있습니다. 우리나라의 궐련형 전자담배 시장은 2017년 거의 2조로 16년보다 3배 성장했고, 앞으로 5년 안에 44억 1천 6백만 달러, 우리 돈으로 5조 원이 넘는 대형 시장이 될 것이라고 전망돼요. 전자담배의 성장과 입지는 KT&G 입장에서는 기분 좋은 먹거리입니다.

KT&G의 근본, 홍삼 정관장도 있다!

자, 너무 담배 얘기만 했나요? KT&G의 계열사인 KGC한국인삼공사가 운영하고 있는 '정관장'도 KT&G의 효자 상품입니다. 우리나라의 건강식품 시장 규모는 4조 원에 달합니다. 그중 가장 많이 팔리는 것은 단연 홍삼인데요. 홍삼은 전체 4조 시장 규모 중 51%의 점유율로 1위를 차지하고 있습니다. 홍삼 시장에서 1등은 다들 알겠지만 정관장이고, 나머지를 중소형 브랜드들이 나눠 가져가고 있죠. 사실상 경쟁자 없는 정관장의 독주 체제로 보입니다.

그런데 정관장이 왜 정관장인지 아세요? 재미로 잠깐 말씀드릴게요. 정관장이라는 이름은 사실 정부가 관할하는 공장에서 제조, 포장된 관제품이라는 의미를 갖고 있어요. 그래서 사제 홍삼과 위조 고려삼이 범람할 때 관에서 만든 진품 홍삼을 구별하기 위해 제품 포장에 정관장이라는 이름을 사용한 데서 비롯되었다고 합니다.

정관장이 잘된 이유에는 여러 가지가 있습니다. 특히 유통 부문의 공이 컸는데요. 정관장이 매장을 확대한 것이 것이 1999년이라고 합니다. 당시에는 프랜차이즈의 개념도 잘 없었고 그나마 있던 프랜차이즈가 해외에서 들여온 맥도날드 같은 일반 식음료점이라, 정관장이 매장을 확대하려고 하자 당시 유통 전문가들은 부정적인 시각이었죠. 하지만 정관장은 뚝심 경영으로 유통채널 확대를 최우선으로 꼽았고 주요 상권 및 아파트 밀집지역 곳곳에 매장을 냈어요. 이것이 오늘날 전문 프랜차이즈로서 유통을 장악하는 결과로 이어진 겁니다. 그 덕분에 후발 업체들과의 경쟁에서 유리한 위치를 점하고 1위를 지킬 수 있게 되었죠. 2017년 말 기준으로 정관장 가맹점들의 연간 평균 매출액은 약 6억 원이라고 합니다.

더 나아가 이커머스의 활황에 발맞춰 정관장은 2017년 7월 건강식품전문몰 '정몰'을 오픈했습니다. 2020년 3월 기준으로 정몰의 회원 수가 71만 명이고 월 평균 3만 건 이상의 주문이 들어오고 있다고 합니다. 그 결과 2017년에 30억 원이던 매출이 2019년에는 300억 원으로 3년 만에 매출이 10배 성장했죠. 이렇게 정몰이 성공할 수 있었던 비결은 크게 두 가지가 있습니다.

첫 번째는 오프라인 채널과의 상생 전략을 펼쳤다는 거예요. KGC인삼공사는 정몰을 오픈하면서 '매장 픽업 서비스'를 내놓습니다. 온라인몰 강화가 오프라인 매출 감소로 이어지지 않도록 정몰에서 주문하고 원하는 매장에서 제품을 받을 수 있게 하는 거죠. 온라인에서 발생한 매출을 본사가 가져가는 것이 아니라 그 주문지에서 가장 가까운 가맹점이 가져가는 거예요. 또한 고객이 단골 매장을 온라인몰에 등록하면 '점주'가 물건을 '직접', '당일 배달'하는 매장 배송 서비스도 있습니다. 고객 편의를 높이면서 점주 입장에서도 온라인에 고객을 뺏기지 않으니, 본사와 점주 그리고 고객이 모두 만족하는 '윈윈 모델'입니다.

두 번째는 개방형 온라인 쇼핑몰이라는 점입니다. 자사몰에서 자사 제품만 판다는 공식을 깨고, 정몰은 오픈형 쇼핑몰 형태로 개방했어요. 현재 정몰에 판매 중인 상품만 7000개가 넘는다고 합니다. 그런데 단순히 개방만 한 것이 아니라 '위해상품 판매차단 시스템'도 도입했어요. 유통 중인 상품에서 위험 성분이 발견되면 실시간으로 이를 전달받아 판매중단 처리를 하는 거죠. 구매 과정의 번거로움도 없고, 정식 수입 절차를 통해 안전성을 인정받은 제품을 살 수 있는 종합 건강기능식품몰이 됐습니다. 솔가, 네이처, 얼라이브 등 해외 유명 브랜드들도 정몰에 대거 입점하면서 건강식품의 수요층은 '기왕이면 정몰에서 사자'는 쪽으로 기울게 되었어요. 정관장을 이끈 두 가지 혁신과 그 성과가 오늘날 진화한 KT&G의 모습을 보여주고 있습니다.

LG디스플레이

VR 산업이 가져올
디스플레이 슈퍼사이클

애플이 차세대 폼팩터(하드웨어 제품의 크기나 구성 등)인 '폴더블 폰' 경쟁에 뛰어들 것으로 보입니다. LG디스플레이는 대형 OLED 시장을 주력으로 하다 애플의 아이폰X OLED 패널 공급을 시작으로 중소형 OLED 패널 시장 점유율을 확대하고 있습니다. 그래서 애플의 폴더블 폰 진출로 LG디스플레이가 '중소형 폴더블 OLED' 시장 집중 공략에 나설 것으로 예상되고 있습니다.

게다가 애플의 VR 헤드셋에 8K 디스플레이가 탑재된다는 소식이 전해지면서 VR 디스플레이 시장도 열릴 전망입니다. LG디스플레이가 폴더블 중소형 패널에 진출하면서 스마트폰과 VR의 디스플레이

슈퍼사이클을 잡을 수 있을까요?

애플이 LG디스플레이에 신작 폴더블 폰을 위한 패널 개발을 주문한 것으로 알려졌습니다. 아이폰 12에 이어 애플에 LG디스플레이 폴더블 패널을 탑재하게 된다면, 아이폰 11부터 애플의 중소형 패널을 납품해온 LG디스플레이는 이것을 계기로 실적을 개선할 수 있을 것으로 예상됩니다. 또한 LG디스플레이의 사업 확장이 여러 모로 큰 의미를 갖게 될 것입니다.

우선 LG디스플레이의 중소형 패널에 대해 훑고 갈게요. 지금까지 LG디스플레이의 실적이 발목 잡혔던 이유 중 하나는 LCD 가격입니다. 중국발 LCD로 인해 가격이 하락하면서 적자를 봤죠. 그보다 큰 이유는 소형 패널 시장에서 점유율이 너무 떨어지는 것이었어요. 글로벌 시장조사업체 IHS 마킷이 조사한 소형 OLED 패널, 즉 스마트폰에 들어가는 패널 시장점유율 추이를 보면, 삼성디스플레이가 82%, 중국의 BOE가 12%로 두 기업이 94%를 차지하며 사실상 시장을 가져가고 있고 LG디스플레이는 2.2%로 처참한 점유율을 보입니다. 이 정도면 스마트폰 시대에 스마트폰용 패널을 거의 못 팔았다고 봐도 무방해요. LG디스플레이의 중대형 패널 점유율이 30%으로 세계적인 수준인 것에 비하면 지나치게 적죠.

LG디스플레이가 중소형 패널에 약할 수밖에 없었던 이유가 있습니다. LG디스플레이가 탑재되어 잘 팔려야 할 LG전자의 스마트폰 사업이 22분기 연속 적자를 기록할 정도로 부진을 면치 못했기 때문입니다.

당연히 LG스마트폰에 탑재되는 LG디스플레이의 중소형 패널도 성장하지 못하게 되었죠. 경쟁사인 갤럭시에다 소형 패널을 공급하기도 애매하고, 아이폰은 삼성 디스플레이에 의존하기 때문에 중소형 패널 시장에서 여타할 대책이 없었죠.

결국 속을 썩이던 LG전자의 무선사업부가 해체되면서 LG전자의 입장에서는 적자 폭이 줄어들 거라는 기대감이 생겼는데요. LG디스플레이 입장에선 가뜩이나 적은 중소형 디스플레이 시장이 더욱 약세에 접어들 것이기 때문에 마냥 기뻐할 수도 없는 일이에요.

중소형 패널이 중요한 이유를 경쟁사인 삼성디스플레이를 들어 설명해볼게요. 삼성디스플레이의 경우 관계사 삼성전자의 갤럭시 시리즈와 더불어 아이폰 시리즈 전량에 삼성 OLED 패널을 공급하며, LCD 판가 하락 상황에서도 소형 디스플레이 시장을 통해 꾸준히 이익을 냈어요. 그래서 LCD 판가 하락으로 약 1조 3000억 원을 적자를 찍던 LG와는 다르게 2019년에도 이익은 감소했지만 흑자를 유지할 수 있었죠.

스마트폰 시장이 성장해왔기 때문에, 중소형 패널 시장은 중국이 강세를 보이는 가운데서도 수익을 내기 좋은 시장이었습니다. 게다가 전자기기가 소형화, 지능화됨에 따라 중소형 패널 시장이 커질 것으로 전망되는 상황에서 LG디스플레이 입장에서는 중소형 패널 시장에 힘을 못 쓰는 상황이 꼭 해결해야 하는 과제였습니다.

그러다 LG디스플레이가 중소형 패널의 새로운 게임 체인저 역할을 맡을 시점이 도래했어요. 애플이 가격 교섭력, 물량 확보를 이유로 삼성디스플레이에 대한 의존도를 줄여나가면서 중국의 BOE와 LG디스플레이의 패널을 늘려가기 시작했거든요. 현재 폴더블폰의 점유율 90%를 점하고 있는 삼성을 견제하기 위해서라도 애플은 LG디스플레이의 패널 사용량을 확대할 것으로 전망됩니다.

2019년 아이폰 11시리즈에 LG디스플레이가 P-OLED 패널을 공급하기 시작했고, 아이폰 12 시리즈에도 연이어 패널을 공급하기 시작했습니다. 특히 아이폰 12가 역대급 실적으로 애플이 분기 매출 1000억 달러를 처음으로 돌파하면서, LG디스플레이 역시 아이폰 12의 수혜로 중소형 패널 생산량을 늘리고 있습니다. 현재 LG디스플레이는 아이폰 12용 P-OLED 패널 출하량을 최대 5,000만 장으로 잡고 있는데, 연간 약 3600만 장을 생산하는 파주 E6-1·E6-2 라인으로도 부족해 구미 E5 생산라인 일부를 아이폰 패널 생산용으로 전환하는 것을 검토할 정도입니다.

게다가 애플이 폴더블 디스플레이 개발을 LG디스플레이에게 맡기며, 애플의 신작 디스플레이 패널에 LG디스플레이가 수주를 이어갈 것으로 기대되고 있어요.

기술과 제품에 대한 신뢰를 확보함으로써 LG디스플레이는 앞으로 중소형 패널 시장을 더욱 확대해나갈 것으로 보입니다. 그리고 이는 LG디스플레이의 새로운 성장동력으로 이어질 것입니다. 이를 통해 제2의 스마트폰이라 불리는 VR 산업에 훨씬 수월하게 진입할 수도 있을 것입니다.

디스플레이업계의 신성장동력, VR 시장

전자제품 산업의 신사업 분야로 VR 시장이 고속 성장을 하고 있습니다. 언택트 문화 확산으로 VR 콘텐츠를 찾아 즐기는 이용자가 많아지면서 VR 시장이 성장하게 된 것인데요. 시장조사업체 스태티스타에 따르면 전 세계 VR 시장 규모는 2020년 120억 달러, 우리 돈 약 13조 4000억 원에서 2024년이면 728억 달러, 81조 5000억 원 규모로 6배 이상 성장할 전망이라고 합니다.

VR 기기가 지원하는 AR/VR의 가상현실에 이용자와 기업들의 자산이 계속 몰리면서 기업들이 투자를 아끼지 않고 있는데요. 대표적으로 네이버가 내놓은 제페토가 있습니다. 제페토는 2018년 네이버 자회사 스노우가 출시한 3D 아바타 제작 서비스입니다. 기존에는 단순한 3D 캐릭터들을 제작해주며, 좋아하는 연예인이과의 소통 플랫폼으로 자리를 잡았다면 2021년에는 실시간 전신 인식 기술을 도입해, 아예 가상세계와 소통을 할 수 있는 서비스 고도화에 나선다고 합니다.

가상현실 플랫폼의 증가로 당연히 증강현실, 가상현실 기기인 VR 시장도 성장하기 시작했어요. 게다가 5G의 보편화로 네트워크 환경이 안정화되면서 본격 게임사들도 VR 게임 개발에 나서기 시작했습니다. SK텔레콤은 카카오의 VR 게임 개발사 카카오VX와 합작해 게임을 제작하고, 넥슨도 크레이지 아케이드를 활용한 VR 게임을 개발하고 있어요.

현재까지 영상과 OTT가 콘텐츠 시장의 메인 스트림이었다면, 앞으로 VR이 제2의 콘텐츠 산업으로 뜰 것으로 전망되면서, 이를 운용할 VR 관련 기기 시장 역시 폭발적으로 성장할 것으로 보입니다.

페이스북은 2014년 오큘러스 인수 이후 VR 분야에 총 6000억 원 이상을 투자했고, HTC는 2019년 10월 스마트폰 개발을 중단하고 VR 기기에 집중한다고 선언했습니다. 삼성전자 역시 2018년 단독형 기어 VR을 내놓았죠. 특히 페이스북은 VR 기기 오큘러스 퀘스트의 가격을 거의 마진을 남기지 않는 방식으로 내놓아 시장 선점을 예고했습니다. 일반적인 VR 기기가 100만 원이 넘는데, 페이스북의 오큘러스 퀘스트는 같은 고성능임에도 불구하고 가격을 40만 원대로 내놓았으니까요.

이처럼 VR 기기 시장도 제2의 스마트폰 시장처럼 치열한 경쟁이 예고되며 슈퍼사이클이 예상되는 만큼, VR 기기에 들어가는 중소형 디스플레이 패널에 대한 수요가 급증할 것으로 예상되고 있습니다. 애플과 함께 중소형 패널 점유율을 확대해가고 있는 LG디스플레이가 성장하기에 적기인 것이죠.

게다가 애플의 VR 기기에도 자체 VR/AR 헤드셋, 듀얼 8K 디스플레이가 탑재될 수도 있다는 소식이 전해지고 있어요. VR 기기의 각축전이 일어날 것으로 예상이 되는 가운데, 애플의 폴더블 디스플레이 개발 주문을 받은 LG에게 애플의 VR 기기 진출은 희소식이나 다름없습니다. 애플의 VR 기기의 가격은 3000달러로 8K 초고해상도 듀얼 디스플레이와 눈동자 초점 추적 기술, 손동작을 감지할 수 있는 12개 이상 카메라를 탑재할 것으로 예상됩니다. 싸지 않은 가격이지만 애플의 충성고객층이 두터운 만큼 가격 경쟁력보다 기술로 승부를 보겠다는 애플의 전략이 엿보입니다.

애플의 VR 기기에 8K의 고해상도의 디스플레이가 탑재될 예정인 만큼, LG디스플레이가 애플에게서 의뢰받은 디스플레이 패널 개발에 성공한다면 LG디스플레이에게 기회가 될 것으로 보입니다. 애플 아이폰의 패널 수주와 폴더블 디스플레이 개발은 중소형에서 뒤쳐졌던 LG디스플레이가 중소형 패널 게임 체인저로 재등장하는 훌륭한 시나리오를 쓸 계기가 될 수도 있습니다.

3부

기업분석을
투자에 적용해보자

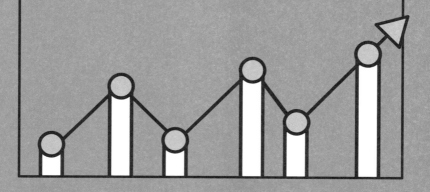

실전 기업분석
3단계 따라 하기

수년간 유튜브 채널에서 기업분석을 하며 많은 질문을 들었습니다. 종목을 추천해달라는 요청부터 어떤 산업에 투자해야 하는지, 어떤 산업이 미래에 전도유망한지 등등. 모든 댓글을 읽고 답글을 다는 편이긴 하지만 가장 대답하기가 힘든 질문이 있습니다. 바로 기업분석을 '어떻게' 하냐는 질문입니다.

'어떻게'라는 물음에는 정말 많은 의미가 함축되어 있습니다. 기업이 처한 상황을 어떻게 해석할 수 있는지, 기업의 실적 자료조사는 어떻게 하는지, 연관산업에 관한 정보는 어떻게 얻는지, 산업에 대한 정보는 어느 조사기관에서 찾을 수 있는지, 해당 기업뿐 아니라 종속되어 있는 수많은 기업의 정보는 어떻게 정리하는지….

그래서 여기서는 기업의 흐름을 분석하는 방법론에 대해 설명하겠습니다. 생소한 산업이라도 철저한 분석을 통해 그 산업의 속을 들여다보고, 생경한 기업일지라도 정책과 경영방향 그리고 실적을 통해 전망해볼 수 있는지 알아보겠습니다. 기업분석은 어렵지 않아요. 여러분도 다 할 수 있습니다. 지금부터 기업분석의 초석으로 들어가봅시다. 기업분석을 할 때는 다음과 같은 3단계를 따라야 합니다.

1단계: 사업보고서 보기

가장 먼저 꼭 짚고 넘어가야할 것은 재무제표입니다. 모든 투자전문가가 말하듯 재무제표는 그 사업을 알기 위한 기본 중에 기본입니다. 금융감독원 공식 사이트만 들어가도 누구나 쉽게 볼 수 있습니다. 하지만 참 많이 듣기도 하고 기본인 것은 알지만 실제로 투자를 할 때 재무제표를 보지 않는 사람이 많습니다. 왜냐하면 주요 포털에 기업 명만 검색해도 연간/분기별로 정리된 재무상태표와 PER, ROE, PBR 등 각종 수치를 볼 수 있거든요. 사실 그것만 봐도 그 기업이 대충 어느 방향으로 가고 있는지 알 수 있기 때문에, 평소에 잘 알고 있는 산업과 기업이라면 굳이 금감원 홈페이지까지 들어가서 보는 수고를 할 필요는 없죠.

하지만 저는 언제나 기업분석을 할 때 사업보고서를 보는 것으로 시작합니다. 특히 생소한 산업에 속한 기업을 분석할 때 매우 요긴한데요. 예를 들어 '한화시스템'과 같이 군수 산업에 속한 기업을 분석한다고 가정해봅시다. 군수 산업은 B2C보다 B2B의 성격에 가깝고 우리나라의 경우에는 정부의 통제하에 있기 때문에 한화시스템에 관한 정보를 찾기가 쉽지 않아요.

이 경우 금융감독원의 공시자료, 특히 사업의 내용을 보면 상당히 친절하게 우리나라 군수 산업에 대해 설명해놓았습니다. 한화시스템은 상장사이기 때문에 투명하고 공정한 투자를 위해 우리나라 군수 산업이 처한 현실과 미래 산업과 장단점을 객관적으로 설명해놓았죠. 이를 통해 초기 군수 산업에 대한 정보를 얻은 다음 재무상태표를 통해 기업의 실적 추이를 확인하고, 추가로 궁금한 점들과 알아야 할 점들을 조사해가며 기업분석을 할 수 있습니다. 아는 것이 있어야 궁금한 것이 생기고, 궁금한 것들을 하나둘씩 찾아가면서 기업을 알 수 있는 것입니다.

2단계: 기업 공시 IR 자료 보기

사업보고서만큼 기업에 대해 잘 알 수 있는 자료는 없습니다. 상장된 기업은 매년 사업보고서를 내야 하는데, 투자자들을 유치하기 위해 투명하게 고지해야 하거든요. 다만 아무래도 기업 친화적으로 작성되어 있기 때문에 실제로 기업이 처한 상황을 제대로 파악하기는 어렵습니다. 최근 3개월간 매출이 어떤 흐름을 보이는지 알고 싶은데, 사업보고서에서는 부정적인 상황을 헤쳐나갈 수 있는 기업의 신성장동력을 말하는 식이죠. 물론 이것이 잘못되었다고 말할 수는 없고, 공시되는 자료는 금감원의 검토를 받고 올라가는 것이기 때문에 신뢰성을 왈가왈부하기는 어려워요.

그래도 투자자라면 최근 매출, 그 회사의 계열사 혹은 사업부별 매출 실적이 궁금할 겁니다. 이럴 때는 기업이 분기마다 주주총회를 위해 작성해서 자사 홈페이지에 공시하는 IR 자료가 매우 요긴합니다. 회사의 최신 동향을 알 수 있는 건 물론이고 사업부별로 원하는 정보를 볼 수 있죠. 예를 들어 롯데쇼핑의 경우 코로나로 인해 큰 타격을 입은 것으로 알려져 있지만, 오프라인뿐만 아니라 온라인 사업도 하고 있기 때문에 실제로 전체 실적은 어떤지, 어느 사업부가 실적을 내고 있는지 확인해봐야겠죠. 이럴 때 IR 자료를 통해 매출의 흐름을 파악할 수 있습니다.

3단계: 최근 6개월 뉴스 읽기

금융감독원의 사업보고서와 기업의 공식 홈페이지에 게시되어 있는 분기별 보고서를 통해 회사와 산업에 대해서 거시적, 미시적인 식견을 가질 수 있게 되었습니다. 하지만 두 가지만으로는 기업분석을 100% 했다고 할 수 없어요. 사업보고서와 분기별 IR 자료를 통해 생긴 궁금증을 해소해야 비로소 기업분석을 완료할 수 있죠.

이를 위한 방법은 바로 '뉴스 읽기'입니다. 최근 6개월 동안 기업에 관련된 뉴스를 보면 기업의 방향성에 대해 많은 것을 알 수 있습니다. 투자를 했을 때 발생할 수 있는 경우의 수와 기업의 앞뒤 사정, 기업과 산업의 미래를 파악하기 위해서는 많은 정보가 필요하죠. 물론 기업에 대한 의견을 내놓는 애널리스트들의 리포트를 읽는 것도 좋은 방법입니다. 하지만 스스로 기업에 대해 판단할 수 있으려면 직접 기사를 읽으며 기업에 대한 배경지식을 다지는 것이 중요합니다.

예를 들어 BGF리테일에 투자를 한다고 가정해봅시다. 편의점 산업의 미래라고 했을 때 편의점이 포화상태라는 말과 담배 매출이 70%에 달한다는 말만 생각난다면, 아직 단적인 면만 보고 있는 거라고 할 수 있어요. BGF를 알기 위해 유통업계에 관한 뉴스를 6개월 동안 꾸준히 읽었다면, 편의점이 배달서비스를 확대하고 세탁 서비스, 맥주 구독 멤버십, 보험 판매 등을 시작하는 등 오히려 산업을 막론하고 고객과의 접점을 만들고 있다는 걸 알 것입니다. 그러면 편의점의 가능성이 더욱 크게 보일 수도 있죠.

단순히 기업에 대한 정보 파악뿐 아니라 해당 기업이 어떤 미래 전략을 갖고 경영을 하는지, 혹은 미래 가능성이 있는지 판단해보기 위해서는 최소 6개월 치 정도의 내용을 찾아봐야 합니다. 물론 단기간 내에 6개월 기업의 정보를 읽는 것은 시간이나 양적으로 상당히 귀찮고 까다로운 일입니다. 매일 수많은 신문을 챙겨보는 것도 쉽지 않고 시간 여유가 없다면 더 힘들 거예요. 그래도 최소한 헤드라인만이라도 훑어서 어떤 흐름으로 가고 있는지는 알고 있어야 합니다. 매일 뉴스를 정독하다 보면, 어느 기점부터는 기업의 방향성과 미래에 대해 판단할 수 있는 혜안이 생길 것입니다. 그 혜안은 기업의 3년, 5년, 10년 뒤의 사업을 상상해볼 수 있는 투자자의 내공에서 나옵니다.

예시 1:
삼성전자 분석하기

지금까지 설명한 기업분석 3단계를 통해 삼성전자라는 기업을 분석해봅시다. 먼저 사업보고서를 살펴봐야겠죠.

1. 사업보고서

여러분은 삼성전자 하면 어떤 이미지가 떠오르나요? 우리와 가장 가까운 소비재인 스마트폰부터 가전 시리즈, 반도체까지 수많은 것이 떠오를 것입니다. 하지만 투자자의 입장에서 삼성전자의 주식을

(단위: 억 원, %)

부문		구 분	제53기 반기		제52기		제51기	
			금액	비중	금액	비중	금액	비중
CE 부문		매출액	263,832	20.4%	481,733	20.3%	453,228	19.7%
		영업이익	21,785	9.9%	35,615	9.9%	25,090	9.0%
		총자산	723,771	13.5%	602,487	11.4%	680,244	13.5%
IM 부문		매출액	518,800	40.2%	995,875	42.1%	1,072,662	46.6%
		영업이익	76,276	34.8%	114,727	31.9%	92,725	33.4%
		총자산	1,481,275	27.7%	1,682,692	31.8%	1,432,804	28.5%
DS 부문	반도체 사업	매출액	417,463	32.3%	728,578	30.8%	649,391	28.2%
		영업이익	102,938	46.9%	188,050	52.2%	140,163	50.5%
		총자산	2,010,855	37.6%	1,863,977	35.3%	1,791,177	35.6%
	DP 사업	매출액	137,909	10.7%	305,857	12.9%	310,539	13.5%
		영업이익	16,463	7.5%	22,369	6.2%	15,813	5.7%
		총자산	631,170	11.8%	661,929	12.5%	642,264	12.8%
	계	매출액	552,799	42.8%	1,030,361	43.5%	955,180	41.5%
		영업이익	119,786	54.6%	211,202	58.7%	155,817	56.1%
		총자산	2,870,240	53.7%	2,741,270	51.9%	2,451,438	48.8%
Harman 부문		매출액	47,867	3.7%	91,837	3.9%	100,771	4.4%
		영업이익	2,199	1.0%	555	0.2%	3,223	1.2%
		총자산	150,184	2.8%	147,020	2.8%	156,091	3.1%

※ 사업부문별 요약 재무 현황은 부문 간 내부거래를 포함하고 있습니다.

산다고 하면, 삼성전자의 어느 것에 투자하는 것일까요? 수많은 삼성
전자 사업부문의 실적이 N분의 1로 골고루 퍼져 있을까요? 당연히
아닙니다.

삼성전자라는 기업의 아이덴티티를 지키는 사업부와 실적을 견인
하고 있는 사업부는 엄연히 다릅니다. 단순히 매출과 영업이익만 봤
을 때는 이를 파악하기 어렵기 때문에 금융감독원에 공시된 사업보
고서를 봐야 합니다.

위의 자료는 사업보고서에 기재된 2021년 반기(제53기) 삼성전자의
사업부문별 실적입니다. CE의 가전 부문부터 IM 모바일 부문, DS

반도체와 디스플레이 사업, Harman 부문 등 총 5개 부문이 삼성전자의 매출과 이익에 얼마나 기여하는지 한눈에 볼 수 있습니다.

첫 번째로 알 수 있는 것은 삼성전자의 매출을 담당하고 있는 IM 부문입니다. IM부문의 경우 53기 반기 기준 전체 매출액의 40.2%를 담당하고 있습니다. 스마트폰을 통해 반도체와 DP사업을 합친 DS 부문과도 어깨를 견주며 높은 매출을 보이고 있죠. 직전 기인 52기에도 42.1%, 51기에는 46.6%로 매출의 절반가량을 IM 부문에서 이끈다고 볼 수 있습니다.

두 번째로 눈여겨볼 부문은 바로 반도체입니다. 반도체 부문은 높은 영업이익을 보이고 있습니다. 전체 매출 비중에서 차지하는 비중은 32.3% 수준에 그치지만 영업이익은 전체 사업부에서 46.9%입니다. 52기에 52.2%, 51기에는 50.5%로 삼성전자가 벌어들이는 돈의 절반을 반도체가 차지하고 있는 것이죠.

우리는 이 사업보고서를 통해 두 가지 사실을 알 수 있습니다. 삼성전자의 외형, 매출을 주력으로 담당하고 있는 사업부가 스마트폰 사업부인 IM 부문이라면, 막상 이 기업이 돈을 잘 벌고 있다고 당당하게 대답해줄 수 있는 사업부는 반도체 사업부라는 것이죠. 삼성전자가 수많은 사업을 하고 있지만 삼성전자라는 기업에 투자할 때 더 유심히 살펴봐야 할 사업은 바로 IM 부문과 반도체 부문이라는 것입니다.

2. 기업 공시 IR 자료

사업보고서를 통해 부문별 실적을 알았다면, 이제는 방향성을 알아야 하는데요. 아래 자료는 삼성전자가 사내 홈페이지에 투자자들을 위해 공시한 2021년 3분기 IR 자료입니다. 모든 사업부가 중요하지만, 삼성전자의 주가를 결정하는 부문은 단연코 스마트폰과 반도체입니다. 두 부문 중 이해를 위해 우리에게 더욱 친숙한 IM, 스마트폰 부문을 함께 분석해보겠습니다.

3분기 IR 자료에 기재된 내용을 읽어보면, 우선 실적적으로 삼성전자는 코로나19의 완화로 인해 전분기 대비 성장했습니다. '폴더블 폰

사업군별 3Q 실적 및 향후 전망

판매 호조 및 중저가 라인업을 강화' 그리고 '폴더블 대세화를 위한 마케팅 투자 확대로 수익성 영향'으로 현재 IM사업부가 폴더블 폰에 다소 힘을 주는 모습을 볼 수 있는데요. '폴더블 폰'이라는 키워드가 반복적으로 등장하므로 현재 폴더블 폰을 중심으로 한 전략을 펼치고 있다는 것을 알 수 있습니다.

이 IR 자료를 통해 우리는 두 가지를 알 수 있습니다. 첫째, 삼성전자의 IM 사업부가 현재 펼치고 있는 정책은 폴더블 폰과 중저가 스마트폰에 집중하는 것입니다. 둘째, 폴더블 폰 대세화를 위해 막대한 마케팅을 펼치고 있습니다. 그렇다면 3분기의 삼성전자의 실적을 보면서 이런 분석이 맞는지 확인해봐야겠네요.

2021년 3분기 실적은 매출 73조 9800억 원, 영업이익 15조 8200억 원을 기록했습니다. 직전 대비 매출이 무려 16%나 성장을 했는데요. 분기 단위로는 사상 처음으로 매출 70조 원을 돌파한 것이고 영업이익도 2018년 3분기에 17조 5700억 원을 달성한 이후 삼성전자 역사상 두 번째로 높은 15조 8200억 원을 기록했습니다.

이렇게 높은 실적을 낼 수 있었던 이유는 삼성전자가 IR 자료에 공시한 것처럼, 삼성전자의 실적을 쌍끌이하고 있는 IM, 휴대폰 부문과 DS 반도체 부문이 잘되었기 때문인데요. IM은 2분기 22조 6700억 원에서 28조 4200억 원으로 매출이 30% 늘었고, 반도체 역시 2분기 매출 29조 4,600억 원 수준에서 35조 900억 원으로 20% 이상 매출이 신장했습니다. 3분기의 경우에는 삼성의 폴더블 폰이 IM 부문의 실적 성장을 견인했죠.

삼성전자 IM 사업부는 '폴더블' 효과를 톡톡히 봤습니다. IM 사업 부문의 3분기 매출은 28조 4200억 원, 영업이익은 3조 3600억 원을 달성했습니다. 매출은 전분기 대비 25%나 성장했어요. 삼성전자가 IR 자료에서 공시한대로 폴더블 폰의 흥행에 따라 IM사업부도 그에 걸맞는 성적표로 보답했죠.

그런데 3분기 실적에서 다소 특이한 점을 발견할 수 있습니다. 바로 영업이익률이에요. 이번 3분기에 영업이익률은 종전 대비 3.7% 증가했는데요. 매출의 성장 대비 영업이익은 매출이 오른 게 맞는지 의심이 갈 정도로 잠잠합니다. 이게 어떤 상황이냐면 길 가다 편의점에

삼성전자 사업군별 매출 및 영업이익

(단위: 조 원)			3Q 2021	2Q 2021	1Q 2021	3Q 2020
매출	합계		73.98	63.67	65.39	66.96
	CE 부문		14.10	13.40	12.99	14.09
	IM 부문		28.42	22.67	29.21	30.49
	DS 부문		35.09	29.46	25.82	25.93
		반도체	26.41	22.74	19.01	18.80
		DP	8.86	6.87	6.92	7.32
	하만		2.40	2.42	2.37	2.62
영업이익	합계		15.82	12.57	9.38	12.35
	CE 부문		0.76	1.06	1.12	1.56
	IM 부문		3.36	3.24	4.39	4.45
	DS 부문		11.58	8.23	3.75	6.04
		반도체	10.06	6.93	3.37	5.54
		DP	1.49	1.28	0.36	0.47
	하만		0.15	0.11	0.11	0.15

서 호빵을 판매한다고 내놨는데, 막상 크기는 크지만 팥이 적은 거예요. 배는 부르지만 영 맛은 없는, 그런 실적인 거죠. 영업이익만 따져 놓고 보면 전년동기 대비 영업이익은 24.7%나 급감했으니까요.

아까 IR 자료에서 본 내용 중 영업이익 감소의 원인을 설명해줄 만한 것이 있었습니다. '단, 폴더블 대세화를 위한 마케팅 투자 확대로 수익성 영향'이라는 내용이에요. 이 대목에서 어쩌면 영업이익이 하락한 이유가 폴더블 폰의 마케팅 영향이 아니었을까 하고 유추해볼 수 있습니다.

3. 최근 6개월 뉴스 읽기

삼성전자 IM 사업부의 방향성과 현재 처한 상황을 알게 되었습니다. 간단히 정리하면 폴더블 폰 판매 호조를 통해 IM 사업부의 실적 상승으로 분기 매출 70조 원 돌파라는 역대 최고의 성적을 낸 반면, 영업이익의 하락은 스마트폰 마케팅 비용의 과다한 지출이 원인이 아닐까 추측해볼 수 있습니다. 이런 추측이 맞는지 알아보기 위해 삼성전자에 관한 6개월 치 뉴스를 읽어보겠습니다. 다음과 같은 키워드로 검색했습니다.

마케팅 비용: 최근 스마트폰 업계에서 삼성전자가 폴더블 폰 프로모션에 무려 20억 달러, 우리 돈으로 약 2조 원을 배정했다는 루머가

돌았습니다. 이는 아이러니하게도 삼성의 스마트폰이 많이 팔린 것과도 연관이 있습니다. 폴더블 폰 흥행에 사활을 걸어야 하는 절박함(?) 때문에 천문학적인 마케팅 비용을 지출한 것으로 추정돼요.

갤럭시 판매량: 삼성이 그렇게 마케팅 비용을 쓸 수밖에 없었던 게, 최근 내놓은 삼성의 스마트폰의 실적이 심상치 않기 때문입니다. 삼성전자는 올해 초에 갤럭시 S21을 출시했습니다. 전작인 갤럭시 20이 부진했다는 부담감을 안고 달나라 사진까지 찍는 카메라 기술력을 보여주며, 심혈을 기울여 만든 제품이었는데요. 하지만 안타깝게도 갤럭시 S21의 실적은 최악이었습니다.

2021년 1월에 출시한 갤럭시 S21은 7월까지 6개월간 1350만 대를 판매했습니다. 역대 최악이라고 평가받았던 갤럭시 S20보다 20%가 적은 수준이고, 2019년에 출시된 갤럭시 S10과 비교하면 무려 47%가 급감한 판매량이죠. 이 같은 스마트폰 판매량 저하가 경기불황에 따른 일시적인 현상이라고 생각할 수 있겠지만, 경쟁사인 애플과 비교하면 삼성전자의 스마트폰이 처한 상황이 얼마나 심각한지 알 수 있습니다. 2020년 10월에 출시된 아이폰은 2021년 4월까지 7개월간 1억 대를 팔았습니다. 심지어 아이폰은 전작인 아이폰 11이 출시된 지 9개월 만에 1억 대를 돌파했으니, 삼성전자보다 2개월 적은 기간에 판매량을 앞서간 거죠.

그래서 삼성은 현재 디스플레이와 수직계열화되어 있는 기술력을 앞세워 폴더블 폰 시장을 확대해나가며 반격을 노리고 있습니다. 폴더블 폰에 대한 수요를 안정화시키고 사회적으로 수용되도록 하려고 대대적인 마케팅 비용을 쓴 것이죠. 다행인 것은 비용 지출로 인해 영업이익이 급감한 것을 제외하면 폴더블 폰의 흥행 효과는 분명히 나타났습니다. 삼성전자의 3분기 휴대폰 판매량은 전분기보다 20% 가량 증가한 7200만 대를 기록했고, 소비자들 사이에서도 이번 Z플립 3는 디자인만큼은 아이폰을 능가할 정도로 잘 뽑았다는 후기가 이어질 정도였으니까요.

그런데 어쩌면 삼성의 차기작이 폴더블 폰이 아니었어도, 20억 달러의 마케팅 비용을 지출했을지도 모릅니다. 삼성이 마케팅 비용을 지출한 이유가 단순히 폴더블 폰의 시장 안착 때문만은 아니었기 때문인데요. 다른 이유는 바로 뒤에서 따라온다는 표현을 넘어 대등한 위치에 올라온 샤오미 때문입니다.

세계 스마트폰 점유율: 글로벌 시장조사업체 카운터포인트 리서치의 월별 보고서인 마켓펄스에 따르면 샤오미는 2021년 6월에 삼성전자와 애플을 제치고 사상 처음으로 월 판매량 1위를 기록했습니다. 샤오미 점유율은 17.1%로 삼성전자 15.7%와 애플 14.3%를 모두 제쳤어요. 월별 성장률 역시 전월 대비 26%로 세 브랜드 중 가장 빠르게 성장했죠. 물론 이는 6월의 결과이기도 하고 7월 이후에는 삼성이 점유율을 되찾았지만, 점점 가팔라지고 있는 샤오미의 스마트폰 점유율에 주목해야 합니다. 애플과 삼성은 점유율이 서로 엇갈리는 양상을 보이는 반면, 샤오미는 꾸준하게 성장하고 있습니다.

중국 스마트폰 점유율: 샤오미가 이렇게 점유율을 따라올 수 있었던 이유는 확실히 뒷받침해주고 있는 중국 시장과 중저가 포지셔닝 때문이죠. 현재 중국에서는 샤오미의 스마트폰 점유율이 압도적으로 올라가고 있습니다. 미국의 화웨이 제재를 통한 애국 소비의 시작으로 화웨이의 스마트폰 점유율은 2분기 기준 32%, 샤오미는 17%를 차지했습니다. 해외 브랜드 중에선 그나마 애플이 14%로 선방하고 있고요.

그럼 삼성은? 믿기 힘들겠지만 중국에서 갤럭시의 점유율이 단 1%입니다. 중국에서 이렇게 점유율이 떨어지는 건 어찌 보면 당연합니다. 좋은 스마트폰을 사고 싶으면 애플을 살 것이고, 예산이 부족하면 샤오미나 화웨이를 사겠죠. 그런데 갤럭시는 플래그십이라고 하기에는 바로 위에 애플이 있고, 중저가 모델이라기에는 나름 플래그십을 지향하는 브랜드인 거죠. 특히 중국인들에게 애국주의와 반한 감정이 존재하기 때문에 큰 고민 없이 삼성을 거를 가능성도 있어요. 중국에서만 이런 취급을 받으면 다행이지만, 사실 삼성 스마트폰의 애매한 포지셔닝은 지금 삼성전자 IM 사업부가 맞이한 어려움의 원인입니다.

프리미엄 스마트폰 점유율: 시장조사업체 카운터포인트리서치가 조사한 2021년 2분기 프리미엄 스마트폰 시장 점유율을 보면, 전 세계 프리미엄 스마트폰 시장은 전년 대비 46% 성장했어요. 전체 스마트폰 시장 성장률 26%를 훨씬 웃돌고, 전체 시장에서 프리미엄 부문이 차지하는 비중은 2020년 2분기 21%에서 2021년 2분기에는 24%로 늘었어요. 경기가 어려워지면 명품을 사는 베블런 효과, 립스틱 효과가 이 스마트폰 시장에도 고스란히 나타난 것이죠.

프리미엄 스마트폰 시장에서 압도적인 1위는 애플입니다. 애플은 57%로 2020년에 이어서 프리미엄 스마트폰 시장의 절반을 가져가요. 그런데 삼성은 2020년 22%에서 17%로 하락하고 말았죠. Z플립 3가 나오기 전이었는데, 삼성전자의 이런 실적은 정말 큰 충격으로 다가왔습니다. 이제 프리미엄 스마트폰 시장에서 삼성이나 샤오미나 한끝 차이가 되어버린 거예요.

삼성이 Z플립 3 마케팅에 20억 달러씩 쏟아부은 이유를 알 것 같지 않나요? 과거 LG가 마지막 불꽃으로 플래그십 아래인 매스 프리미엄 전략으로 나름의 가성비를 내세웠지만 그 역시도 통하지 못했습니다. 스마트폰 시장에서 성공하기 위해선 비싸고 좋을 거면 아예 극으로 가고, 싸고 가성비로 갈 거면 가격까지 착해야 한다는 성공 공식이 박혀버렸어요.

그래서 삼성전자는 폴더블 폰 대중화에 승부를 걸면서 Z폴드 3와 Z플립 3의 가격을 전작에 비해 40만 원 정도 낮췄어요. 폴더블 폰은 나름 하이엔드 급인데 가격의 문턱을 낮춰주며 프리미엄에 가성비를 붙이는 전략으로 소비자들을 사로잡으려는 거예요.

갤럭시의 포지션이 애매해지고 있는 상황에서 스마트폰 시장에서 살아남기 위해서는 현재 애플, 샤오미, 화웨이를 다 묶는 평면형 스마트폰 시장의 경계를 벗어나야 합니다. 그들이 따라올 수 없는 폴더블 폰 시장으로 어떻게든 시장을 확장하고 고객들을 이전시켜서 경쟁사들이 따라오지 못하게 하는 전략이에요. 삼성은 디스플레이 기술까지 수직계열화했기 때문에 첨단 기술이나 스마트폰 고도화에 있어 후발주자 기업들에 비해 훨씬 앞서겠죠.

삼성전자 IM 부문에 관심이 많은 분이라면 현재 IM 부문이 처한 상황을 함께 고민해보며, 향후 전략을 생각해보면 좋을 것 같습니다.

예시 2:
현대자동차 분석하기

현대차는 기아와 함께 우리나라 자동차 시장을 이끌어가고 있는 우수한 기업입니다. 국산 자동차 기업으로는 유일하기에 사실상 우리나라 자동차 시장을 거의 홀로 이끌어간다고 봐도 무방하죠. 물론 우리나라 자동차 시장은 개방되어 있기 때문에 현대차 역시 끊임없는 연구와 기술개발을 통해 진보하고 있습니다.

이런 현대차를 분석해보겠습니다.

1. 사업보고서

/////////////////////////////

우선 사업보고서를 통해 현대차라는 기업을 찬찬히 뜯어보도록 하겠습니다.

'현대자동차 = 자동차'라는 인식이 당연하지만 사실 현대자동차는 자동차 외에도 다양한 사업을 하고 있습니다. 현대차의 사업은 차량/금융/철도의 총 3가지 부문으로 나뉩니다. 차량 이외에도 현대카드, 현대캐피탈 등이 있고 기아차의 전속 금융사와 로템을 통해 철도 사업도 하고 있죠.

그렇다면 어느 사업부에서 돈을 어떻게 벌어들이는지도 살펴봐야

II. 사업의 내용

1. 사업의 개요

당사와 연결종속회사(이하 연결실체)는 자동차와 자동차부품의 제조 및 판매, 차량정비 등의 사업을 운영하는 차량부문과 차량할부금융 및 결제대행업무 등의 사업을 운영하는 금융부문 및 철도차량 제작 등의 사업을 운영하는 기타부문으로 구성되어 있습니다. 각 부문별 매출비중은 최근 사업년도(2020년) 기준으로 차량부문이 약 77%, 금융부문이 약 16%, 기타부문 약 7%가 되며, 각 부문별 주요사 현황은 아래와 같습니다.

부문	주요사	주요제품
차량부문	현대자동차, HMA, HME,HMCA, HMMA, HMMC 등	자동차 등
금융부문	현대카드, 현대캐피탈, HCA	할부금융, 리스, 신용카드
기타부문	현대로템 등	철도제작 등

(단위: 백만 원, %)

구분		2020년(제53기)		2019년(제52기)		2018년(제51기)	
		금액	비중	금액	비중	금액	비중
차량 부문	매출액	123,033,884	83.0	127,898,539	83.4	114,448,752	83.1
	영업이익	663,559	28.5	2,618,009	72.6	1,062,241	55.5
	총 자산	115,561,852	51.1	107,555,519	51.2	100,302,183	51.7
금융 부문	매출액	17,201,787	11.6	16,735,027	10.9	15,284,427	11.1
	영업이익	1,367,913	58.7	887,983	24.6	746,612	39.0
	총 자산	102,201,169	45.2	93,803,198	44.7	85,725,929	44.2
기타 부문	매출액	8,056,115	5.4	8,794,298	5.7	7,954,215	5.8
	영업이익	296,619	12.8	99,471	2.8	105,295	5.5
	총 자산	8,532,445	3.8	8,541,669	4.1	7,930,963	4.1

※ 상기 금액은 연결조정이 반영되지 않은 단순 부문별 금액과 비중임.
※ 비교표시된 제51기(전전기)는 2019년 1월 1일부터 시행된 K-IFRS 1116호를 소급적용하지 않은 재무제표임.

죠. 위의 표는 2020년 기준 현대자동차의 부문별 매출 및 영업이익의 비중입니다.

매출 비중을 살펴보면 현대자동차라는 회사 이름에 걸맞게 차량 부문이 매출이 83%의 비중을 차지하고 있고요. 금융 부문은 11.6%, 로템이었던 기타 부문은 5.4%로 영위하고 있습니다. 매출에 있어선 차량 부문이 압도적인데요. 영업이익을 보면 꽤나 재미있는 상황이 보입니다. 자동차 부문 매출이 83% 비중을 차지하는 데 비해 영업이익은 28.5%를 차지하고 있죠. 오히려 금융 부문이 58.7%로 금융부분이 절반 이상의 영업이익을 가져오고 있습니다. 물론 현대차의 실적이 매년 이렇진 않습니다. 보통 영업이익의 60% 정도를 자동차에서 내고 있는데, 이번 2020년에는 유독 영업이익이 하락했어요.

2. 기업 공시 IR 자료

////////////////////////////////

왜 2020년에 자동차 영업이익이 떨어졌을까요? 의문을 해소하기 위해 현대차가 공시한 IR 자료를 보면 2020년 4분기 및 연간 현대차의 실적 공시입니다.

주목해야 할 점은 글로벌 도매 판매 현황인데요. 현재 현대차는 유럽, 중국, 북미, 인도, 러시아, 중남미, 기타 등 전 세계에 걸쳐 차량을 판매하고 있습니다. 하지만 2020년에는 코로나19로 인해 유럽에서 21.7%, 중국에서 32.2%, 북미에서 7.8%, 인도에서 17%, 러시아에서 8.7%, 중남미에서 29.5% 기타 23.1%로 대부분의 지역에서 판매량이 역성장했어요. 아무래도 코로나19로 인해 전 세계 공장의 셧다운과 불경기가 이어지면서 차량 역시 판매가 위축되었기 때문이죠.

게다가 판매 관리비 역시 작년에 비해 11.7% 증가하며 평소 자동차에서 실적을 이끌어오던 영업이익이 힘없이 내려가고 말았습니다.

그렇다면 2020년의 현대차 실적이 과연 코로나로 인해 단기적인 이슈인지 확인해봐야 할 것 같은데요. 그래서 최근 7개년 동안의 현대차 실적을 한번 살펴보겠습니다. 현대차는 2013년 매출 87조 원에서 2020년 103조 원 수준의 매출을 기록하고 있습니다. 7년 동안 15% 정도 성장한 건데, 매년 평균으로 나누면 약 2% 성장한 거예요. 뭐 성장을 못 한 것은 아니지만, 꾸준하게 높은 성장을 기록한 것은 아니죠.

그런데 영업이익을 보면 한 가지 문제점을 발견할 수 있습니다. 지

최근 7년간 현대차 매출 · 영업이익

(단위: 조 원 · %)

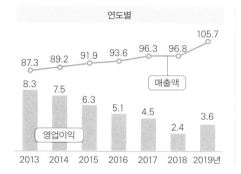

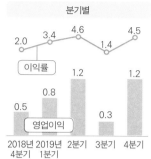

속적으로 하락하고 있죠. 2013년부터 2018년까지 단 한 차례도 빠지지 않고 영업이익이 수직하락을 합니다. 그나마 2019년에는 3조 6천억 원으로 다시 올랐지만, 2020년엔 2조 3천억 원으로 차를 팔수록 영업이익이 감소합니다.

그렇다면 대체 현대차의 실적은 왜 이럴까요?

3. 최근 6개월 뉴스 읽기

앞의 2단계를 거치고 나면 2020년 현대차의 실적 이유가 단순히 코로나19로 인한 하락세는 아니라는 걸 알 수 있죠. 코로나19 이전에도 지속적인 영업이익 하락이라는 고질적인 병을 앓고 있던 것인데요. 현재 세계 자동차 산업이 겪고 있는 상황을 보면 이것은 현대차만의 문제가 아님을 알 수 있습니다.

세계 승용차 판매 대수: 아래 그래프는 2011년부터 2019년까지의 세계 승용차 판매 추이입니다. 세계 승용차 판매는 2011년 4500만 대 수준에서 2016년부터 약 5500만 대 수준으로 정체되어 있다가 2018년 이후로 하락하기 시작하는데요. 매년 10% 수준을 유지하던 판매 증가율이 2018년을 기점으로 마이너스 성장세를 기록하기 시작합니다.

이렇게 자동차 산업이 하락한 이유는 자동차를 짓누르는 악재가 이어졌기 때문인데요. 자동차는 각국의 규제, 부품 수급 등 글로벌 사이클에 영향을 많이 받고, 내구성 소비재이기도 하기 때문에 내수 경기에도 맞닿아 있어요. 그런데 고도성장을 구가해왔던 중국과 인

세계 승용차 판매 추이

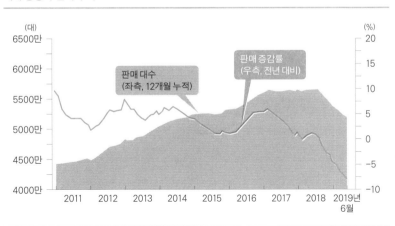

자료: 국제통화기금(IMF)

도 경제의 성장 둔화, 탄소저감 시대에 따른 유럽의 디젤차 수요 급감, 미중무역분쟁, 코로나19로 인한 셧다운 등 숨쉴 틈도 없이 악재가 이어졌습니다.

국내 차량 등록 추: 내수 시장 역시 현대차를 도와주지 않는데요. 우리나라의 자동차 시장이 포화상태에 다다랐기 때문이죠. 국토교통부에서 공개한 연도별 차량등록율 추이를 보면, 2020년 기준으로 우리나라의 차량등록대수는 2437만 대로 우리나라(2020년 기준 5178만 명) 국민 2명 당 1대 꼴로 차량을 보유하고 있어요. 차량증감율은 매년 2% 수준으로 내수 시장은 거의 포화상태입니다. 차를 더 팔 시장이 안 되는 데다 불경기에 차를 바꾸려는 고객들이 줄어든 마당에 방법이 없었죠.

현대자동차 신차: 현대차는 이런 상황을 타계하기 위해 자동차 한 대를 출시합니다. 바로 '캐스퍼'입니다. 캐스퍼는 참 화제였죠? 문재인 대통령이 산 차로도 유명했지만, 2천만 원짜리 경차라는 게 더 화제였어요. 사람들은 생각했죠. '경차가 2천만 원이라니, 그 돈이면 아반떼를 사지!' 그런데 알고 보면 캐스퍼 출시의 배경에는 20~30대 사회초년생들을 공략하기 위한 전략이 숨어 있어요. 자동차 시장이 포화상태에 이르자 현대차는 20~30대 고객들을 타깃고객으로 잡습니다. 20~30대 고객은 생애최초로 자동차를 구매하는 층이니까요.

기존에 현대차가 주력으로 밀던 차는 프리미엄 브랜드의 대형 세단이나 SUV 같은 차량이었어요. 사회초년생들이 구매하기에는 부담스러운 차들이죠. 가격도 가격이지만, 예를 들어 G80을 끌고 나가면 아빠 차 끌고 나왔냐는 소리를 들을 것 같거든요. 내 돈 주고 산 내 차인데 그런 소리 들으면 누가 좋아하겠어요.

그래서 현대차는 2030세대를 공략하기 위해 차량의 소형화 전략을 취합니다. 소형 SUV인 코나와 베뉴를 출시하고, 준중형 차인 아반떼도 기깔나게 페이스리프트를 했으며, 중형차인 소나타도 디자인을 바꿨죠. 성공의 상징이었던 그랜저 역시 젊은 감성으로 페이스리프트를 했어요. 전체적인 차량의 연령대를 낮추면서, 2030세대에게 폭넓은 선택지를 제안한 거죠. 형제회사인 기아도 모닝과 레이라는 라인업을 준비했고요. 캐스퍼도 사회초년생들을 위해 선택지를 추가해준 것이고, 현재 현대기아의 준·경차 라인업에서 기아의 모닝, 레이와 아반떼 사이를 메꿔주는 교두보 역할을 하는 것입니다. 제네시스도 프리미엄 브랜드를 내세우면서 주로 G80, G90, GV80 같은 대형차들을 내놓지만 20~30 고객을 위해 G70, GV 70, GV60과 같이 작은 차도 내놓고 있죠.

물론 현대차의 2030 전략은 완벽한 대안이 되진 못해요. 우리나라는 현재 OECE 평균 최하위의 출산율을 보이고 있고, 해가 지날수록 2030 신규고객은 줄어들 텐데, 캐스퍼 전략이 완벽한 해결책이 되진 않을 거예요. 신규 유입만 기다리다 인구감소가 진행되어 구조조정을 앞두고 있는 대학들처럼 될지도 모르니까요.

현대차 모빌리티 솔루션 기업으로의 전환: 물론 현재 현대차의 실적 저조가 전기·수소차 등으로 자동차의 패러다임이 전환되는 과도기이기 때문이라고 변호할 수 있어요. 하지만 아직까지 전기차는 가격이 비싸고, 이를 낮추기 위해서는 자동차 원가의 40%를 차지하는 배터리의 기술이 고도화되면서 단가가 떨어져야 할 거예요. 배터리의 단가가 떨어지는 건 최소 5년에서 10년 정도로 예상되고요. 그렇다고 "주주 여러분, 배터리 가격이 안 떨어져서 차가 안 팔려요"라고 핑계를 댈 수도 없는 노릇이죠. 게다가 PAV, 도심항공 모빌리티 시대까지 오면서 개인용 이동수단이 과연 차량에 국한될 것인가 하는 질문도 던지게 되고요.

따라서 현대차는 내연기관차에서 전동기관으로 전환하는 것 외에도 기존 모빌리티에 주력하던 비즈니스 모델 자체를 근본적으로 바꿔야 하는 상황에 마주했습니다. 그간 현대차가 왜 쌩뚱맞아 보이는 여러 회사를 인수하고 다른 사업에 진출했는지 알 수 있죠. 보스턴 다이나믹스를 인수하면서 로봇 사업에 진출했고, NASA 출신의 신재원 박사를 영입하면서 PAV 도심항공 모빌리티 서비스에 진출했으며, 탈 자동차를 지향하며 그룹 전반적으로 비즈니스 모델의 변경을 시도하고 있어요. 그룹의 백년대계를 위한 청사진을 그리고 있는 거죠. 하다 못해 중고차 시장에까지 진출한다니, 현재 현대차가 겪고 있는 어려움 극복하려고 얼마나 고민했는지 알 것 같습니다.

현재 자동차가 놓인 상황을 정리하면 이렇습니다. 바깥에서는 세계 각국의 힘 겨루기와 친환경 정책으로 자동차의 수출과 수입이 줄어들고, 안쪽으로는 코로나19로 인한 경기불황과 자동차 시장 포화로 자동차 산업이 침체되어 있어요. 따라서 현대차는 포화상태인 국내자동차 시장을 섭렵하기 위해 2030세대의 틈새시장을 캐스퍼 전략을 통해 헤쳐나가려 하고 있습니다. 그리고 PAV, 로봇 등 아예 새로운 비즈니스 모델을 만들고 있어요. 아예 근접하지 못했던 새로운 신시장으로 가려는 것이죠. 현대차에 투자하려는 투자자라면 현대차의 미래 가능성을 가늠해보고, 이미 투자하고 있는 주주라면 어떤 전략을 펼치고 어떤 신사업을 할 수 있을지 생각해보면 좋겠습니다.

예시 3:
비상장 기업
한국야쿠르트 분석하기

앞서 삼성전자와 현대자동차를 분석해봤습니다. 두 회사는 우리 나라 재계 서열을 앞다투는 그룹이기에 금감원에 공시된 사업의 내 용과 관련자료가 상당히 잘 정리되어 있죠. 그런데 이와 달리 정보가 극히 적은 기업의 경우에는 어떻게 분석을 해야 할까요? 특히 비상장 기업이라면 사업보고서 대신 감사보고서의 형태로 금감원에 공시하 기 때문에 상장사 사업보고서에 비해 덜 친절합니다. 현재 기업의 지 배구조는 어떻게 되어 있는지 친절히 정리되어 있다기보다는 직접 투 자현황과 지분율을 확인해보며 기업이 어디로 흘러가는지 파악해야 합니다.

대표적인 예시가 바로 지금은 HY로 사명을 바꾼 한국야쿠르트인
데요. '야쿠르트 아줌마'로 우리에게 친숙하고 남녀노소에게 사랑받
는 회사입니다. 코로나 시국이고 사람들이 건강을 챙기는 시대가 되
었으니 건강음료의 상징인 한국야쿠르트가 왠지 잘되었을 것 같은데
요? 그래서 주식을 사려고 한번 검색해보면 한국야쿠르트가 의외로
비상장 기업이라는 걸 알 수 있어요. 그래서 이번에는 조금 까다롭지
만 직접 한국야쿠르트라는 기업을 분석해보죠.

1. 연간 실적 살펴보기

제일 먼저 해야 할 일은 기업의 연간 실적을 살펴보는 것입니다. 아
래 표는 2015년부터 2020년의 한국야쿠르트의 연결기준 매출/영업
이익/당기순익 자료입니다. 이것은 금감원에 공시된 연도별 사업보고
서를 통해 알 수 있습니다. 다소 번거로울지라도 이렇게 엑셀에 정리

2015~2020년 한국야쿠르트 연결기준 매출 및 영업이익

(연결기준, 단위: 억)

연	분기	매출	영업이익	당기순익	영업이익률	매출신장률	비고
2016	Y	11,868	1,017	788	9%		
2017	Y	12,295	426	126	3%	4%	
2018	Y	12,337	299	−29	2%	0%	
2019	Y	12,592	274	49	2%	2%	
2020	Y	12,400	143	−164	1%	−2%	

하면서 보면 좋습니다.

한국야쿠르트의 매출을 보면 2016년 매출 약 1조 1800억 원 수준에서 2020년 매출 약 1조 2400억 원 수준으로, 2017년부터 매출 1조 2000억 원을 유지하고 있습니다. 아무래도 내수에 의존한 식품 기업의 특성상 포화상태를 맞은 것처럼 보이는데요. 하지만 코로나로 인한 HMR 수요 증대로 제일제당, 농심과 같은 다른 식품기업들이 코로나19로 인해 오히려 매출과 영업이익에서 깜짝 실적을 기록한 것과는 달리 한국야쿠르트의 매출은 별다른 호조를 보이지 못합니다.

그런데 여기서 눈여겨봐야 할 것은 영업이익입니다. 2016년 1017억 원을 기록한 이래 2020년 143억 원까지 단 한 차례도 거스르지 않고 영업이익이 줄곧 하락하고 맙니다. 심지어 2018년과 2020년에는 당기순익마저 적자가 나고요. 하지만 이 실적에는 사실 한 가지 함정이 숨어 있습니다. 이 실적은 연결기준인데, 연결기준이라 함은 야쿠르트의 자회사, 투자사, 종속회사들의 실적까지 함께 묶여 있는 것입니다. 그래서 진정 야쿠르트의 실적이 안 좋아졌는지 확인하기

2015~2020년 한국야쿠르트 별도기준 매출 및 영업이익

(별도기준, 단위: 억)

연	분기	매출	영업이익	당기순익	영업이익률	매출신장률	비고
2016	Y	9,805	1,037	803	11%		
2017	Y	10,314	1,082	460	10%	5%	
2018	Y	10,357	1,011	356	10%	0%	싱크서지컬 손실
2019	Y	10,689	1,057	500	10%	3%	싱크서지컬 손실
2020	Y	10,631	1,019	276	10%	-1%	싱크서지컬 손실

위해서는 별도기준 실적을 봐야 합니다.

별도기준으로 한국야쿠르트의 실적을 보면 완전히 달라집니다. 2016년부터 2020년까지 매출이 약 1조 원 수준으로 형성되어 있는 것, 매출이 포화상태에 놓여 있는 것은 얼추 비슷한데, 영업이익은 극명하게 다릅니다.

영업이익은 매년 1000억 원대 수준을 형성하며 영업이익률이 10~11% 사이를 꾸준히 유지하고 있는데요. 앞서 본 연결기준 실적에서 영업이익이 2016년을 제외하곤 1~3% 수준을 유지한 것과는 상당히 대조적입니다. 연결기준은 앞서 설명했듯 한국야쿠르트 외에도 투자사의 수익현황이나 종속회사들의 실적이 반영되었기 때문이죠. 그렇다면 한국야쿠르트의 이 견고한 실적에서 야금야금 돈을 빼먹고 있는 사업부를 알아봐야겠죠?

2. 종속기업의 재무제표 보기

그 답은 모두 재무제표를 통해 알 수 있습니다. 오른쪽 표는 연결재무제표에 공시된 한국야쿠르트의 종속기업들 현황입니다. 엔이능률, 비락, 도시락리잔, 제이레저, C&I, Think Surgical, HYSG PTE LTD, 총 7개의 종속회사가 있습니다.

여기서 재미있는 점은 한국야쿠르트의 종속기업들의 현황입니다. 교육부터 골프장, 의료, 투자까지 산업의 종류를 막론하고 정말 다양

(단위: 천 원)

기업명	업종	소재지	결산일	자본	투자금액	투자주식수 (주)	지분율 (%)
㈜엔이능률 (주1)	도서출판 및 인터넷교육 사업	한국	12월 31일	63,223,380	36,381,427	7,495,587	49.58
㈜비락	유제품 및 음·식료품 제조업	한국	12월 31일	72,930,143	93,379,665	2,737,400	100.00
도시락리잔 (유)	라면제조 판매업	러시아	12월 31일	21,952,487	15,064,900	–	100.00
제이레저㈜	골프장사업	한국	12월 31일	(29,007,647)	66,014,548	7,510,000	100.00
C&I	부동산 투자업	러시아	12월 31일	28,670,633	30,667,800	–	99.63
Think Surgical Inc. (주1)	의료 및 바이오기술의 연구 및 판매	미국	12월 31일	(201,411,647)	–	–	40.78
HYSG PTE LTD.	투자업	싱가포르	12월 31일	131,560,255	181,538,590	–	93.32

※ 지분율 50% 미만이나 주주간 협약에 의해 이사회 구성원의 과반수를 임명하거나 해임할 수 있는 능력을 보유하고 있어서 연결 종속기업으로 분류하였습니다.

하게 구성되어 있죠.

엔이능률은 능률교육, 비락은 비락식해로 유명하죠. 도시락리잔은 도시락 라면의 러시아법인이고요. 그 밖에 골프장 사업을 하고 있는 제이레저, 부동산 투자의 C&I, 의료 및 바이오기술 및 판매를 하는 싱크 서지컬(Think Surgical Inc), 투자업을 하고 있는 HYSG PTE LTD가 있습니다. 현재 야쿠르트가 영위하고 있는 식품산업과의 시너지를 기대할 수 있는 회사는 비락과 도시락리잔뿐, 그 외의 종속기업들은 다소 생뚱맞게 느껴집니다.

다음은 연결재무제표에 공시된 2020년 말 지배기업인 에이치와이,

(단위: 천 원)

기업명	자산총액	부채총액	순자산가액	매출액	당기순손익
㈜에치와이 (구.㈜한국야쿠르트)	1,242,747,729	139,801,608	1,102,946,121	1,063,193,044	27,674,951
㈜엔이능률	89,083,697	25,860,317	63,223,380	75,363,857	971,936
㈜비락	87,690,480	14,760,337	72,930,143	147,984,746	(695,320)
도시락리잔(유)	25,350,829	3,398,342	21,952,487	54,342,013	3,534,801
㈜제이레저	101,846,486	130,854,133	(29,007,647)	9,142,106	(2,296,658)
C&I	28,744,678	74,045	28,670,633	–	1,439,177
Think Surgical Inc.	26,460,436	227,872,083	(201,411,647)	1,021,605	(71,049,103)
HYSG PTE LTD.	133,278,494	1,718,239	131,560,255	–	(48,489,970)

한국야쿠르트와 종속기업들의 매출과 당기순손익 표입니다. 당기순손실을 기록하고 있는 종속기업은 비락, 제이레저, 싱크 서지컬입니다. 건강음료, 골프 그리고 의료 및 바이오기술 사업인데요. 특히나 의료 및 바이오기술을 영위하고 있는 싱크 서지컬은 무려 710억 원에 달하는 당기순손실을 기록하면서 한국야쿠르트의 실적에 더욱 큰 충격을 주었습니다.

골프사업을 영위하고 있는 제이레저 역시 230억 원에 달하는 순손실을 내며 마찬가지 손실을 기록했고요. 그나마 건강음료를 제외하곤 한국야쿠르트와 시너지를 내지도 못할 기업들이 손실을 내면서, 어쩌면 애당초부터 무리하게 사업을 다각화한 한국야쿠르트의 실수가 아닌가 하는 생각이 들죠.

하지만 한국야쿠르트가 이런 기업들을 인수하고 투자한 데는 분명 이유가 있을 것 같은데요? 그래서 우리는 한국야쿠르트의 인수 역사를 살펴봐야 합니다.

한국야쿠르트: 한국야쿠르트는 1997년에는 식혜와 건강식품을 생산하던 비락, 2004년에는 파스퇴르유업㈜을 인수를 하고, 2010년에 파스테르를 롯데푸드에 매각하며 적극적인 M&A를 합니다. 2006년 플러스 자산운용을 인수하며 금융권 사업에도 손을 대고, 2009년 능률 교육 인수로 사교육 시장에도 진출하며 사업을 확장합니다. 2012년에는 꼬꼬면으로 팔도가 대박을 치면서 아예 팔도를 법인분리하기도 합니다. 야쿠르트로 시작했지만 라면, 우유, 금융, 사교육 등 한계를 두지 않고 사업을 다각화하는 행보를 보였죠.

사실 한국야쿠르트가 이렇게 적극적인 행보를 보인 건 후퇴하는 발효유 시장 때문이었습니다. 2010년대 발효유 시장이 정체되면서 한국야쿠르트는 2011년 이후 6년째 매출 9000억 원대에 머무르고 맙니다. 발효유 자체는 일반음료/커피에 비해 특수성이 강하고, 음료 특성에 따른 성장 둔화는 일찍이 예견되어 있었어요. 매출 저조의 또 다른 원인은 바로 방문판매의 고착화였습니다. 과거 한국야쿠르트를 생각하면 야쿠르트 수레를 끌고 다니던 일명 '야쿠르트 아줌마'가 떠오를 겁니다. 지금이야 전동형 이동수단 코코를 통해 야쿠르트를 운송하지만, 당시까지만 하더라도 직접 수레를 끌고 다니는 유통 시스템에 중점을 두고 있었다는 것이죠.

1인가구 증가: 음식료품 시장에서 일코노미 세대, 1인가구의 증가, HMR의 신 시니어족 등장 등으로 음식료품의 유통 수요가 커지며, 다양한 품목의 수요가 늘어나는 상황 속에서, 야쿠르트 아줌마들이 제품을 넣어다니는 수레는 제품 보관량에 한계가 있었고, 온도 유지 역시 아이스박스로 유지해야 되했기 때문에 제품의 질을 보존하기 어려웠습니다. 이들의 체력적인 문제 역시 언제나 존재했고요. 즉 유제품이라는 특성상 성장 한계는 뚜렷했고, 이를 가만히 내버려뒀다간 기업의 역성장은 불보듯 뻔한 일이었죠. 이를 막기 위해서라도 한국야쿠르트는 새로운 분야에서 성장동력을 찾아야 했던 것입니다.

물론 인수한 기업들이 모두 다 잘되진 않았습니다. 싱크 서지컬과 같은 의료 사업 부문은 인수한 이래로 지속적인 적자를 면치 못하고 있고, 비락 역시 이렇다 할 실적을 못 내고 있죠. 지금이야 연이은 적자로 인해 오히려 모회사의 실적을 갉아먹는 종속기업들이지만, 한국야쿠르트의 투자가 중장기적인 관점에선 빛을 발할 날이 오지 않을까 생각합니다.

기본기를
다지는 것의
중요성

투자를 한다는 것은 내 인생의 일부를 투자하는 것과 같습니다. 내 인생의 일정 시간을 할애해 얻은 재화를 투자하는 것이기 때문이죠. 그렇기에 단순히 따면 좋고 잃어도 그만이라는 마음가짐보다 신중한 태도로 기업의 가치를 파악할 수 있는 혜안을 길러야 합니다.

그 방법으로 저는 기본적인 3단계를 제안했습니다. 사업보고서, IR 자료 그리고 최근 6개월간의 뉴스 읽기입니다. 어쩌면 이 방법이 너무 간단하고 얼렁뚱땅이라는 생각이 들지도 모르겠습니다. 하지만 투자를 할 때는 언제나 기업 소식에 귀를 기울이고, 기업이 속한 산업의 흐름을 이해하는 것이 기본입니다. 단순한 차트나 지표들로 하는 분석은 현재 기업의 가치판단에는 도움이 될지 몰라도 우리가 투자하는 미래에 대한 혜안을 구할 수는 없습니다. 따라서 기업이 추구하는 방향과 기업이 속한 산업을 공부해야 합니다. 큰 물줄기를 알아야 기업이 어디로 흘러갈지 알 수 있으니까요.

기업의 방향성이라는 기본 중의 기본을 알기 위해서는 3가지가 가장 중요합니다. 기업의 경영실적과 분기마다 올리는 기업의 향후 방향 그리고 그 회사를 포함하고 있는 산업입니다. 물론 모든 기업의 히스토리와 산업 방향을 공부하는 것은 어렵습니다. 기업을 공부하고 이해하는 데는 적어도 반나절에서 이틀까지 걸리기도 하니까요. 투자할 때마다 이 까다롭고 쉽지 않은 기업분석을 하는 것이 마냥 쉬운 일은 아닐 수도 있습니다. 하지만 반대로 생각해보면, 단 이틀 기업분석을 해서 기업에 대한 신뢰와 담대함을 길러낼 수 있다면 이틀로는 메꾸지 못할 손실을 막고 수익을 볼 기회도 잡을 수 있겠죠. 짧지 않은 시간을 쏟아붓는 일인 만큼 충분히 결실을 가져다줄 시간이라고 생각합니다.

자기주도적인 기업분석의 힘

이 책에서는 30개의 기업이 처한 상황을 경제적으로 해석하고 투자자로서 기업을 대하는 태도에 대해 설명했습니다. 재무제표 읽기, IR공시 찾아보기, 6개월간 뉴스 보기 등의 방법을 제시했습니다. 경제라는 영역이 다소 어려울 수 있지만 재미있게 읽히는 책이었기를 바랍니다. 이 책을 통해 기업과 경제에 대해 친숙하게 느낄 수 있었다면 더할 나위 없겠습니다.

그럼에도 불구하고 아직 기업분석이 어렵게 느껴지는 분이 있을지 모르겠습니다. 다행히도 언제든지 쉽게 유튜브에서 토리잘의 기업분석 영상을 시청할 수 있습니다. 미처 책에서 다루지 못한 기업들도 다루고 있으니, 많은 궁금증을 해소할 수 있을 것입니다. 이 책과 함께 제 영상들을 기업분석의 가이드라인으로 삼되 직접 관련 자료를 찾아보고 공부하길 바랍니다. 무엇보다 스스로 기업과 산업에 대해 호기심을 갖는 것이 중요합니다. 이 책의 궁극적인 목표는 자기주도적으로 기업을 분석하는 힘을 키워주는 것입니다. 이 책에서 제시하는 기업분석 방법은 그저 하나의 방법일 뿐 자신만의 분석 알고리즘을 구상해보세요.

물론 미래를 완벽히 알 수는 없습니다. 하지만 기업분석을 통해 기업이 속해 있는 큰 물줄기가 어디로 가는지 알 수 있다면 보다 현명한 투자를 할 수 있습니다. 기업에 대한 이해가 선행되어야 변동성에 쉽게 흔들리지 않는 담대함을 기를 수 있고, 그래야만 비로소 과실을 얻을 수 있습니다. 기업분석이야말로 물줄기의 방향을 알 수 있는, 투자의 기본기를 다지는 가장 큰 배움입니다.

서툰 글솜씨로 독자들에 대한 답을 이제야 하는 것 같아 부끄럽지만, 주변의 응원과 지원 덕분에 이렇게 숙원을 풀 수 있게 되었습니다. 지금의 책이 있기까지 물심양면 도와준 21세기북스 윤서진 팀장님과 관계자들께 진심으로 감사합니다. 책을 집필하는 동안 업무적인 부분에 도움을 준 이정아에게 감사합니다. 기업경제를 다루는 만큼 현업 및 전문가의 시선으로 글을 검토해주고 도움을 준 박수민, 강병우, PKL인베스트먼트 경영진들에게도 감사를 전합니다.

2022년 2월
이건희 올림

부록

실전 기업분석 노트 만들기

　지금부터는 원하는 기업의 분석의 틀을 채워보며, 나만의 기업분석 방법을 익히는 연습을 해봅시다.

기업명:

1. 사업보고서 활용/IR공시자료 확인

(1) 5개년 매출/영업이익/당기순익

연	분기	매출	영업이익	당기순이익
2017				
2018				
2019				
2020				
2021				

실적을 체크하면서 확인해봐야 할 것들

Self Checklist 1. 매출의 증감세가 어떠한가?

Self Checklist 2. 영업이익의 증감세가 어떠한가?

Self Checklist 3. 매출 증가 대비 영업이익의 증가가 더디지는 않은 가?(마케팅/판관비 비용 증가 체크하기)

Self Checklist 4. 매출 감소 대비 영업이익의 감소가 더디지는 않은 가?(제품평균판매가격 인상 여부, 기업이 종속한 산업 동향 체크하기)

Self Checklist 5. 매출과 영업이익의 변화가 없는가?

(기업의 성장성 파악하기)

Self Checklist 6. 특이사항이 없다면 최근 분기별 실적은 어떠한가?

(기업의 성장성 파악하기)

(2) 부문별 매출/영업이익 비중 파악

부문	주요제품	매출액	비중
	총계		

부문 별 매출/영업이익을 체크하면서 확인해봐야 할 것들

Self Checklist 1. 주력 제품은 무엇인가?

(매출/영업이익을 책임지는 부문이 무엇인가)

Self Checklist 2. 손실 제품은 무엇인가?

(단기적인 이슈인지, 고질적인 문제인지)

Self Checklist 3. 부문별 미래 잠재가치는 어떠한가?

2. 관련 뉴스 6개월 읽기

(1) 기업 관련

일자	헤드라인	한줄요약	언론사
2022.00.00			

(2) 산업 관련

일자	헤드라인	한줄요약	언론사
2022.00.00			

(3) 기업 히스토리 정리

일자	내용	

Self Checklist 1. 기업의 실적의 영향에 주는 이슈는 무엇이었는가?

Self Checklist 2. M&A의 이유와 향후 기대되는 사업은 무엇인가?

KI신서 10068

톱픽 기업 30개만 분석하면 주식투자 성공한다

1판 1쇄 인쇄 2022년 1월 21일
1판 1쇄 발행 2022년 2월 9일

지은이 이건희
펴낸이 김영곤
펴낸곳 (주)북이십일 21세기북스

출판사업부문이사 정지은
인생명강팀장 윤서진 **인생명강팀** 남영란
디자인 표지 어나더페이퍼 **본문** 제이알컴
출판마케팅영업본부장 민안기
마케팅2팀 나은경 정유진 이다솔 김경은 박보미
출판영업팀 김수현 이광호 최명열
제작팀 이영민 권경민

출판등록 2000년 5월 6일 제406-2003-061호
주소 (10881) 경기도 파주시 회동길 201(문발동)
대표전화 031-955-2100 **팩스** 031-955-2151 **이메일** book21@book21.co.kr

ⓒ 이건희, 2022
ISBN 978-89-509-9900-1 03320

(주)북이십일 경계를 허무는 콘텐츠 리더

21세기북스 채널에서 도서 정보와 다양한 영상자료, 이벤트를 만나세요!
페이스북 facebook.com/jiinpill21　　**포스트** post.naver.com/21c_editors
인스타그램 instagram.com/jiinpill21　**홈페이지** www.book21.com
유튜브 youtube.com/book21pub

서울대 **가**지 않아도 들을 수 있는 **명강**의! 〈서가명강〉
'서가명강'에서는 〈서가명강〉과 〈인생명강〉을 함께 만날 수 있습니다.
유튜브, 네이버, 팟캐스트에서 **'서가명강'**을 검색해보세요!